Kohlhammer

Armin Castello (Hrsg.)

Kinder und Jugendliche mit psychischen Auffälligkeiten in Schule und Kita

Klinische Psychologie für die pädagogische Praxis

Verlag W. Kohlhammer

Dieses Werk einschließlich aller seiner Teile ist urheberrechtlich geschützt. Jede Verwendung außerhalb der engen Grenzen des Urheberrechts ist ohne Zustimmung des Verlags unzulässig und strafbar. Das gilt insbesondere für Vervielfältigungen, Übersetzungen, Mikroverfilmungen und für die Einspeicherung und Verarbeitung in elektronischen Systemen.

Alle Rechte vorbehalten

© 2013 W. Kohlhammer GmbH Stuttgart
Umschlag: Gestaltungskonzept Peter Horlacher
Gesamtherstellung:
W. Kohlhammer Druckerei GmbH + Co. KG, Stuttgart
Printed in Germany

ISBN 978-3-17-022475-9

Inhalt

Vorwort — 7

1 Grundlagen der Klinischen Kinderpsychologie: Definitionen, Konzepte und Modelle (Simone Gebhard) — 9

2 Klassifikation und Epidemiologie psychischer Störungen im Kindes- und Jugendalter (Simone Gebhard) — 17

3 Behandlung psychischer Störungen im Kindes- und Jugendalter (Simone Gebhard) — 27

4 Trennungsängste (Armin Castello) — 40

5 Soziale Ängste (Armin Castello) — 50

6 Spezifische Phobien (Armin Castello) — 60

7 Depressionen (Steffen Siegemund) — 68

8 Anorexia und Bulimia nervosa (Simone Gebhard) — 81

9 Adipositas (Simone Gebhard) — 99

10 Ausscheidungsstörungen (Birte Hoffmann) — 114

Inhalt

11	Selbstverletzendes Verhalten (Birte Hoffmann)	126
12	Aggressiv-dissoziale Störungen (Steffen Siegemund)	138
13	Aufmerksamkeitsdefizit-/Hyperaktivitätsstörung (Simone Gebhard)	158
14	Schlafstörungen (Birte Hoffmann)	179
15	Pädagogische Gesprächsangebote (Armin Castello)	192

Erläuterung verwendeter Fachbegriffe	201
Die Autorinnen und Autoren	209

Vorwort

Psychische Auffälligkeiten und Störungen bei Kindern und Jugendlichen nehmen insgesamt zu. Mit der Umsetzung des durch die Bundesrepublik Deutschland ratifizierten Übereinkommens der Vereinten Nationen zu den Rechten von Menschen mit Behinderungen werden darüber hinaus künftig mehr Kinder mit unterschiedlichen Behinderungen, Lernschwierigkeiten und Verhaltensauffälligkeiten Regelkindergärten und -schulen besuchen; sie zeigen zudem ein vergleichsweise erhöhtes Risiko zur Entwicklung psychischer Auffälligkeiten.

Die zunehmende Heterogenität hinsichtlich der psychischen Gesundheit von Kindern in Kita- und Klassenverbänden stellt Pädagogen vor die Aufgabe, zu Fragestellungen adäquate Lösungen zu finden, die nur selten Inhalte ihrer Ausbildung oder ihres Studiums gewesen sind. Neue pädagogische Anforderungen liegen hier im frühzeitigen Erkennen von Auffälligkeiten und einem angemessenen, professionellen pädagogischen Umgang.

Pädagogen an Kitas, Grundschulen und weiterführenden Schulen begleiten Kinder oft jahrelang täglich mehrere Stunden. Auch deswegen sind pädagogische Institutionen Lebensbereiche, in denen psychische Veränderungen, Auffälligkeiten oder Störungen nur selten verborgen bleiben. Die dadurch entstehenden Möglichkeiten zur Prävention, zur Unterstützung kinderpsychotherapeutischer Interventionen und zur Vermittlung von Wissen an Eltern sollten angesichts der vielfach mangelhaften Versorgungslage von Kindern mit psychischen Auffälligkeiten insgesamt wesentlich intensiver genutzt werden.

Der vorliegende Band greift diese Veränderung der pädagogischen Anforderungen auf, indem Wissen zu häufigen klinischen Auffälligkeiten und Störungen komprimiert und alltagsnah vermittelt wird. Dies wird verknüpft mit Überlegungen zu pädagogischem Handeln gegenüber Eltern und gegenüber betroffenen Kindern und Jugendlichen im Alltag. Zu zahlreichen Themen werden ergänzend Möglichkeiten und Quellen zur eigenen, weiterführenden Information benannt.

Die ersten drei Kapitel vermitteln grundlegendes Wissen zur Klinischen Kinderpsychologie, zur Klassifikation, Häufigkeit und Behandlung psychischer Störungen. Die nachfolgenden Kapitel befassen sich jeweils mit den Merkmalen, dem Verlauf, den Entstehungsbedingungen und wirksamen psychotherapeutischen Methoden jeweils bezogen auf ein häufiges psychisches Störungsbild. Gleichzeitig findet in diesen störungsspezifischen Kapiteln ein Transfer zu pädagogischen Fragen statt, indem Möglichkeiten zur pädagogischen Prävention dargestellt, Hinweise zur Arbeit mit betroffenen Familien beschrieben und Implikationen für die pädagogische Praxis in Schule und Kita diskutiert werden. Ein abschließendes Kapitel stellt Hinweise zur Gestaltung pädagogischer Gesprächsangebote und zur Durchführung von Elterngesprächen zusammen. Die in den Kapiteln verwendeten (und halbfett hervorgehobenen) Fachbegriffe werden schließlich in einem alphabetisch geordneten Glossar erläutert.

Obwohl sich dieser Band an die Gruppe der mehrheitlich weiblichen Pädagogen an Kitas, Regelschulen und Förderzentren richtet, haben wir uns aus Gründen der Lesbarkeit entschieden, jeweils lediglich die männliche Form zu verwenden. Es sind aber jeweils sowohl weibliche als auch männliche Personen gemeint, wenn von Pädagogen, Erziehern, Lehrern usf. die Rede ist.

Flensburg, im Frühjahr 2013

Armin Castello

1

Grundlagen der Klinischen Kinderpsychologie: Definitionen, Konzepte und Modelle

Simone Gebhard

1.1 Was ist Klinische Psychologie bzw. Klinische Kinderpsychologie?

Die Klinische Psychologie befasst sich mit psychischen Störungen und den psychischen Aspekten und Krankheiten in Forschung, Diagnostik und Therapie. Sie ist eine Teildisziplin der Psychologie und umfasst die Themen

- **Ätiologie** und Bedingungsanalyse
- Klassifikation und Diagnostik
- Prävention, Psychotherapie und Rehabilitation
- **Epidemiologie**, Gesundheitsversorgung und Evaluation

Die Klinische Psychologie umfasst die Forschung, Diagnostik und Therapie von psychischen Störungen und den psychischen Aspekten somatischer Störungen bei Menschen aller Altersgruppen (Baumann und Perrez, 2011).

Die Klinische Kinderpsychologie setzt einen Schwerpunkt bei der Erforschung von früh wirksamen **Risiko- und Schutzfaktoren** (vgl. Exkurs Risiko- und Schutzfaktoren) und orientiert sich insbesondere an den Bedürfnissen von Kindern und deren Familien. Die benachbarten Disziplinen Heil- und Sonderpädagogik, Kinderheilkunde und Kinder- und Jugendpsychiatrie sind eng mit der Klinischen Kinderpsychologie verzahnt und leisten einen Beitrag zu Prävention, Diagnostik und Intervention auf diesem Gebiet (Petermann, 2008).

Für die Forschung im Jugendalter hingegen hat sich der Begriff Klinische Jugendpsychologie bislang nicht durchgesetzt. Petermann führt das u. a. darauf zurück, dass die **Leitlinien** zur Diagnostik und Therapie psychischer Störungen zwischen Kindes- und Jugendalter nicht hinreichend differenzieren, dass gruppentherapeutische Verfahren, die sich für diesen Altersbereich eignen, kaum erprobt sind, nur wenig Präventionsprogramme existieren und dass die Motivation der Jugendlichen meist so gering ist, dass sie kaum aktiv an einer Behandlung mitwirken.

1.2 Was sind psychische Störungen und wie lassen sie sich definieren?

In den oben genannten Definitionen ist der Begriff »psychische Störung« von zentraler Bedeutung und deshalb soll nun geklärt werden, was darunter zu verstehen ist.

Vor der Definition gilt es herauszustellen, dass »psychische Störung« ein Konstrukt ist, auf das sich Praktiker und Forscher auf der Grundlage von Forschungsergebnissen geeinigt haben, die zu diesem Zeitpunkt den neusten Stand der Forschung widerspiegeln. Es ist somit die bestmögliche Lösung für eine begrenzte Zeit und kann auf der Grundlage neuerer Forschungsergebnisse eine Änderung erfahren. Genutzt wird dieser Begriff seit der Einführung der **DSM**-Klassifikation im Jahre 1980 und löst »psychiatrische Störung« bzw. »psychiatrische Erkrankung« ab (Wittchen und Hoyer, 2011). Das Konstrukt will vermeiden, dass der Eindruck entsteht, dass Dysfunktionen auf ein eindeutiges Prinzip (Ursachen, Wirkung…) zurückführbar sind und darauf reduziert werden. Diese Zusammenhänge sind nicht so einfach herzustellen, da die Ursachen und Verläufe psychischer Störungen wesentlich komplexer sind, als es bei somatischen Krankheiten häufig der Fall sein kann.

Renneberg, Heidenreich und Noyon definieren eine psychische Störung wie folgt:

> »Unter einer Störung werden Symptome oder Symptommuster (Syndrome) im Denken, Erleben und/oder Handeln einer Person verstanden, die von der Norm abweichen, zu einer Beeinträchtigung der beruflichen Leistungsfähigkeit und/oder sozialen Aktivitäten führen, durch ausgeprägtes Leiden gekennzeichnet sind und bei den Betroffenen ein Änderungsbedürfnis hervorrufen.« (2009, S. 21)

Was mit einer Abweichung von der Norm gemeint ist, unterliegt gesellschaftlichen Werten und Normen.

Der vorliegende Band beschäftigt sich mit psychischen Störungen im Kindes- und Jugendalter. In diesem Altersabschnitt gilt es, vielfältige **Entwicklungsaufgaben** mit den zur Verfügung stehenden Ressourcen zu bewältigen. Besonders im Jugendalter müssen durch den Übergang von der Kindheit zum Erwachsenenalter vielfältige Anforderungen (bspw. körperliche und hormonelle Veränderungen, die Zunahme von Verantwortung und Selbständigkeit) im Spannungsfeld von Identitätsentwicklung und der Zugehörigkeit zu einer Gruppe bewältigt werden. Gelingt diese Anforderungsleistung nicht und kommen evtl. besonders belastende Ereignisse wie bspw. chronische Erkrankung oder Behinderung, der Verlust eine nahen Angehörigen oder Freundes, Ereignisse wie Naturkatastrophen oder Unfälle oder seelische und körperliche Erkrankungen eines Elternteils hinzu, kann das möglicherweise zur Ausbildung einer psychischen Störung beitragen.

1.3 Entwicklungspsychopathologie

Die Modellvorstellung der Entwicklungspsychopathologie hat in den letzten Jahren den Grundstein dafür gelegt, dass psychische Störungen nicht nur beschrieben und klassifiziert werden können, sondern darüber hinaus dazu beigetragen, das Auftreten von Entwicklungsabweichungen und psychischen Störungen von der frühen Kindheit bis zum Erwachsenenalter nachzuzeichnen (Blanz, Remschmidt, Schmidt und Warnke, 2006). Die Entwicklungspsychopathologie vergleicht die normale Entwicklung mit der Entstehung und dem Verlauf von Entwicklungsauffälligkeiten und versucht Aussagen zu machen, wie eine Störung entsteht bzw. wie die Störung verlaufen wird, um auf diesem Weg klinisches Handeln zu untermauern. Sie untersucht außerdem, welche negativen und positiven Faktoren auf die Entwicklung einwirken und warum es dazu kommt, dass Kinder, die unter widrigen Bedingungen aufwachsen, sich trotzdem normal entwickeln und keine psychische Störung ausbilden.

Petermann (2008) weist besonders auf den Prozesscharakter hin: Eine Fehlanpassung ist das Ergebnis einer Entwicklung. In diesem Zusammenhang sucht man auch nach Indikatoren, die bestimmte Entwicklungsverläufe vorhersagen können, so dass bei ungünstigen Prognosen frühzeitig mit Gegenmaßnahmen begonnen werden kann, die schlimmere Folgen vielleicht vermeiden können (vgl. dazu Resilienz).

1.4 Biopsychosoziales Krankheitsmodell

Die Entstehung und der Verlauf von Krankheiten können aus unterschiedlichen Perspektiven beschrieben werden. Neuere interaktionistische Theorien berücksichtigen bei ihrem Versuch, das Entstehen psychischer Störungen zu modellieren, das Wechselspiel von biologischen, psychischen und sozialen Faktoren. In diesem biopsychosozialen Krankheitsmodell spielen zudem Risiko- und Schutzfaktoren eine Rolle für das Auftreten und die Schwere einer Störung. Die Auswirkungen der einzelnen Faktoren sind stark kontextabhängig und so kann dem gleichen Faktor in einem anderen Kontext auch eine veränderte Rolle zukommen. Schüssler und Brunnauer (2011, S. 296) stellen das folgendermaßen dar:

> *»Biologisch-genetische und psychosoziale Faktoren können in einem Fall die Erkrankung ursächlich bedingen, in einem anderen Fall den Verlauf der Erkrankung bestimmen oder – als dritte Möglichkeit – als Folge der individuellen psychischen Erkrankung erscheinen.«*

Wittchen und Hoyer (2011) stellen auf dieser Grundlage ein **Vulnerabilitäts-Stress-Modell** vor, das das Zusammenspiel aller Faktoren und die Möglichkeit der unterschiedlichen Bedeutung deutlich machen soll. Das Modell geht von unterschiedlichen Bereichen aus, die zueinander in Wechselwirkung stehen. Jede Person durchläuft ihre individuelle Sozialisation, und so sind alle Bereiche durch diese unterschiedliche Sozialisation geprägt, die sich auf der Grundlage der biologisch-genetisch vorgegebenen Entwicklungsgrundlage vollzieht:

Biopsychosoziales Krankheitsmodell

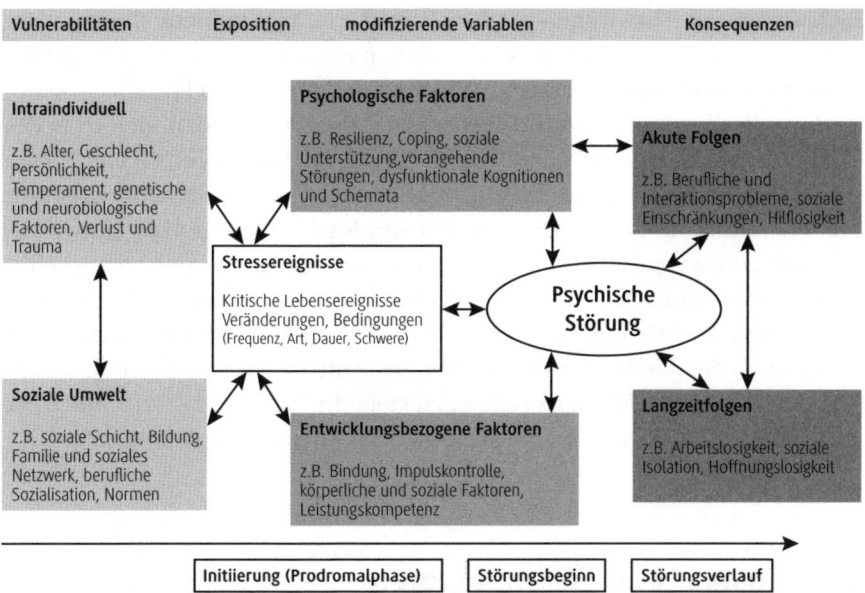

Abb. 1: Vulnerabilitäts-Stress-Modell (Wittchen und Hoyer, 2011, S. 21, eigene Bearbeitung)

Die zentralen Komponenten dieses Modells werden im folgenden Abschnitt erläutert:

Unter *Vulnerabilität* wird eine Anfälligkeit verstanden, die sich darauf bezieht, wie Individuen auf der psychologischen, biologischen und sozialen Ebene reagieren, wenn sie einer entsprechenden Belastung ausgesetzt sind. Vulnerabilität alleine führt nicht zur Störung, es ist die Kombination mit einem entsprechenden Auslöser, die zum Ausbruch einer Störung beiträgt (ebd.). Vulnerabilität kann genetisch beeinflusst, erworben oder erlernt sein, auch eine Kombination dieser drei ursächlichen Bedingungen muss in Betracht gezogen werden. Diese Sichtweise wird von Petermann (2008) als interaktionistische Sichtweise bezeichnet, da man davon ausgeht, dass die Entwicklung von Persönlichkeitsmerkmalen wie auch die Entstehung von psychischen Störungen auf eine Wechselwirkung von angeborenen und umweltbezogenen Faktoren zurück geht. Vielfältige Beispiele dafür finden sich in den nachfolgenden störungsbezogenen Kapiteln.

Der Begriff *Stress* meint in diesem Zusammenhang alle Anforderungssituationen auf biologischer, psychologischer und sozialer Ebene an eine Person, die eine Anpassungsreaktion hervorrufen. Sie können die Bandbreite von einfachen Alltagssituationen bis zu traumatischen Ereignissen umfassen. Im abgebildeten Modell sind einige »Stressereignisse« bespielhaft genannt. Deren

Bedeutung und Auswirkung wiederum sind u. a. von Vulnerabilitäten, dem Entwicklungsstadium einer Person sowie von Bewältigungsstrategien und der individuellen Resilienz abhängig (Wittchen und Hoyer, 2011).

Unter *Resilienz* wird die Fähigkeit einer Person verstanden, sich trotz des Vorhandenseins von extremen Belastungsfaktoren und ungünstigen Lebenseinflüssen positiv zu entwickeln. Das bedeutet, dass Kinder trotz erhöhter Vulnerabilität und dem Vorhandensein von Risikofaktoren nicht notwendigerweise eine psychische Auffälligkeit oder psychische Störung entwickeln.

In Zusammenhang mit diesem Begriff werden so genannte Risiko- und Schutzfaktoren diskutiert. Unter *Risikofaktor* wird eine bestimmte Bedingung verstanden, die die Wahrscheinlichkeit des Auftretens einer Störung erhöht (Blanz et al., 2006). Im Gegensatz dazu stehen die *Schutzfaktoren*, die trotz vorhandener Risikofaktoren eine normale Entwicklung begünstigen (ebd.).

1.5 Risiko- und Schutzfaktoren

Die psychische Entwicklung von Kindern und in diesem Zusammenhang auch die Entstehung und der Verlauf von psychischen Störungen werden von vielen *Risiko- und Schutzfaktoren* beeinflusst. Blanz et al. (2006) unterscheiden zwischen biologischen und ökologischen, psychologischen und psychosozialen Risiken.

Biologische Risiken können genetisch bedingt oder vorgeburtlich bzw. in der frühen Kindheit erworben sein, wie bspw. Komplikationen während der Geburt, Frühgeburtlichkeit oder Nikotinmissbrauch während der Schwangerschaft.

Zu den *psychologischen Risiken* zählen bspw. manche Temperamentmerkmale, Persönlichkeitseigenschaften und Intelligenzstatus.

Die *psychosozialen Risiken* können u. a. familiärer Art (z. B. Scheidung, soziale Schichtzugehörigkeit, familiäre Beziehungs- und Interaktionsmuster) und peergruppenabhängig (ungünstige Beeinflussung durch Gleichaltrige z. B. durch gesteigerten Alkoholkonsum) sein.

Blanz et al. (2006) weisen in diesem Zusammenhang auf die Risiko-Akkumulation hin: Verschiedene Studien besagen, dass das Risiko mit der Summe der vorliegenden Risikofaktoren steigt und bspw. das Risiko, an einer psychischen Störung zu erkranken, sich mit dem Vorliegen von zwei Risikofaktoren verdoppelt. Beim Vorliegen von drei oder mehr Faktoren konnte sogar eine Verdreifachung des Risikos festgestellt werden.

Nicht alle Kinder, die Risiken ausgesetzt sind, entwickeln im Laufe ihres Lebens eine psychische Krankheit, und deshalb wurde das Konzept der Risikofaktoren um das der Schutzfaktoren ergänzt (ebd.).

Petermann und Resch (2008, S. 54) definieren Schutzfaktoren wie folgt: »Schutzfaktoren bestehen schon vor dem Auftreten der Störung und werden durch das Auftreten von Risikofaktoren aktiv, indem sie deren Wirkung abmildern oder aufheben.« Zu den Schutzfaktoren zählen personale Ressourcen wie bspw. ein positives Selbstbild und Temperament, Intelligenz und soziale Ressourcen wie bspw. vertrauensvolle Beziehungen innerhalb der Familie oder zu anderen Bezugspersonen und unterstützende Systeme (z. B. Schule oder Kirche).

»*Coping* oder Handlungskompetenz beschreibt das Ausmaß, in dem Personen mit Schwierigkeiten und stressreichen Lebensereignissen fertig werden und sie bewältigen« (Wittchen und Hoyer, 2011). Auch Copingstrategien sind abhängig von der Situation und der individuellen Vulnerabilität.

Bei der Betrachtung solcher Modelle soll nicht der Eindruck entstehen, dass sich die Entstehung oder der Verlauf von psychischen Störungen vollständig erklären lassen. Ein Modell erhebt nicht den Anspruch, »alle relevanten Befunde widerspruchsfrei einzuordnen und entsprechende wissenschaftlich begründete Interventionen abzuleiten« (ebd., S. 23). Für die Identifikation einzelner biologischer, psychologischer und sozialer Einflussfaktoren, die die Entstehung von Entwicklungsabweichungen begünstigen, bedarf es aber vor allem umfassender Längsschnittstudien (Petermann, Petermann und Damm, 2008).

Literatur

Baumann, U. & Perrez, M. (2011). Grundbegriffe – Einleitung. In M. Perrez & U. Baumann (Hrsg.), *Lehrbuch Klinische Psychologie – Psychotherapie* (4. Aufl.). Bern: Huber.

Blanz, B., Remschmidt, H., Schmidt, M. H. & Warnke, A. (2006). *Psychische Störungen im Kindes- und Jugendalter. Ein entwicklungspsychopathologisches Lehrbuch.* Stuttgart: Schattauer.

Petermann, F. (2008). Grundbegriffe und Konzepte der Klinischen Kinderpsychologie. In F. Petermann (Hrsg.), *Lehrbuch der Klinischen Kinderpsychologie* (6. Aufl.). Göttingen: Hogrefe.

Petermann, U., Petermann, F. & Damm, U. (2008). Entwicklungspsychopathologie der ersten Lebensjahre. *Zeitschrift für Psychiatrie, Psychologie und Psychotherapie*, 56, 243–253.

Petermann, F. & Resch, F. (2008). Entwicklungspsychopathologie. In F. Petermann (Hrsg.), *Lehrbuch der Klinischen Kinderpsychologie* (6. Aufl.). Göttingen: Hogrefe

Renneberg, B., Heidenreich, T. & Noyon, A. (2009). *Einführung Klinische Psychologie*. München: Reinhardt.

Schüssler, G. & Brunnauer, A. (2011). Psychologische Grundlagen psychischer Erkrankungen. In H.-J. Möller, G. Laux & H.-P. Kapfhammer (Hrsg.), *Psychiatrie, Psychosomatik, Psychotherapie Band 1: Allgemeine Psychiatrie. Band 2: Spezielle Psychiatrie*. (4. Aufl.). Heidelberg: Springer.

Wittchen, H.-U. & Hoyer, J. (2011). Was ist Klinische Psychologie? Definition, Konzepte und Modelle. In H.-U. Wittchen, J. Hoyer (Hrsg.), *Klinische Psychologie und Psychotherapie* (2. Aufl.). Berlin: Springer.

2

Klassifikation und Epidemiologie psychischer Störungen im Kindes- und Jugendalter

Simone Gebhard

2.1 Klassifikation und aktuelle Klassifikationssysteme

Um die Kommunikation zu erleichtern und dem Bedürfnis nach Einteilung und Identifikation psychischer Störungen Rechnung zu tragen, haben sich Experten auf Klassifikationssysteme verständigt, die die Grundlage für die Indikationsstellung und Behandlung bieten. Für eine wissenschaftliche Erforschung von psychischen Störungen ist die Existenz solcher Systeme eine unabdingbare Voraussetzung.

Aktuell existieren für die Klassifikation psychischer Störungen zwei unterschiedliche Systeme, die kompatibel sind und sich in ihren Kriterien nicht sehr stark unterscheiden. Beide Klassifikationssysteme nehmen eine kategoriale Klassifikation vor und versuchen theoriefrei zu sein, d. h. dass keine nosologische[1]

---
1 Nosologie = Krankheitslehre

Einteilung erfolgen soll, sondern psychische Störungen als klar voneinander abgrenzbare und unterscheidbare Krankheits- und Störungseinheiten beschrieben werden. Generell beziehen sich die Kriterien für eine Diagnose gemäß Döpfner (2008a, S. 30)

> »*immer auf das Vorliegen von Symptomen, wobei häufig aus einer Liste von mehreren Symptomen eine bestimmte Mindestanzahl von Symptomen vorhanden sein muss;*
> *häufig auf das Zusatzkriterium der klinischen Bedeutsamkeit; zusätzlich zum Vorliegen von Symptomen verlangt es, dass die Störung ein deutliches Leiden oder eine klinisch bedeutsame Beeinträchtigung in der sozialen, schulischen oder beruflichen Funktionsfähigkeit verursacht;*
> *häufig auf Ausschlusskriterien, die nicht zutreffen dürfen, da in solchen Fällen eine andere Störung diagnostiziert wird; diese Kriterien dienen also der differenzialdiagnostischen Abgrenzung gegenüber anderen Störungen;*
> *teilweise auf den Beginn oder den Verlauf der Symptomatik;*
> *selten auf ätiologische Faktoren, die zur Entwicklung der Symptomatik beitragen.*«

Das **ICD** (International Statistical Classification of Diseases, Injuries and Causes of Death) ist das Klassifikations- und Diagnosesystem der Weltgesundheitsorganisation (WHO), liegt seit 1996 in der zehnten Auflage vor (ICD-10) und wird in klinischen Kontexten und der Krankenhausdokumentation eingesetzt.

Das **DSM** (Diagnostic and Statistical Manual) ist das Klassifikationssystem der American Psychiatric Association (APA), das auf empirischen Daten basiert und in der Forschung eingesetzt wird. Das DSM liegt aktuell in einer vierten textrevidierten Fassung (DSM-VI-TR) vor und enthält ausführlichere Informationen zu den einzelnen Störungsbildern. Es wird voraussichtlich im Mai 2013 vom DSM-V abgelöst (APA, 2012).

In der ICD-10 sind die psychischen Störungen zu insgesamt neun Hauptgruppen zusammengefasst. Die beiden Hauptkategorien F8 und F9 beinhalten Störungen, die »typischerweise im Kindes- und Jugendalter beginnen« (Döpfner, 2008a, S. 31). Auch Störungsbilder aus den anderen Kategorien sind auf das Kindes- und Jugendalter übertragbar, wie es bspw. auf die Essstörungen oder die Depression zutrifft, die beide im vorliegenden Band aufgegriffen werden.

Die folgende Darstellung gibt einen Überblick über die Verhaltens- und emotionalen Störungen mit Beginn in der Kindheit und Jugend (F9) nach ICD-10 und entsprechende DSM-IV-TR-Kategorien[2] (ebd., S. 33ff.). Die kursiv gedruckten Störungsbilder werden u. a. in den störungsbezogenen Kapiteln im vorliegenden Band thematisiert:

---

2 ICD-10-Kategorie Fxx.8 und Fxx.9 wurden nicht in die Tabelle aufgenommen

Code ICD-10	ICD-10-Bezeichnung	DSM-IV-TR-Bezeichnung
F90	Hyperkinetische Störung	Aufmerksamkeitsdefizit-/Hyperaktivitätsstörung (ADHS)
F90.0	Einfach Aktivitäts- und Aufmerksamkeitsstörung	ADHS-Mischtyp
	–	ADHS-vorwiegend unaufmerksamer Typ
	–	ADHS-vorwiegend hyperaktiv-impulsiver Typ
F90.1	Hyperkinetische Störung des Sozialverhaltens	(Mehrfachdiagnosen notwendig)
F91	Störung des Sozialverhaltens	
F91.1	Auf den familiären Rahmen beschränkte Störung des Sozialverhaltens	–
F91.1	Störung des Sozialverhaltens bei fehlenden sozialen Bindungen	–
F91.2	Störung des Sozialverhaltens bei vorhandenen sozialen Bindungen	–
F91.3	Störung des Sozialverhaltens mit oppositionellem, aufsässigem Verhalten	Störung mit oppositionellem Trotzverhalten
F92.0	Störung des Sozialverhaltens mit depressiver Störung	(Mehrfachdiagnosen notwendig)
F93	Emotionale Störung des Kindesalters	(unter: andere Störungen im Kleinkindalter oder Adoleszenz)
F93.0	Emotionale Störung mit Trennungsangst des Kindesalters	Störung mit Trennungsangst
F93.1	Phobische Störung des Kindesalters	(keine kindheitsspezifische Kategorie, sondern nur: F40.2 spezifische Phobie)
F93.2	Störung mit sozialer Ängstlichkeit des Kindesalters	(keine kindheitsspezifische Kategorie, sondern nur: F40.1 soziale Phobie)
F93.3	Emotionale Störung mit Geschwisterrivalität	–
F93.80	Generalisierte Angststörung des Kindesalters	(keine kindheitsspezifische Kategorie, sondern nur: F41.1 generalisierte Angststörung)

Code ICD-10	ICD-10-Bezeichnung	DSM-IV-TR-Bezeichnung
F94	Störungen sozialer Funktionen mit Beginn in der Kindheit und Jugend	
F94.0	Elektiver Mutismus	Selektiver Mutismus
F94.1	Reaktive Bindungsstörung des Kindesalters	Reaktive Bindungsstörung im Säuglingsalter oder in der frühen Kindheit/gehemmter Typus
F94.2	Bindungsstörung des Kindesalters mit Enthemmung	Reaktive Bindungsstörung im Säuglingsalter oder in der frühen Kindheit/ungehemmter Typus
F95	Ticstörungen	
F95.0	Vorübergehende Ticstörung	Vorübergehende Ticstörung
F95.1	Chronische, motorische oder vokale Ticstörung	Chronische, motorische oder vokale Ticstörung
F95.2	Kombinierte, vokale und multiple motorische Tics (Tourette-Syndrom)	Tourette-Störung
F98	Sonstige Verhaltens- und emotionale Störungen mit Beginn in der Kindheit und frühen Jugend	
F98.0	Enuresis	
F98.1	Enkopresis	Enkopresis (ohne Verstopfung und Überlaufinkontinenz)
F98.2	Fütterstörung im Kindesalter	Fütterstörung im Säuglings- oder Kindesalter
	–	Ruminationsstörung
F98.3	Pica im Kindesalter	Pica
F98.4	Stereotype Bewegungsstörung	
F98.5	Stottern	
F98.6	Poltern	

In den neuen Ausgaben dieser beiden Klassifikationssysteme werden einige Änderungen vorgenommen, die noch nicht endgültig beschlossen, aber schon in Grundzügen absehbar sind. Das DSM-V wird voraussichtlich im Mai 2013 erscheinen und die ICD-11 soll im Mai 2015 folgen (APA, 2012). Die störungsbezogenen Kapitel enthalten z. T. Hinweise, wenn Änderungen (unter Vorbehalt) absehbar sind.

2.2 Probleme der Definition und Klassifikation

Durch das Stellen einer Diagnose besteht die Gefahr der Stigmatisierung und Etikettierung von Menschen mit einer psychischen Störung, die dann möglicherweise in einem anderen Licht gesehen oder in unangemessener Weise behandelt werden. Daher muss beachtet werden, dass sprachliche Ausdrücke vermieden werden, die eine Identifizierung des Menschen mit der psychischen Störung, unter der er leidet, herbeiführen. So sollte bspw. nicht von einem geistig Behinderten oder einem Schizophrenen gesprochen werden, sondern von einem Menschen mit einer geistigen Behinderung bzw. mit einer Schizophrenie (Klicpera und Gasteiger-Klicpera, 2007).

Moderne Klassifikationsbestrebungen, wie sie im ICD-10 und DSM-IV umgesetzt werden, zielen auf typologische und damit statische Modelle ab. Beide Werke versuchen, theoriefreie einheitliche diagnostische Standards psychischer Störungsbilder zu erarbeiten, und ursachenbezogenen Erklärungen fehlen daher. »Ein funktionales Ordnungssystem, das eine solide grundlagenwissenschaftliche Fundierung und größere therapeutische Relevanz aufweist, fehlt bislang« (Wittchen und Hoyer, 2011, S. 9). Aufgrund der Forschungslage und den unzureichenden Erkenntnissen über Entstehungsbedingungen und Verlauf psychischer Störungen ist es bislang noch nicht realisiert und damit die vorrangige Aufgabe im Bereich der Klinischen Psychologie und ihrer Nachbargebiete. Die Vorteile einer erleichterten Kommunikation als Grundlage für eine Indikationsstellung und Behandlung bleiben von dieser Kritik aber unberührt.

2.3 Epidemiologische Methoden

Bei der Betrachtung der Wissenschaft der Epidemiologie lassen sich zwei Forschungsschwerpunkte unterscheiden: die deskriptive und die analytische Epidemiologie.

Die **deskriptive Epidemiologie** befasst sich mit der Häufigkeit von psychischen Störungen in der Bevölkerung oder unterschiedlicher Bevölkerungsgruppen. Erfasst wird auch der Verlauf von Störungen und deren Folgen in diesen unterschiedlichen Teilgruppen der Bevölkerung. Es handelt sich um eine rein statistische Erhebung von Häufigkeiten. Die **analytische Epidemiologie** verfolgt darüber hinaus das Ziel, Risiko- und Schutzfaktoren sowie auslösende und aufrechterhaltende Faktoren zu ermitteln, die die Häufigkeit von Störungen und deren Folgen beeinflussen.

Döpfner (2008a) verweist auf ein Zitat von Costello, Egger und Angold (2005), das auf die Entwicklungsepidemiologie hinweist, die zunehmend an Bedeutung gewinnt und psychische Störungen in verschiedenen Entwicklungsabschnitten betrachtet.

Epidemiologische Fragestellungen können die Frage nach der Auftretenshäufigkeit einer bestimmten psychischen Störung stellen, z. B. »Wie häufig kommt ADHS in Deutschland im Kindes- und Jugendalter vor?« und darüber hinaus auch versuchen, historische Entwicklungen im Auftreten dieser Störung zu erkennen, wie bspw. »Kommt ADHS in Deutschland 2012 häufiger vor als im Jahr 1980?«. Mit Hilfe der Beantwortung dieser und ähnlicher Fragen können Entscheidungen im Zusammenhang mit Prävention und Behandlung getroffen werden, um Maßnahmen (z. B. Hilfsangebote für betroffene Kinder mit ADHS oder deren Eltern) bedarfsgerecht vorzuhalten. Auch Präventionsangebote und Gesundheitsförderung können auf Grundlage dieser Forschung möglichst frühzeitig im benötigten Umfang angeboten werden, um die steigenden Behandlungskosten im Gesundheitssystem zu vermindern.

2.4 Prävalenz psychischer Störungen

Um die Auftretenshäufigkeit verschiedener Störungen zu beschreiben, bedient sich die Epidemiologie verschiedener Konzepte: Mit der **Prävalenz** wird der Anteil aller Personen in der Bevölkerung angegeben, die zum Untersuchungszeitpunkt (**Punktprävalenz**), innerhalb eines vorgegebenen Zeitraums (**Periodenprävalenz**, z. B. ein Untersuchungszeitraum von einem Jahr) oder über die Lebensspanne gesehen (**Lebenszeitprävalenz**) von einer psychischen Störung betroffen sind. Nach Renneberg, Heidenreich und Noyon (2009) enthält eine Prävalenzangabe vier Bestimmungsstücke. Angegeben werden die Diagnose bzw. die Störung, das Diagnosesystem (z. B. **ICD-10** oder **DSM-IV**), der Prävalenztyp (z. B. Lebenszeitprävalenz) und die Prozentzahl. Eine Prävalenzangabe könnte also bspw. lauten, dass die Lebenszeitprävalenz für ADHS (nach DSM-IV) bzw. HKS (nach ICD-10) bei den 11–13-Jährigen bei 7,1% liegt (Schlack, Hölling, Kurth und Huss, 2007, S. 831).

2.5 Schwierigkeiten epidemiologischer Studien

Schaut man sich verschiedene Studien zur Häufigkeit psychischer Störungen im Kindes- und Jugendalter an, finden sich für einzelne Störungsbilder häufig irritierend unterschiedliche Häufigkeitsangaben. Petermann (2005) fasst zusammen, dass v. a. folgende Unterschiede zwischen den Studien dafür verantwortlich sind:

- unterschiedliche Kriterien zur Fallbestimmung
- unterschiedliche Erhebungsinstrumente
- unterschiedliche Einbeziehung und Gewichtung verschiedener Informationsquellen, z. B. Kind/Jugendlicher, Eltern, Lehrer
- Unterschiede bei den ausgewählten Störungsbildern und Diagnosen
- unterschiedliche Stichprobengröße, -zusammenstellung und -repräsentativität
- unterschiedliche Erfassungszeiträume.

Beim Vergleich von Untersuchungen und bei der Einschätzung der Wertigkeit von Häufigkeitsangaben aus verschiedenen Studien müssen die aufgeführten Unterschiede Beachtung finden.

Das Heranziehen alternativer Untersuchungsansätze bietet aber keine Alternative zu epidemiologischen Studien, da nur so ein »weitgehend repräsentativer Einblick in die Gesamtbevölkerung« (vgl. ebd., S. 49) gegeben ist. Klinische Stichproben würden auf Grund der Selektivität der Probanden diesen Einblick verzerren, da oft nur besonders schwere Fälle im klinischen Rahmen in Erscheinung treten.

Eine weitere Schwierigkeit epidemiologischer Studien ist das Herstellen von kausalen Zusammenhängen zwischen dem Vorkommen einer spezifischen Bedingung und der Entstehung einer psychischen Störung. Wie dargestellt, liegt dem aktuellen Verständnis von psychischen Störungen ein biopsychosoziales Entstehungsmodell zu Grunde, sodass nicht *ein* Faktor ursächlich für die Entstehung der Störung verantwortlich gemacht werden kann. Um andere Faktoren hierfür zu identifizieren, könnte nach Petermann (2005) nur die Prüfung dezidierter Hypothesen mit entsprechend differenzierten Studiendesigns Aufschlüsse bieten.

2.6 Prävalenzentwicklung

In den letzten Jahren wurden zahlreiche Studien durchgeführt, die Angaben zur Prävalenz von psychischen Störungen im Kindes- und Jugendalter machen. Die Arbeiten von Ihle und Esser (2002) und Petermann (2005) liefern einen guten Überblick über die durchgeführten Studien bis zum Jahr 2005. Alle drei Autoren geben an, dass die Prävalenzrate psychischer Störungen im Kindes- und Jugendalter zwischen 10 und 20% liegt. Ihle und Esser (2002) ermitteln in ihrer Zusammenfassung wichtiger internationaler Studien einen Median[3] für die Sechs-Monats-Prävalenz von 18%. Petermann (2005) ergänzt, dass die **Persistenzraten** über alle Altersstufen des Kindes- und Jugendalters hinweg bei über 50% liegen. Das zeigt, dass es sich bei Störungen im Kindes- und Jugendalter nicht um Auffälligkeiten handelt, die sich im Laufe der Entwicklung verlieren, sondern, dass es um »ernstzunehmende und gesundheitspolitisch äußerst relevante Krankheiten« (Petermann, 2005, S. 163) geht, die in den Studien erfasst werden.

Petermann verweist außerdem darauf, dass nationale Studien belegen, dass 10% der vorliegenden psychischen Erkrankungen im Kindes- und Jugendalter bereits chronisch verlaufen.

Im Rahmen des **Kinder- und Jugendgesundheitssurveys (KIGGS)** wurde die BELLA-Studie durchgeführt, die psychische Auffälligkeiten bei Kindern und Jugendlichen erfragt und die als exemplarisch für unser Land gelten kann (Ravens-Sieberer, Wille, Bettge und Erhart, 2007). Die Ergebnisse ähneln auch den Übersichtsarbeiten der oben genannten Autoren.

Nach Ravens-Sieberer et al. (2007) kann festgehalten werden, dass 9,7% der Befragten als »wahrscheinlich« psychisch auffällig gelten, während bei weiteren 12,2% zumindest Hinweise auf eine psychische Auffälligkeit vorliegen. Jungen sind etwas häufiger betroffen als Mädchen und in beiden Gruppen steigt die Auftretenswahrscheinlichkeit einer psychischen Störung mit dem Alter leicht an. Bei Jungen steigt die Auftretenswahrscheinlichkeit von 22,5% im Alter von 7–10 Jahren auf 24,9% bei den 14- bis 17-Jährigen. Bei Mädchen lässt sich in den gleichen Altersgruppen ein Anstieg von 17,6% auf 22,2% ausmachen. Ihle und Esser (2002) fassen in ihrer Übersichtsarbeit zusammen, dass in der Adoleszenz meist eine Angleichung der Prävalenzraten erfolgt, häufig sogar zu sehen ist, dass die Prävalenzrate bei Mädchen mit zunehmendem Alter die der Jungen übersteigt.

---

3 Der »Median« bezeichnet den Wert einer Rangordnung oberhalb und unterhalb dessen gleich viele Werte stehen (umgangssprachlich formuliert den »mittleren Wert«).

Am häufigsten sind Kinder und Jugendliche von einer Angststörung betroffen (im Durchschnitt 10%). Eine Störung des Sozialverhaltens findet sich bei 7,6% der Kinder und Jugendlichen, die Prävalenz depressiver Störungen liegt bei 5,4% der befragten Kinder und Jugendlichen. Jungen und Mädchen sind in den unterschiedlichen Altersgruppen etwa gleich stark betroffen. Die Prävalenz von ADHS liegt bei 2,2% (Ravens-Sieberer, Wille, Bettge und Erhart, 2007). So genannte externalisierende Störungen (z. B. Aggressivität, Hyperaktivität) weisen meist höhere Prävalenzraten für Jungen, internalisierende Störungen (z. B. Ängste, Depression) und Essstörungen weisen höhere Raten für Mädchen auf (ebd., 2007). Weitere Angaben zur Prävalenz können den einzelnen Kapiteln zu psychischen Störungen entnommen werden.

Zur **Komorbidität** werden in der BELLA-Studie keine Aussagen gemacht. Ihle und Esser (2002) zeigen in ihrer Übersichtsarbeit, dass die Komorbiditätsraten im Kindes- und Jugendalter denen im Erwachsenenalter sehr ähnlich sind. Sie verweisen auf eine Studie von Angold, Costello und Erkanli aus dem Jahr 1999.

Die vorliegenden Befunde zeigen, dass jedes fünfte bis jedes zehnte Kind bzw. jeder fünfte bis zehnte Jugendliche an einer psychischen Störung leidet. Erschreckend ist leider, dass nur ein kleiner Teil der Betroffenen professionelle Hilfe bekommt (z. B. Ihle und Esser, 2002 und Petermann, 2005). So ist es nicht verwunderlich, dass alle genannten Autoren fordern, die Ergebnisse für die Versorgungsplanung stärker zu berücksichtigen und auch die kinder- und jugendpsychiatrische Forschung den gebührenden Stellenwert erhält, den sie auf Grund dieser Befunde verdient.

Literatur

Döpfner, M. (2008a). Klassifikation und Epidemiologie psychischer Störungen. In F. Petermann (Hrsg.), *Lehrbuch der Klinischen Kinderpsychologie* (6. Aufl.). Göttingen: Hogrefe.

Ihle, W. & Esser, G. (2002). Epidemiologie psychischer Störungen im Kindes- und Jugendalter: Prävalenz, Verlauf, Komorbidität und Geschlechtsunterschiede. *Psychologische Rundschau, 53,* 159–169.

Klicpera, C. & Gasteiger-Klicpera, B. (2007). *Psychische Störungen im Kindes- und Jugendalter.* Wien: Facultas.

Petermann, F. (2005). Zur Epidemiologie psychischer Störungen im Kindes- und Jugendalter. *Kindheit und Entwicklung, 14,* 48–57.

Ravens-Sieberer, U., Wille, N., Bettge, S. & Erhart, M. (2007). Psychische Gesundheit von Kindern und Jugendlichen in Deutschland. Ergebnisse aus der BELLA-Studie im Kinder-

und Jugendgesundheitssurveys (KiGGS). *Bundesgesundheitsblatt – Gesundheitsforschung – Gesundheitsschutz, 50,* 871–878.

Renneberg, B., Heidenreich, T. & Noyon, A. (2009). *Einführung Klinische Psychologie.* München: Reinhardt.

Schlack, R., Hölling, H., Kurth, B. M. & Huss, M. (2007). Die Prävalenz der Aufmerksamkeitsdefizit-/Hyperaktivitätsstörung (ADHS) bei Kindern und Jugendlichen in Deutschland. *Bundesgesundheitsblatt, 50,* 827–835.

Wittchen, H.-U. & Hoyer, J. (2011). Was ist Klinische Psychologie? Definition, Konzepte und Modelle. In H.-U. Wittchen, J. Hoyer (Hrsg.), *Klinische Psychologie und Psychotherapie* (2. Aufl.). Berlin: Springer.

Verzeichnis der Internetquellen

American Psychiatric Association (APA) (2012). DSM-V Development. Zugriff am 14.11.2012 unter
http://www.dsm5.org/Pages/Default.aspx

3

Behandlung psychischer Störungen im Kindes- und Jugendalter

Simone Gebhard

Vor der Behandlung von psychischen Störungen im Kindes- und Jugendalter steht die diagnostische Untersuchung. Sie hat zum Ziel, »im Einvernehmen und Zusammenwirken mit Kind und Bezugsperson Informationen zu gewinnen und zu ordnen, so dass psychische Störungen und pathogene Lebensverhältnisse erkannt, diagnostisch eingeordnet, die Entstehungsbedingungen aufgeklärt, ihre Auswirkungen bewertet und adäquate Behandlungsmaßnahmen initiiert werden können« (Blanz et al., 2006, S. 455).

> Diagnostik wird im vorliegenden Text nicht ausführlicher behandelt, da sie von entsprechend qualifizierten Fachärzten und Psychologen durchgeführt wird. Es ist möglich, dass Pädagogen in den Prozess mit einbezogen werden, wenn ihre Beobachtungen als Informationsquelle nützlich sind. Dazu finden sich Hinweise in den störungsbezogenen Kapiteln.

3.1 Merkmale, Definition und Aufgaben von Therapien im Kindes- und Jugendalter

Für Kinder und Jugendliche mit psychischen Störungen sind unterschiedliche Therapieformen entstanden, die der Entwicklungsperspektive Rechnung tragen und daher auch unter dem Namen *entwicklungsorientierte Psychotherapie* und *Entwicklungspsychopharmakotherapie* zu finden sind. Die Entwicklungsorientierung bezieht sich nicht nur auf den Patienten, sondern bei Kindern und Jugendlichen wird auch die familiäre Entwicklung berücksichtigt, häufig werden sogar andere Lebensbereiche bspw. Kita und Schule in die Therapie mit einbezogen und so ist neben entwicklungsorientierter Psychotherapie und Entwicklungspsychopharmakotherapie die dritte Kategorie der *familien- und umweltzentrierten Maßnahmen* zu nennen (Blanz et al., 2006).

Allen Therapieformen ist gemeinsam, dass sie Verhalten, Erleben, Kognition, körperliche Befindlichkeit und zwischenmenschliche Beziehungsstörungen der Patienten positiv beeinflussen wollen, sodass Patient und Lebensgemeinschaft zu besserem Wohlbefinden und besserer Lebensqualität gelangen. Auf der Grundlage fundierter diagnostischer Befunde entsteht ein individuelles Therapiekonzept, das sich am Patienten und seiner Störung orientiert, entwicklungsorientiert ist, unterschiedliche Akteure und verschiedene soziale Kontexte miteinbezieht (bspw. Elternhaus, Schule und Peergroup), problemlöseorientiert ausgerichtet ist und auch den unterschiedlichen Phasen des Krankheitsverlaufs Rechnung trägt (ebd.). Döpfner (2008b) ergänzt, dass bei evidenzbasierten Therapien die Wirkprinzipien eine Rolle spielen müssen.

Für jedes Kind bzw. jeden Jugendlichen wird zu Beginn der Behandlung ein individuelles Therapiekonzept erstellt. Dabei stellt sich die Frage nach dem Setting. Neben einer *ambulanten Behandlung* kommen auch *stationäre* und *teilstationäre Therapie* sowie *Hometreatment* in Frage. Blanz et al. (2006) unterscheiden folgendermaßen:

Eine *stationäre Behandlung* wird immer dann notwendig, wenn eine lebensbedrohliche Situation vorliegt oder der Patient nicht nur sich selbst, sondern auch andere Personen gefährdet. Auch die Schwere und Chronifizierung der Störung können eine stationäre Behandlung nötig machen. Scheitern ambulante Versuche, ist eine Trennung von der Familie notwendig oder ist eine Versorgung rund um die Uhr angeraten, dann ist die Entscheidung zu einer stationären Unterbringung unumgänglich.

Eine *teilstationäre Behandlung* kann auf eine stationäre Therapie vorbereiten oder bildet häufig den Übergang von einem stationären Aufenthalt zur ambulanten Versorgung. Prinzipiell bestehen in diesem Setting nahezu die gleichen Möglichkeiten wie bei der stationären Unterbringung. Ein Vorteil besteht darin, dass der Patient für die Dauer der Behandlung in seinem Umfeld bleiben kann und nur tagsüber eine Klinik oder ähnliche Einrichtung aufsucht, um dort behandelt zu werden. Einige Kliniken unterhalten Tageskliniken, die in dieser Form therapieren.

Eine *ambulante Behandlung* wird durch ein Netz an niedergelassenen Kinder- und Jugendpsychiatern und -psychologen gewährleistet; dies wird durch Institutsambulanzen und andere Kliniken ergänzt. Grundsätzlich sollte eine ambulante Behandlung der stationären Therapie vorgezogen werden:

> »Da eine ambulante Therapie weniger in das Alltagsleben der Patienten eingreift, die meisten evidenzbasierten Therapien im ambulanten Rahmen entwickelt und evaluiert wurden und ein Transfer von Behandlungseffekten auf die Alltagsbedingungen leichter gelingt, sollte grundsätzlich eine ambulante Therapie präferiert werden, sofern dies der Zustand des Patienten und das ihn begleitende Umfeld erlaubt« (Goldbeck et al. 2012, S. 185).

Blanz et al. (2006, S. 496) weisen darauf hin, dass im Rahmen einer sogenannten Sozialpsychiatrievereinbarung die Grundlage für eine interdisziplinäre Behandlung geschaffen werden kann, wobei ein Team aus Kinder- und Jugendpsychiater, Psychologen, Heilpädagogen, Sozialpädagogen und Mitarbeitern mit ähnlicher Qualifikation zusammenarbeitet. Besonders im Anschluss an eine stationäre Behandlung muss rechtzeitig ein Hilfeplan erstellt werden, sodass die nötige Koordination nicht zu Lasten des Betroffenen geht und die nötige Nachsorge sofort nach dem Klinikaufenthalt einsetzen kann (Goldbeck et al., 2012).

Unter *Hometreatment* verstehen Blanz et al. (2006, S. 496) die Behandlung im Lebensumfeld des Patienten. Es ist immer dann angezeigt, wenn die Bezugspersonen des Kindes entscheidend zur Therapie beitragen können. Goldbeck et al. (2012, S. 227) beklagen, dass diese Behandlungsform trotz vorliegender positiver Ergebnisse bisher noch nicht in der Versorgung etabliert worden ist.

3.2   Pharmakotherapie und Psychopharmakotherapie

Die Möglichkeiten und Grenzen der Pharmakotherapie sollen in diesem Band nur kurz dargestellt werden, da sie im medizinischen Bereich zu verorten ist und nur von einem Arzt, in diesem Fall meist ein Facharzt für Kinder- und Jugendpsychiatrie, angeordnet und durchgeführt wird. Pädagogen sollten sich aber darüber im Klaren sein, dass eine Behandlung mit Arzneimitteln und Psychopharmaka oft Grundlage einer erfolgreichen Therapie ist und psychotherapeutische Behandlungen und pädagogische Maßnahmen unterstützen kann. *Psychopharmakotherapie* ist bei der Behandlung von psychischen Störungen im Kindes- und Jugendalter besonders hervorzuheben und umfasst nach Kölch, Plener, Kranzeder und Fegert »den Einsatz von Substanzen und Arzneimittel, die ihre Zielwirkung im ZNS haben und die psychische Befindlichkeit des Behandelten verändern sollen« (2008, S. 778).

Neben *Psychopharmaka* kommen auch andere *Arzneimittel* zum Einsatz, bspw. im Rahmen der Therapie von ADHS. Kölch et al. definieren den Begriff Arzneimittel als »(...) einen Stoff oder eine Substanz, der/die eine bestimmte pharmakologische Wirkung im Organismus erzielt« (ebd. S. 777).

Die Behandlung mit Psychopharmaka und anderen Arzneimitteln bei der Behandlung psychischer Störungen im Kindes- und Jugendalter ist nicht unumstritten. Kinder befinden sich noch in der Entwicklung und die Auswirkungen auf die körperlich-organische, kognitive, emotionale und soziale Entwicklung des Kindes müssen Berücksichtigung finden.

Im Rahmen der Therapie darf ein Arzt ein Arzneimittel verordnen, auch wenn es nicht für eine bestimmte Altersgruppe oder eine bestimmte Indikation zugelassen ist. Es handelt sich dann um den sogenannten Off-Label- oder Unlicensed-Use, über den der Arzt den Patienten in jedem Fall aufklären muss. Kölcher et al. (2008) führen verschiedene Studien an, die belegen, dass der Off-Label-Use im Rahmen der Therapie von psychischen Störungen bei Minderjährigen weit verbreitet ist.

Der Kinder- und Jugendlichen-Gesundheitssurvey (KIGGS), den das Robert-Koch-Institut durchgeführt hat, belegt, dass die Verordnung von Arzneimitteln, die auf das Nervensystem wirken, bei Kindern und Jugendlichen in den letzten Jahren gestiegen ist. Fegert et al. (2006) (zitiert nach Kölch et al., 2008) weisen darauf hin, dass die Verordnungszahlen differenziert betrachtet werden müssen, da die Verordnung von Methylphenidat im Rahmen der ADHS-Therapie im letzten Jahrzehnt deutlich zugenommen hat, die Zahl der Verordnungen von Antidepressiva hingegen relativ konstant geblieben ist.

Ob und wann Arzneimittel eingesetzt werden, muss im Einzelfall entschieden werden.

3.3 Familien- und umweltzentrierte Maßnahmen

Blanz et al. (2006) führen in diesem Rahmen neben der *Sonderpädagogik*, der *Frühförderung* und der *Kinder- und Jugendhilfe* auch andere Maßnahmen an, die unten erläutert werden, weil sie eher in therapeutischen als pädagogischen Kontexten geläufig sind. Die erstgenannten Maßnahmen sind im pädagogischen Bereich anzusiedeln und sollen in diesem Band nicht näher betrachtet werden.

Die *Elternberatung* hat einen besonders hohen Stellenwert im Rahmen der Diagnose und Therapie von Kindern- und Jugendlichen mit psychischen Störungen. Elternberatung ergibt sich durch das Sorgerecht der Eltern und beschränkt sich auf das Gespräch. Sie ist zumeist orientiert an gesprächstherapeutischen Prinzipien (u. a. aktives Zuhören, Akzeptanz, Wertschätzung und aktives Bemühen des Therapeuten). Sie dient einerseits dem Therapeuten dazu, eine Handlungsgrundlage für diagnostische und therapeutische Entscheidungen zu gewinnen, andererseits dient sie Eltern und Kind dazu, Kenntnisse und Einsichten zu erlangen und so neue Handlungsspielräume für Problemlösungen zu schaffen.

Über die Elternberatung hinaus geht die *Elternanleitung*, wenn z. B. im Rahmen von Familientherapie oder Elterntrainings gezielte Anleitungen für das Erreichen bestimmter Therapieziele gegeben werden. So ist eine Anleitung vorgeschrieben, wenn bei der Behandlung der Enuresis eine Klingelhose verordnet wird (Blanz et al., 2008, S. 497).

Psychoedukation kann neben Eltern auch andere Bezugspersonen (bspw. Pädagogen) einschließen und versucht u. a., einen Überblick über das Störungskonzept zu geben, um Möglichkeiten für pädagogische Einflussnahmen aufzuzeigen.

Im Rahmen der therapeutischen Arbeit mit Eltern und anderen Familienmitgliedern hat sich die Bezeichnung *Familientherapie* etabliert. Ungünstige familiäre Einflüsse können für das Auslösen einer psychischen Störung eines Familienmitglieds eine Rolle spielen oder zur Aufrechterhaltung einer Störung beitragen. Familientherapie hat die Veränderung familiärer Beziehungen zum Ziel, um so familiäre Konfliktsituationen und psychische Störungen von Familienmitgliedern zu behandeln (ebd.). *Systemische* Familientherapie ist bspw. im Bereich der Erziehungsberatung weit verbreitet wobei ihre Wirksamkeit bisweilen kritisch diskutiert wird und unklar ist, inwieweit sie als eigenständiges psychotherapeutisches Verfahren betrachtet werden kann, da ihre Wurzeln u. a. auf die Psychoanalyse und die Kommunikationspsychologie zurückgehen (Godbeck et al., 2012).

Elterntrainings haben zum Ziel, die Erziehungskompetenz der Eltern zu stärken. Einerseits kann ungünstiges Erziehungsverhalten zur Entstehung einer psychischen Störung des Kindes beitragen, andererseits stellen Kinder mit psychischen Problemen ihre Eltern vor große erzieherische Herausforderungen, und so sind in beiden Fällen Elterntrainings eine sinnvolle Ergänzung im Rahmen der multimodalen Therapie. Die Wirkprinzipien von Elterntrainings liegen in der **operanten Konditionierung**, dem **Modelllernen**, der Verhaltensformung, der Strukturierung der häuslichen Umgebung und wiederkehrender alltäglicher Abläufe sowie in der schrittweisen Unterstützung von Selbststeuerungs- und Problemlösestrategien des Kindes durch die Eltern (ebd., S. 204). Die Durchführung dieser Maßnahmen liegt in den Händen unterschiedlicher Berufsgruppen, an ihrer Durchführung können auch Pädagogen beteiligt sein. So können bspw. Elterntrainings oder verschiedene Trainings- und Präventionsprogramme für Kinder und Jugendliche von Pädagogen mit entsprechender Vorbildung durchgeführt werden. Es ist auch denkbar, dass Pädagogen an solchen Trainings teilnehmen, um ihre eigenen pädagogischen Kompetenzen zu unterstützen.

3.4 Psychotherapien

Strotzka hat Psychotherapie bereits 1969 sehr umfassend definiert. Unter *Psychotherapie* versteht er einen bewussten und geplanten wechselseitigen Prozess, der Verhaltensstörungen und Leidenszustände von Patienten in Richtung auf ein definiertes, gemeinsam erarbeitetes Ziel (Symptomminimalisierung und/oder Strukturänderung der Persönlichkeit) hin zu beeinflussen versucht. Der Psychotherapeut arbeitet auf der Basis einer tragfähigen Patient-Therapeut-Beziehung und bedient sich psychologischer, meist verbaler, Mittel. Reinelt, Bogyi und Schuch (1997) ergänzen, dass in der Kinderpsychotherapie die Sprache eine geringere Rolle spielt und das Spiel ein geeignetes Medium darstellt, um dem Kind zu ermöglichen, eigenes Erleben auszudrücken.

Die Kinderpsychotherapie wird seit der Einführung des Psychotherapeutengesetzes im Jahre 1999 von Kinder- und Jugendlichenpsychotherapeuten durchgeführt. Für diese Ausbildung sind neben Diplom-Psychologen und Ärzten auch Pädagogen und Sozialpädagogen zugelassen, wenn sie die Ausbildungsvoraussetzungen des Psychotherapeutengesetzes (PsychThG) erfüllen (s. PsychThG im Verzeichnis der Internetquellen). Das PsychThG schreibt vor, dass die Ausbildung schwerpunktmäßig in einem wissenschaftlich anerkannten Therapieverfahren erfolgt.

Die Bundesärztekammer erklärt 2004 die **Verhaltenstherapie**, *psychodynamische Therapieverfahren*[4] und *Gesprächspsychotherapie*[5] zu den wissenschaftlich anerkannten Psychotherapieverfahren in Deutschland (Blanz et al., 2008, S. 502). Wirksamkeitsnachweise für psychodynamische Verfahren und Gesprächspsychotherapie sind für die Behandlung von psychischen Störungen im Kindes- und Jugendalter allerdings eher schwach und damit nicht hinreichend gegeben. Vor allem bei den psychodynamischen Therapieverfahren existieren auf Grund fehlender Standardisierung und fehlender operationaler Beschreibungen keine Therapiemanuale, die die Durchführung kontrollierter Therapiestudien ermöglichen (Goldbeck et al., 2012, S. 202).

Damit ist die Verhaltenstherapie das einzige Verfahren in diesem Bereich, für das wissenschaftliche Anerkennung vorliegt.

Die *Verhaltenstherapie* (VT) geht davon aus, dass Störungen im Erleben, Denken und Verhalten durch Lernvorgänge entstehen oder zumindest durch Lernvorgänge veränderbar sind (Blanz et al., 2006). Im Rahmen der VT kommen zahlreiche Methoden und Techniken zum Einsatz, die oft zu Trainingsprogrammen kombiniert werden. Die eingesetzten Techniken basieren auf der klassischen bzw. operanten Konditionierung, der sozialen Lerntheorie sowie der kognitiven Psychologie (Goldbeck et al., 2012). Besonders bekannt auch im pädagogischen Bereich sind *operante Verfahren*, die sowohl entwicklungs- als auch störungsbezogen sind und stark von den erzieherischen Kompetenzen der Bezugspersonen abhängig sind. Operante Techniken kommen bereits im Säuglingsalter in Form von Verstärkerplänen bei Fütter- oder Regulationsstörungen zum Einsatz. Sie arbeiten mit positiver[6] und negativer[7] Verstärkung, selten auch mit Bestrafungen, um eine Verhaltensänderung herbeizuführen. Für die VT gibt es keine Kontraindikationen, allerdings kann bei besonders komplexen oder schweren psychischen Störungen die Kombination mit Pharmakotherapie wichtig sein (ebd., S. 200).

---

4 Psychodynamische Therapieverfahren basieren auf der Annahme, dass Individuen über Einsicht eine Veränderung ihrer Persönlichkeit und Funktionen erlangen, wobei die Interaktion mentaler Prozesse bei der Entstehung von Problemen im subjektiven Erleben und Verhalten eine Rolle spielen (Goldbeck et al., 2012, S. 201).
5 In der Gesprächspsychotherapie ist das Gespräch das Kommunikationsmittel der Wahl und soll zur Aktivierung der Selbsthilferessourcen aller Beteiligten und zu zielführenden Erfahrungen verhelfen (Blanz et al., 2008, S. 508).
6 Unter positiver Verstärkung versteht man die Belohnung von erwünschtem Verhalten.
7 Unter negativer Verstärkung versteht man den Wegfall eines unangenehmen Reizes.

3.5 Multimodale Kinder- und Jugendlichenpsychotherapie

Döpfner (2008b) fordert, Kinder- und Jugendlichenpsychotherapie multimodal auszurichten. Ein Denken, das an Therapieschulen haftet, bezeichnet er als einen »Hinweis auf Vorwissenschaftlichkeit« (ebd., S. 744). Multimodale Therapien sollen daher

- problemorientiert,
- kontextorientiert,
- individualisiert, sequenziell[8] und adaptiv,
- entwicklungsorientiert,
- ergebnisorientiert,
- evidenzbasiert
- und an Wirkprinzipien orientiert sein

Bei der Benennung der Wirkprinzipien verweist Döpfner (ebd.) auf die Erwachsenenpsychotherapie, formuliert von Grawe (1995). Übertragen auf die Altersbereiche Kinder und Jugendliche erläutert Döpfner (2008a) die Wirkprinzipien wie folgt:

Die *Ressourcenorientierung* hat einen ganz besonderen Stellenwert für diesen Altersbereich, da die Patienten nicht aus eigenem Antrieb eine Therapie beginnen, sondern von Bezugspersonen dazu aufgefordert werden. Sie umfasst daher eher unspezifische Wirkfaktoren wie das Anknüpfen an Eigenarten, Fähigkeiten und Motivation des Patienten. Der Aufbau einer tragfähigen therapeutischen Beziehung spielt dabei eine entscheidende Rolle. Nur durch diese Maßnahmen können Erfolgserwartungen bei Patient und Bezugsperson gesteigert werden.

Das Prinzip der *Problemorientierung* geht davon aus, dass es sinnvoll ist, die Probleme des Patienten und seiner Bezugspersonen in die Therapie zu übertragen, sodass im Rahmen der Therapie reale Probleme auftauchen, die dann bearbeitet werden können. Der Transfer in den Alltag spielt eine wichtige Rolle und kann durch Hausaufgaben oder therapeutische Interventionen vor Ort gewährleistet werden.

Im Rahmen der *kognitiv-affektiven Klärung* versucht der Therapeut, dem Patienten und seinen Bezugspersonen Hilfestellung zu geben, um sich über »die Bedeutung des Erlebens und Verhaltens im Hinblick auf seine/ihre be-

---

8 Die Therapie berücksichtigt verschiedene Interventionsebenen und Problembereiche.

wussten und unbewussten Ziele und Werte klarer zu werden und sie vor dem Hintergrund der eigenen Lebenserfahrung zu verstehen« (ebd., S. 750). Hierbei geht es um die Fragen, welche Faktoren zur Entwicklung des Problems beigetragen haben bzw. welche Faktoren die Störung aufrechterhalten und wer was tun muss, um das Problem zu bewältigen, d. h. welches Störungsmodell zu Grunde liegt.

Auf dem Hintergrund der kognitiv-affektiven Klärung folgt die *Hilfe zur Problembewältigung*. Der Therapeut arbeitet mit dem Patienten an der Bewältigung und ermöglicht so eine Erfahrung, die das Gefühl der Selbstwirksamkeit des Patienten stärkt. Hierbei handelt es sich um das zentrale Wirkprinzip, weil auf der Grundlage des Vertrauens in die eigenen Kompetenzen im Zusammenhang mit einer gesteigerten Erfolgserwartung eine Verhaltensänderung erleichtert wird.

3.6 Zur Wirksamkeit von Kinder- und Jugendlichenpsychotherapie

Eine zentrale Forderung der multimodal ausgerichteten Kinder- und Jugendlichenpsychotherapie ist die nach evidenzbasierten und damit nach wirksamen Verfahren. Um die Wirksamkeit von Therapien zu quantifizieren, werden sogenannte Effektstärken berechnet, die angeben, wie sich das Ausmaß der durchschnittlichen Veränderung einer Therapiegruppe im Vergleich zu einer Kontrollgruppe darstellt.

Eine übliche Einteilung von Effektstärken (ES) nach Cohen (1977) besagt, dass geringe Werte sich durch eine ES von 0,2 bis 0,5 zeigen, mittlere Effekte durch eine ES von 0,5–0,8 und große Effekte eine ES $\geq$ 0,8 aufweisen.

Döpfner (2008b) gibt mittlere bis starke Effektstärken von 0.76 bis 0.91 für verhaltenstherapeutische Verfahren an, zu denen auch kognitiv-behaviorale Verfahren gehören, die als wirksame evidenzbasierte Therapieformen im Fokus der Kinder- und Jugendlichenpsychotherapieforschung stehen. Blanz et al. (2006) geben Effektstärken für die Wirksamkeit der Familientherapie an, die zwischen 0,33 und 0,70 liegen.

Für andere Verfahren liegen meist überhaupt keine methodisch zufriedenstellenden Studien vor, die eine Wirksamkeit belegen könnten. Ein Grund dafür sind oft fehlende Standardisierung und fehlende operationale Beschreibungen der Therapieformen (vgl. dazu den Abschnitt »Psychotherapie«), was dazu führt, dass keine Therapiemanuale existieren, die die Durchführung kontrollierter Therapiestudien ermöglichen (Goldbeck et al., 2012, S. 202).

> »Nach den von der Amerikanischen Psychologischen Gesellschaft festgelegten Kriterien (Chambless et al., 1998) wird eine Intervention als empirisch gut bewährt beurteilt, wenn sie sich in mindestens zwei durchgeführten Kontrollgruppenstudien im Vergleich zu medikamentöser oder psychologischer Placebobehandlung oder zu einer Alternativgruppe als überlegen bzw. im Vergleich zu einer bereits bewährten Alternativtherapie als ebenso wirkungsvoll erwiesen hat. Eine Intervention wird als vermutlich effektiv beurteilt, wenn sie sich in zwei Studien gegenüber einer nicht behandelten Kontrollgruppe (z. B. Wartelistkontrollgruppe) als überlegen erwiesen hat.« (Döpfner, 2008b, S. 756)

Ein wichtiger Schritt in Richtung einer evidenzbasierten multimodalen Kinder- und Jugendlichenpsychotherapie ist die Entwicklung von **Behandlungsleitlinien**, die allerdings noch längst nicht für alle psychischen Störungsbilder vorliegen. Da das Wissen über die Wirkmechanismen einzelner Therapieformen im Bereich der Kinder- und Jugendlichenpsychotherapie dringend erweitert werden muss, ist es wichtig, dass alle angewendeten Therapieformen weiterhin auf dem Prüfstand stehen und gut konzipierte Studien immer genauer Aufschluss geben, welche Mechanismen für welches Störungsbild, in welchem Kontext besonders wirksam sind. Auch die Beobachtungen von Pädagogen leisten einen Beitrag zur Evaluation der Therapieeffekte, und die folgenden störungsbezogenen Kapitel können Pädagogen für genaues Beobachten sensibilisieren.

3.7 Behandlung psychischer Störungen im Kindes- und Jugendalter durch Vertreter unterschiedlicher Berufsgruppen

Bei der Behandlung psychischer Störungen im Kindes- und Jugendalter können Vertreter unterschiedlicher Berufsgruppen in die Therapie eingebunden werden.

Der Facharzt für Kinder- und Jugendpsychiatrie und -psychotherapie in Deutschland hat ein Medizinstudium mit entsprechender fünfjähriger Facharztausbildung absolviert. Er befasst sich vergleichbar mit dem Facharzt für Psychiatrie und Psychotherapie mit der **Ätiologie**, Klassifikation, Diagnostik, **Epidemiologie** und Intervention (darunter auch die Prävention) psychischer Störungen (Baumann und Perrez, 2011). Psychiater sind als Mediziner dazu befugt, Medikamente zu verordnen und sind somit immer in die Therapie eingebunden, wenn eine Medikamentengabe erfolgt. Neben der Pharmakotherapie dürfen diese Fachärzte auch Psychotherapie durchführen.

Psychologen und Pädagogen führen ebenfalls Psychotherapien durch, wenn sie nach dem Psychotherapeutengesetz (s. Kapitel »Psychotherapie«) approbiert sind. Pädagogen steht die Ausbildung zum Kinder- und Jugendlichenpsychotherapeuten offen, d. h. dass sie Kinder und Jugendliche bis zum Alter von 21 Jahren behandeln dürfen (Goldbeck et al., 2011). Psychologen hingegen können nach ihrem Studienabschluss die mehrjährige Ausbildung zum Psychologischen Psychotherapeuten absolvieren und dürfen dann Menschen aller Altersgruppen psychotherapeutisch behandeln.

Mit der Existenz verschiedener Berufsgruppen, die in eine Therapie involviert sein können, stellt sich die Frage, ob einige Störungsbilder schwerpunktmäßig von einer Berufsgruppe behandelt werden. Diese Frage lässt sich nicht einfach beantworten, allerdings gibt die Betrachtung eines Modells zu unterschiedlichen therapeutischen Interventionen von Resch und Fegert (2011, S. 117) wichtige Hinweise, die zu einer Beantwortung der Frage beitragen können:

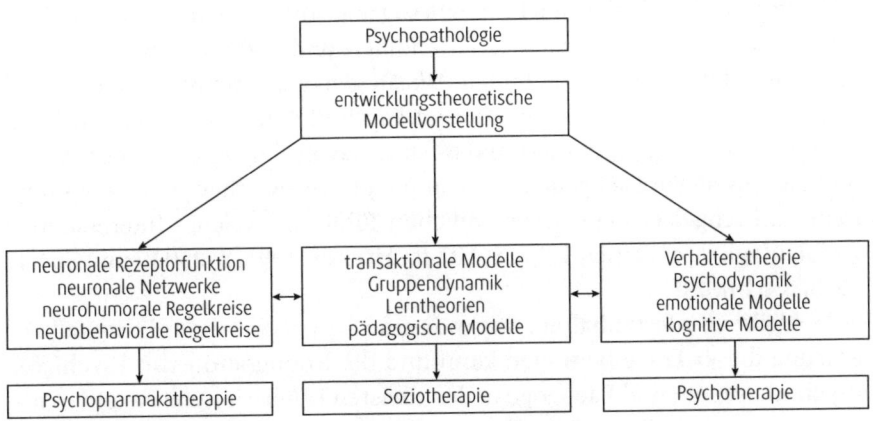

Abb. 2: Therapeutische Interventionen von Resch und Fegert (2011, S. 117)

Das Modell zeigt, dass unterschiedliche Sichtweisen die entwicklungstheoretische Modellvorstellung beeinflussen und so zu einer eher biologisch (linker Kasten), eher soziologisch (mittlerer Kasten) oder eher psychologisch (rechter Kasten) orientierten Sichtweise führen. Die verschiedenen Sichtweisen stehen nicht nur nebeneinander, sie sind auch miteinander verzahnt und von links nach rechts hierarchisch geordnet. Therapiebemühungen, die einer

Sichtweise geschuldet sind, haben demnach Auswirkungen auf alle anderen Bereiche bzw. eine Therapierichtung kann Veränderungen auf einer anderen Ebene herbeiführen. Bspw. können die neuronalen Funktionen sowohl durch die Gabe von Psychopharmaka als auch durch eine psychotherapeutische Veränderung der Erlebensweise beeinflusst werden. Eng verbunden mit dieser Sichtweise ist die Forschung zur neuronalen Plastizität des Gehirns, die davon ausgeht, dass das Gehirn zwar »in seinem grundsätzlichen Bauplan der genetischen Information« folgt, aber die Umsetzung des Bauplans auch von der individuellen Entwicklung und unterschiedlichen Einflüssen (z. B. Ernährung, Infektionen, persönliche Erlebnisse) abhängig ist. Auch die Sichtweise, dass psychische Störungen durch verschiedene Faktoren bedingt werden (s. Kapitel »Biopsychosoziales Krankheitsmodell«) trägt dazu bei, dass die Behandlung auf verschiedenen Säulen ruht.

Besonders hervorgehoben werden soll hier noch das Verhältnis von Psychotherapie und Pädagogik, da sich das vorliegende Buch an Pädagogen wendet. Bezogen auf die Kinderpsychotherapie betonen Reinelt, Bogyi und Schuch (1997), dass sich die Therapie von der Erziehung des Kindes unterscheidet, obwohl beide keine Gegensätze darstellen, sondern durchaus Berührungspunkte aufweisen. Balgo (2002) weist in einem Beitrag zur »Sonderpädagogik im historischen und aktuellen Kontext« sogar ausdrücklich darauf hin, welche Modelle aus Medizin, Psychiatrie, Psychologie und Soziologie in der Sonderpädagogik Berücksichtigung finden. Worin genau Übereinstimmungen und Unterschiede zwischen Pädagogik und Psychotherapie bestehen, wird von Experten kontrovers diskutiert und ist stark davon abhängig, welcher Definition des jeweiligen Fachgebiets man anhängt bzw. welcher Strömung im jeweiligen Fachgebiet man sich verpflichtet fühlt und welches Interesse man verfolgt (vgl. dazu Datler, 1997, S. 107 ff.; Herzka, 1991, S. 250 ff. und Speck, 2005, S. 51 ff.).

Es bleibt also festzuhalten, dass nur eine Orientierung am Einzelfall zur Klärung dieser Frage beitragen kann und die Kooperation von Psychiater, Psychotherapeut und Pädagoge in den meisten Fällen sinnvoll ist und es nur zu Lasten des Kindes geht, falls eine Klärung nicht herbeigeführt werden kann.

Literatur

Balgo, R. (2002). Sonderpädagogik im historischen und aktuellen Kontext. In R. Werning, R. Balgo, W. Palmowski & M. Sassenroth, *Sonderpädagogik. Lernen, Verhalten, Sprache, Bewegung und Wahrnehmung (Hand- und Lehrbücher der Pädagogik)*. München: Oldenbourg.

Baumann, U. & Perrez, M. (2011). Grundbegriffe – Einleitung. In M. Perrez & U. Baumann (Hrsg.), *Lehrbuch Klinische Psychologie – Psychotherapie* (4. Aufl.). Bern: Huber.

Blanz, B., Remschmidt, H., Schmidt, M. H. & Warnke, A. (2006). *Psychische Störungen im Kindes- und Jugendalter. Ein entwicklungspsychopathologisches Lehrbuch*. Stuttgart: Schattauer.

Cohen, J. (1977). *Statistical power analysis for the behavioral sciences* (revised edition). New York: Academic Press.

Datler, W. (1997). Psychotherapie und Pädagogik. In R. Reinelt, G. Bogyi & B. Schuch (Hrsg.), *Lehrbuch der Kinderpsychotherapie*. München: Reinhardt.

Döpfner, M. (2008a). Klassifikation und Epidemiologie psychischer Störungen. In F. Petermann (Hrsg.), *Lehrbuch der Klinischen Kinderpsychologie* (6. Aufl.). Göttingen: Hogrefe.

Döpfner, M. (2008b). Psychotherapie. In F. Petermann (Hrsg.), *Lehrbuch der Klinischen Kinderpsychologie* (6. Aufl.). Göttingen: Hogrefe.

Goldbeck, L., Plener, P. L., Resch, F. & Fegert, J. M. (2012). Therapie. In J.M Fegert, C. Eggers & F. Resch (Hrsg.), *Psychiatrie und Psychotherapie des Kindes- und Jugendalters* (2. Aufl.). Heidelberg: Springer.

Herzka, H. S. (1993). *Kinderpsychopathologie. Ein Lehrgang* (3. Aufl.). Basel: Schwabe.

Kölch, M, Plener, P. L., Kranzeder, A. & J. M. Fegert (2008). Psychopharmakotherapie. In F. Petermann (Hrsg.), *Lehrbuch der Klinischen Kinderpsychologie* (6. Aufl.). Göttingen: Hogrefe.

Reinelt, T., Bogyi, G. & Schuch, B. (Hrsg.). (1997). *Lehrbuch der Kinderpsychotherapie. Grundlagen und Methoden*. München: Reinhardt.

Resch, F. & Fegert, J. M. (2011). Ätiologische Modelle. In J.M Fegert, C. Eggers & F. Resch (Hrsg.), *Psychiatrie und Psychotherapie des Kindes- und Jugendalters* (2. Aufl.). Heidelberg: Springer.

Speck, O. (2003). *System Heilpädagogik. Eine ökologisch reflexive Grundlegung* (5. Aufl.). München: Reinhardt.

Strotzka, H. (1969). *Psychotherapie und soziale Sicherheit*. Bern: Huber.

Verzeichnis der Internetquellen

Gesetz über die Berufe des Psychologischen Psychotherapeuten und des Kinder- und Jugendlichenpsychotherapeuten. Zugriff am 01.10.2012 unter
http://www.gesetze-im-internet.de/bundesrecht/psychthg/gesamt.pdf

4

Trennungsängste

Armin Castello

Fallbeispiel

Am zweiten Tag des Schullandheimaufenthalts ihres Sohnes Gregor (9) wird Frau Sievert von der Klassenlehrerin an ihrem Arbeitsplatz angerufen. Sie berichtet, Gregor habe die ganze Nacht nicht geschlafen, da er sich »wahnsinnig große Sorgen« mache, seiner Mutter könne etwas zustoßen. Bereits im Vorfeld des Schullandheims hatte sich Gregor massiv gegen die für alle Kinder zum Ende der 3. Klasse übliche Reise gewehrt. Frau Sievert ist zwar besorgt, aber nicht überrascht, dass Gregor große Schwierigkeiten mit dieser Trennungssituation hat. Bislang ist es nur in extremen Ausnahmefällen und gegen heftigen Widerstand Gregors im Alltag möglich gewesen, dass sie und ihr Mann das Haus ohne ihn verlassen, selbst, wenn bspw. die befreundete Nachbarin so lange bei ihm geblieben war.

Nach den letzten Sommerferien war es besonders schlimm, da Gregor schon in der ersten Ferienhälfte Angst davor bekam, bald wieder in die Schule zu gehen. Seit sich Frau Sievert erinnern kann, fällt Gregor das Getrenntsein von den Eltern schwer. Früher, als er in die Kita ging, hat er ganz furchtbar geschrien, wenn seine Mutter wegging. Manchmal hat er die Erzieherin gebeten, zu Hause anzurufen, um sich zu vergewissern, dass dort auch alles in Ordnung ist. Gregor hat noch nie ohne seine Eltern eine Nacht verbracht. Als er bei einem Freund übernachtet hat, musste seine Mutter ihn am späten Abend abholen.

Sie überlegt nun, in das nur wenige Kilometer entfernte Schullandheim zu fahren, um ihn abzuholen oder doch zu versuchen, ihn zu überreden, noch etwas durchzuhalten.

4.1 Merkmale von Trennungsängsten

Trennungsschmerzen oder das Weinen in den ersten Schultagen sind emotionale Reaktionen, die mit der Angst vor Unvertrautem zu tun haben und in aller Regel nach einer Eingewöhnungsphase abklingen. Sie treten bei Kindern im Kindergartenalter verstärkt auf, insbesondere in Übergangsphasen sind sie entwicklungstypisch. Die sukzessive Ablösung von den Eltern und das Gewinnen von Selbstständigkeit ist für Kinder und Eltern dabei eine zentrale **Entwicklungsaufgabe**.

Bei manchen Kindern eskaliert das Ausmaß der Ängste vor Trennungssituationen aber derart, dass die soziale und emotionale Entwicklung beeinträchtigt werden kann. Solche Trennungsängste sind besonders gekennzeichnet durch massive und unrealistische Angst vor Trennungen von den Eltern (Suhr-Dachs und Petermann, 2008). Charakteristisch hierfür ist, dass sich der aktuelle Aufmerksamkeitsfokus des Kindes nicht verschieben lässt, d. h. dass es sich nicht oder nur sehr schwer beruhigen lässt. Betroffene Kinder erleben vielfach andauernde und tief empfundene Besorgnis vor Ereignissen, die eine Trennung von einer nahe stehenden Bezugsperson zur Folge haben könnten. Dies können Krankheiten, Unfälle oder andere Schicksalsschläge sein, aber auch alltägliche Trennungsanlässe wie Schulbesuche oder das Übernachten bei Freunden (Blanz et al., 2007). Bereits die Erwartung einer solchen Trennungssituation kann heftige Ängste auslösen, wenn bspw. Eltern abends alleine ausgehen möchten und lediglich, wie im Fallbeispiel, ein Babysitter verfügbar ist (Schneider und Döpfner, 2004).

Trennungsängste können auf der Verhaltensebene, der gedanklichen Ebene und der körperlichen Ebene sichtbar werden. Das Verhalten von trennungsängstlichen Kindern kann gekennzeichnet sein durch exzessives Anklammern an die Eltern in Trennungssituationen, andererseits auch durch aggressives Verhalten den Eltern, anderen Kindern oder Erwachsenen gegenüber, durch

Weinen oder Schreien. Auf der Gedankenebene werden von manchen Kindern dramatische Szenarien entwickelt, die darin bestehen können, dass ihre Eltern schwer verunglücken oder entführt werden. Trennungsängstliche Kinder klagen zudem häufiger über somatische Beschwerden wie z. B. Bauchschmerzen, Herzklopfen, Übelkeit oder Schwindel. Zur Liste potentieller Symptome gehört weiterhin eine in der Trennungsangst begründete andauernde Abneigung oder Verweigerung, zur Schule zu gehen, so dass besondere pädagogische Aufmerksamkeit in diesem Zusammenhang auf häufige Fehlzeiten gelenkt werden sollte. In der **ICD-10** werden zudem typische Trennungsschwierigkeiten am Abend beschrieben, die sich in Einschlafproblemen zeigen können, aber auch in häufigem nächtlichen Aufstehen oder einer ausgeprägten Abneigung, auswärts zu schlafen. Weitere genannte Symptome sind Alpträume zu Trennungsthemen und eine anhaltende, unangemessene Angst, allein im Haus zu sein.

Werden drei der hier genannten Kriterien der ICD-10 erfüllt und reicht die Symptomatik über das Vorschulalter hinaus, so kann von Trennungsangst im Sinne einer klinischen Auffälligkeit gesprochen werden.

4.2 Häufigkeit und Verlauf

Wissenschaftliche Befunde zur Häufigkeit von Trennungsängsten variieren zwischen 0,5% und 20% (Cartwright-Hatton, 2006), je nachdem, welche Kriterien zugrunde gelegt werden. Eine große US-amerikanische Studie ermittelte eine **Lebenszeitprävalenz** von 5,2% (Kessler, 2005). Sass, Wittchen, Zaudig und Houben (2003) benennen Prävalenzen von ca. 4%. Suhr-Dachs und Petermann (2008) beschreiben die Trennungsängste als häufigste Angststörung im Kindes- und Jugendalter, von der etwa 1,5% aller Kinder im Alter von fünf bis sieben Jahren und noch knapp ein Prozent der 13- bis 15-Jährigen betroffen sind.

Jungen und Mädchen sind von Trennungsängsten gleichermaßen betroffen. Unterschieden werden können schleichende und akute Verläufe von Trennungsängsten sowie klinische und **subklinische** Trennungsangst. Es liegen Hinweise vor, dass Trennungsängste bei Kindern mit späteren psychischen Problemen im Erwachsenenalter verbunden sind.

Die Entwicklung von Trennungsängsten muss immer in Zusammenhang mit psychosozialen Belastungen gesehen werden, wie sie in Übergangssituationen wie bspw. Einschulung oder Übergänge in weiterführende Schulen entstehen. Auch die familiäre Situation kann dabei eine Rolle spielen und den

Verlauf mit beeinflussen, wie bspw. Trennung der Eltern, Geburt von Geschwisterkindern, Umzug o. ä.

4.3 Erklärungsansätze

Für akute Trennungsängste können vielfach konkrete auslösende Ereignisse benannt werden. Die Wirksamkeit eines einzigen Trennungsereignisses als Auslöser ist in Zusammenhang mit dem Auftreten anderer möglicher **Risikofaktoren** zu sehen.

Trennungsängste entwickeln sich durch die Wechselwirkung zwischen genetischer Voraussetzung, längerfristigen Trennungs- und **Bindungserfahrungen** und der erlebten eigenen Kompetenz von Kindern oder Jugendlichen, Trennungen positiv zu bewältigen.

Genetische Faktoren, also Temperamentsvariabeln, die ein Kind bereits vor der Geburt kennzeichnen, spielen in der Entstehung von Trennungsängsten eine nicht unerhebliche Rolle. Menschen reagieren auf identische, potentiell angstauslösende Reize mit unterschiedlicher körperlicher Erregung. Kinder reagieren also auf die als bedrohlich erlebten Trennungssituationen auch mit einer physiologischen Erregung, deren Qualität und Stärke eben auch erblich bedingt ist (vgl. Döpfner, 2000).

Bei der Entwicklung von Trennungsängsten spielt Erlerntes aus vorher erlebten Trennungssituationen eine weitere Rolle. Ungünstig auf den Verlauf von Trennungsängsten wirkt in diesem Zusammenhang, wenn Trennungen durch die erwachsenen Bezugspersonen prinzipiell eine hohe Aufmerksamkeit erfahren. Werden schmerzhafte Emotionen oder die eigene Unsicherheit im Umgang mit Trennungen durch die Eltern sehr stark betont und werden Trennungen als bedrohlich beschrieben, reagieren auch Kinder häufig in der Folge mit intensiven Gefühlen auf befürchtete Trennungserlebnisse. Wenn gleichzeitig keine positive Bewältigung dieser Emotionen stattfindet, die den Kindern als Modell für eine angemessene Emotionsregulation dienen könnte, so kann sich dieses ungünstig auf die Entwicklung der subjektiv erlebten Bewältigungskompetenzen der Kinder auswirken

Die Entwicklung von Trennungsängsten ist gleichzeitig im Kontext der Qualität der Eltern-Kind-Beziehung zu verstehen. Die Wahrscheinlichkeit, Trennungsängste zu entwickeln, ist größer bei Kindern mit unsicheren Bindungserfahrungen. Eine **sichere Bindung** entwickelt sich aus einer insgesamt gelungenen Eltern-Kind-Interaktion. Auf Elternseite wirkt sich hierbei die

Kompetenz aus, vorhandene Bindungssignale der Kinder (beispielsweise Weinen, Aufsuchen körperlicher Nähe) vom Säuglingsalter an konstant feinfühlig wahrnehmen und angemessen beantworten zu können. Emotionale Belastungen, psychische Erkrankungen und aktuelle Krisen können sich negativ auf diese wichtigen Elternkompetenzen auswirken und die Interaktion beeinträchtigen. Gleichzeitig kann die Wechselwirkung zwischen Eltern und Kind aber auch dann gefährdet sein, wenn Kinder bindungsrelevante Signale nicht hinreichend deutlich senden, so dass es Bindungspersonen erschwert wird, diese angemessen zu beantworten (Castello, 2009).

4.4 Methoden der Prävention und Therapie

Präventiv können solche Maßnahmen wirken, die an den genannten Ebenen ansetzen: Dazu gehört zunächst »frühe« Elternarbeit mit dem Ziel der Förderung der Qualität der Eltern-Kind-Interaktion und sicheren Bindungsbeziehung. Besonders Kinder in gesundheitlichen und sozialen familiären Risikokonstellationen sollten dabei im Zentrum präventiver Maßnahmen stehen, wobei der psychosozialen Frühversorgung und der Arbeit in den Kitas eine besondere Rolle zukommt.

Für die Eingewöhnung von Kindern in Kitas wurde das Berliner Eingewöhnungsmodell (Laewen, Andres und Hédervári, 2009) entwickelt, in dem eine Übergangsphase zum Eintritt in eine Kita gemeinsam mit den Eltern vorgeschlagen wird. Innerhalb einer dreitägigen Grundphase, in der die Mutter oder der Vater gemeinsam mit dem Kind etwa eine Stunde den Gruppenraum der Kita besucht und gemeinsam wieder verlassen, verhalten sich die Eltern passiv als »sicherer Hafen«. Am vierten Tag findet eine testweise räumliche Trennung bis maximal 30 Minuten statt, danach wird auf der Basis der Beobachtung der kindlichen Reaktion entschieden, ob eine kürzere (6 Tage) oder längere Eingewöhnung (2–3 Wochen) stattfinden soll.

Schulische Programme, die das Bearbeiten **irrationaler Kognitionen** mit einbeziehen, haben sich ebenso als wirksame Methoden zur Prävention von Ängsten erwiesen (Essau und Conradt, 2003). So versucht bspw. das Trainingsprogramm »FREUNDE für Kinder« (ebda.), präventiv die Entwicklung von Kompetenzen generell für den Umgang mit schwierigen Situationen zu fördern. Es wurde speziell auch für die Anwendung in pädagogischen Kontexten mit Gruppen von bis zu zwölf Kindern im Alter von sieben bis zwölf Jahren konzipiert. FREUNDE kann von Lehrern selbständig auf der Grundlage eines Trainingsmanuals und eines Arbeitsbuchs für Kinder durchgeführt werden. Geplant sind dort zehn Kindersitzungen mit jeweils 45–60 Minuten Dauer und die Möglichkeit zur Durchführung einschlägiger Elternabende.

Kirchhoff und Döpfner (1999) beschreiben ein Stufenkonzept zur ambulanten bzw. stationären *Therapie* von Trennungsängsten. Es beinhaltet zunächst aufklärende, psychoedukative Bestandteile für die Eltern betroffener Kinder (1. Stufe). Hierbei wird eine sukzessive **Exposition** des Kindes durch die Eltern angestrebt, d. h. es wird zunehmend dem angstauslösenden Reiz ausgesetzt – diese Methode wird durch positive Verstärkung gestützt. Die zweite Stufe des Konzepts umfasst dann das Hinzuziehen eines Therapeuten zu Hause und in der Schule, die dritte Stufe eine ambulante Therapie mit Einbezug einer Klinikschule, die vierte und intensivste Stufe des Konzepts beinhaltet eine stationäre Therapie.

Suhr-Dachs und Petermann (2008) empfehlen eine stationäre Behandlung dann, wenn lediglich geringe Bereitschaft zur Mitarbeit in der ambulanten Therapie, starkes Vermeidungsverhalten oder chronische Trennungsängste vorliegen. Bei Kindern im Vorschulalter wird eine elternzentrierte Behandlung empfohlen, danach eher kindzentrierte Interventionen. Ein explizites Einbeziehen pädagogischer Institutionen wird besonders dann empfohlen, wenn diese an der Aufrechterhaltung der Störung beteiligt zu sein scheinen.

Die Gestaltung der therapeutischen Arbeit mit einem Kind und einer Familie kann also individuell stark variieren. Dies hängt ab vom Alter des Kindes, der Lebenssituation der Familie oder anderen Lebenskontexten des Kindes und vom Ausmaß und der Qualität der Trennungsangst. Ein zentraler Behandlungsbaustein der Trennungsangst ist die genannte Expositionsbehandlung, in der das Kind sich kleinschrittig in vivo (d. h. nicht als gedankliche, sondern als reale Handlung) dem angstauslösenden Ereignis – der Trennung – sukzessive annähert. Die Expositionsbehandlung wird flankiert durch **psychoedukative** Bestandteile, in denen wichtige Informationen zur Angst gegeben werden sollen. Es wird in aller Regel ein individuelles Belohnungsprogramm entwickelt, das sich an den Interessen und Vorlieben des Kindes orientiert, gleichzeitig sollen Entspannungstechniken vermittelt werden, um körperliche Reaktionen zu kontrollieren. In die Therapieplanung werden auch kognitive Bestandteile integriert, die dem Kind deutlich machen sollen, auf welche Weise es seine Angst selbst kontrollieren lernen kann. Die Eltern lernen im Rahmen von Interventionen die Bedeutsamkeit ihres eigenen Handelns kennen. Sie werden dabei unterstützt, dem Kind zu helfen, sich dem angstauslösenden Reiz auszusetzen, und es wird an einer Veränderung des elterlichen Verhaltens in Trennungssituationen gearbeitet. Um dem Kind die nötige emotionale Stabilität zu vermitteln, sollen die Eltern dem Kind angemessene Strategien zur Problembewältigung vorleben und an die Hand geben.

4.5 Informationen für die Arbeit mit betroffenen Familien

Übergangsphasen sind für Eltern und Kinder mit Anpassungsleistungen verbunden. Emotional belastende Trennungssituationen lassen sich dabei kaum vermeiden.

Der Zusammenhang zwischen Elternverhalten und der Reaktion des Kindes in Trennungssituationen kann im Rahmen eines Elternabends oder in einem persönlichen Elterngespräch dargestellt werden. Das eigene Verhalten in Trennungssituationen zu beobachten und über günstiges und ungünstiges Trennungsverhalten informiert zu werden, kann für viele Familien sehr hilfreich sein. Dabei können diese Leitfragen eine erste Orientierung geben:

- Finden ausgedehnte Rituale in Trennungssituation statt?
- Wird der Trennung seitens der Eltern viel Aufmerksamkeit geschenkt?
- Wird positives Modellverhalten der Eltern in Trennungssituationen sichtbar?
- Wird Vermeidungsverhalten des Kindes unterstützt (Stichwort: Schulabsentismus)?

Häufen sich die folgenden Merkmale einer Trennungsangst, d. h. treffen mehr als drei davon zu, sollte im Elterngespräch eine kinderpsychologisch-diagnostische Abklärung empfohlen werden:

- unrealistische und anhaltende Besorgnis über mögliches Unheil, das der Bezugsperson zustoßen könnte
- Abneigung oder Verweigerung, zur Schule zu gehen
- Trennungsschwierigkeiten am Abend/Einschlafprobleme
- häufiges nächtliches Aufstehen
- ausgeprägte Abneigung, auswärts zu schlafen
- Alpträume zu Trennungsthemen
- anhaltende, unangemessene Angst, allein im Haus zu sein
- somatische Beschwerden

Wird eine psychotherapeutische Intervention in Anspruch genommen, sollte das Einbinden von Pädagogen die Regel sein – es erhöht die therapeutische Effektivität und kann Missverständnissen vorbeugen. Dies kann in der diagnostischen Phase bereits sehr hilfreich sein, wenn Beobachtungen und standardisierte Fragebögen zu Symptomen ergänzend genutzt werden. Diese und andere diagnostische Informationen dürfen nur nach Rücksprache mit den Eltern und unter der Federführung des Therapeuten erhoben bzw. weitergegeben werden.

Gegenseitige Information und explizite Absprachen erleichtern die Arbeit beider Seiten. Wird bekannt, dass eine Therapie ohne Kooperationsangebot durchgeführt wird, sollte von Seiten der pädagogischen Institution mit dem Einverständnis der Eltern aktiv der Kontakt zu Therapeuten gesucht werden. Möglichkeiten zu co-therapeutischem Handeln in der Schule, wie oben dargestellt, müssen ebenso kooperativ durchgeführt werden. Dies kann sich auf die Gestaltung von Trennungssituationen, das pädagogische Handeln mit dem Kind und den Umgang mit den Eltern beziehen.

4.6 Informationen zum Handeln in pädagogischen Kontexten

In der täglichen Beobachtung von Trennungssituationen, im Verhalten in der Kita oder im Schulkontext und natürlich in Gesprächen mit Eltern und Kindern sind Pädagogen häufig mit Symptomen konfrontiert, die auf eine Trennungsangst hinweisen. Die pädagogischen Anforderungen dabei sind vielfältig.

Häufig fällt die Entwicklung einer Trennungsangst gerade Pädagogen auf, so dass sich zunächst die Frage stellt, worin im konkreten Fall hilfreiches Verhalten besteht, wenn ein Kind augenscheinlich aktuell sehr stark auf die Trennung von der Bezugsperson reagiert.

Intuitiv wird pädagogisches Handeln zunächst im Versuch bestehen, die Regulierung der Emotion »Angst« zu erreichen. Dies kann in der Kita darin bestehen, dass das Kind getragen und dabei »bewegt« wird, Musik hört oder andere Wege der Entspannung versucht werden. Entspannungsübungen sind vielfach Bestandteil therapeutischer Interventionen, können aber auch in pädagogischen Kontexten genutzt werden, da akute Angst und Entspannung inkompatible Zustände sind. In einem Programm für 8 bis 12-jährige Kinder zum »Training progressiver Muskelentspannung« (Speck, 2005) werden beispielsweise kindgerechte Methoden zur gezielten Entspannung vermittelt.

Pädagogische Alltagszwänge können dazu verführen, das Vermeidungsverhalten von trennungsängstlichen Kindern zu verstärken. Wie unser Fallbeispiel eingangs ahnen lässt, erleichtert es die pädagogische Arbeit, wenn das Kind kurzfristig die Gruppe verlässt, damit wieder Ruhe in die Gruppe einkehren kann und Lernen ermöglicht wird. Gleichzeitig verhindert dies, dass das Kind lernt, kompetent mit seinen Ängsten umzugehen.

Es ist empfehlenswert, sich im alltäglichen pädagogischen Handeln an den oben dargestellten therapeutischen Prinzipien zu orientieren. So spricht beispielsweise nichts dagegen, eine erfolgreich bewältigte Trennungssituation durch attraktive Tätigkeiten für das Kind zu belohnen oder in Trennungsphasen zunächst Entspannungsübungen durchzuführen.

> Gregors Lehrerin bespricht mit Frau Sievert, dass ihr Sohn zunächst noch versuchen soll, einen Tag durchzuhalten. Gregor stimmt dem zwar erst einmal nur sehr unwillig zu, der nächste Tag wird aber dann sehr aktiv gestaltet, die ganze Klasse ist beschäftigt und Gregor tagsüber abgelenkt. Am Nachmittag spricht Frau Sievert mit Gregor darüber, wie er es geschafft hat, die letzte Nacht zu überstehen, und sammelt mit ihm Möglichkeiten, die ihm helfen könnten, eine weitere Nacht zu bleiben. Gregor lehnt dies zunächst kategorisch ab und möchte in jedem Fall mit seiner Mutter telefonieren, um zu sehen, ob es ihr gut geht.
>
> In einer gemeinsamen Klassenbesprechung wird schließlich das Thema »Heimweh« behandelt. Einige Kinder trauen sich darüber zu berichten und gestehen, auch hin und wieder Heimweh zu haben – manche auch auf dieser Klassenfahrt. Die Kinder und die Klassenlehrerin beschreiben, wie man mit Abschieden umgehen kann und was sie tun, wenn sie Heimweh oder Sehnsucht nach ihrer Familie haben.
>
> Gregor ist beeindruckt davon, dass es anderen Menschen auch so oder so ähnlich wie ihm geht. Er beabsichtigt, es diese Nacht noch einmal zu versuchen zu bleiben.

Literatur

Blanz, B., Georgiewa, P., Gerhard, U. J. & Vieweg, U. (2007). Angststörungen (F41, F93.0). In Deutsche Gesellschaft für Kinder- und Jugendpsychiatrie und Psychotherapie u. a. (Hrsg.): *Leitlinien zur Diagnose und Therapie von psychischen Störungen im Säuglings-, Kindes- und Jugendalter* (3. Auflage). Deutscher Ärzte Verlag 2007.

Cartwright-Hatton, S. , McNicol, K. & Doubleday, E. (2006). Anxiety in a neglected population: Prevalence of anxiety disorders in pre-adolescent children. *Clinical Psychology-Review, 26,* 817–833.
Castello, A. (2009). Soziale Entwicklung. In K. Fröhlich-Gildhoff, C. Mischo & A. Castello, *Entwicklungspsychologie für Fachkräfte in der Frühpädagogik.* Köln: Carl Link.
Döpfner, M. (2000). Diagnostik und funktionale Analyse von Angst- und Zwangsstörungen bei Kindern und Jugendlichen – Ein Leitfaden. *Kindheit und Entwicklung, 9,* 143–160
Essau, C. A. & Conradt, J. (2003). *Freunde für Kinder. Gruppenleitermanual.* München: Reinhardt.
Kessler, R. C., Berglund, P., Demler, O., Jin, R., Merikangas, K. R. & Walters, E. E. (2005). Lifetime prevalence and age-of-onset distributions of DSM-IV disorders in the national comorbidity survey replication. *Archives of General Psychiatry, 62 (6),* 593–602.
Laewen, H.-J., Andres, B., Hédervári, É. (2009). *Die ersten Tage – ein Modell zur Eingewöhnungssituation in Krippe und Tagespflege.* Cornelsen Verlag Scriptor.
Sass, H., Wittchen, H.-U., Zaudig, M. & Houben, I. (2003). *Diagnostisches und statistisches Manual psychischer Störungen – Textrevision (DSM-IV-TR).* Göttingen: Hogrefe.
Speck, V. (2005). *Training progressiver Muskelentspannung für Kinder.* Göttingen: Hogrefe.
Suhr-Dachs, L. & Petermann, U. (2008). Trennungsangst. In F. Petermann (Hrsg.), *Lehrbuch der Klinischen Kinderpsychologie* (6. Aufl.). Göttingen: Hogrefe.
Schneider, S. & Döpfner, M. (2004). Leitlinien zur Diagnostik und Psychotherapie von Angst- und phobischen Störungen im Kindes- und Jugendalter: Ein evidenzbasierter Diskussionsvorschlag. *Kindheit und Entwicklung, 13 (2),* 80–96.

5

Soziale Ängste

Armin Castello

Fallbeispiel

Maya besucht die 6. Klasse eines Gymnasiums. Schriftlich zeigt sie sehr gute Leistungen, geht aber dennoch nicht gerne zur Schule. Viel lieber spielt sie mit ihrer 5-jährigen Schwester, verbringt die Zeit in ihrem Zimmer und beschäftigt sich alleine, hilft ihrer Großmutter oder hört Hörbücher. Maya beklagt, dass sie von Lehrern oft zur Mitarbeit im Unterricht ermahnt und zum Reden vor der ganzen Gruppe »gezwungen« wird oder im Sportunterricht etwas vorturnen muss. Sie befürchtet, dann »peinlich« zu sein, glaubt, dass andere sie wieder auslachen oder denken, sie sei ungeschickt. Mayas Eltern haben Verständnis für diese Ängste, da sie bereits früher mehrfach »gemobbt« worden sei.

Schon als kleineres Kind nahm Maya nur ungern Kontakt zu Menschen außerhalb ihrer Familie auf, in der Kita spielte sie meist alleine, hat auch heute noch wenig Kontakt zu Gleichaltrigen. Fast ausnahmslos meidet sie soziale Ereignisse mit Gleichaltrigen wie z. B. Geburtstage von Mitschülern und andere Feiern. Im Umgang mit Erwachsenen oder Gleichaltrigen, die sie nicht kennt, verhält sie sich extrem zurückhaltend, schweigt meist und versucht, die Situation möglichst rasch zu beenden.

Mayas Eltern leben sozial eher zurückgezogen. Außer den Treffen im Familienkreis werden kaum Kontakte zu anderen gepflegt. Bei Elternabenden sind meist beide Eltern anwesend, halten sich aber im Hintergrund. Im Gespräch mit Mayas Lehrern fällt ihr fast ängstliches Agieren auf. Sie berichten übereinstimmend von Mayas großen Ängsten und bitten darum, dass Maya im Unterricht »diese Quälerei« künftig erspart werden solle. Sie »hasse es«, im Fokus der Aufmerksamkeit der Klasse zu stehen, und die Eltern befürchten, dass Maya allmählich die Lust an der Schule »komplett verliert«. Sie bitten die Lehrerin zudem darum, ihre Tochter von der bevorstehenden Klassenfahrt zu befreien, da Maya keine Freundin in der Klasse habe und sie schon seit Monaten Angst davor habe.

5.1 Merkmale sozialer Ängste

Für die pädagogische Arbeit sind soziale Ängste problematisch, weil sich das Verhalten der Betroffenen nicht immer so deutlich erkennbar von dem anderer Kinder und Jugendlicher unterscheidet, wie man dies zunächst vermuten würde. Sie zeigen meist keine Auffälligkeiten im Kontakt zu den ihnen vertrauten Personen und im Allgemeinen eine gute **Bindungsfähigkeit**. Sozial ängstliche Kinder und Jugendliche entwickeln aber oft Freizeitinteressen, die möglichst ohne soziale Aufmerksamkeit stattfinden (Blanz, Remschmidt, Schmidt und Warnke, A., 2006, S. 186).

Soziale Ängste werden insbesondere in Situationen sehr intensiv erlebt, in denen eine Hervorhebung und damit Bewertung der eigenen Person befürchtet wird, oder zeigen sich im Kontakt mit fremden Personen (Petermann und Suhr-Dachs, 2008). Die eigentliche Beeinträchtigung wird in der individuellen Entwicklung in den verschiedenen Lebenskontexten bzw. hinsichtlich der anstehenden sozialen Entwicklungsaufgaben (Havighurst, 1948) auf jeweils spezifische Weise sichtbar. Was im Grundschulalter als »Angst vor dem Aufgerufenwerden« erlebt wird, ist zehn Jahre später möglicherweise als »Angst vor Kundenkontakt« in einer Ausbildungssituation spürbar.

Die erlebten Ängste vor besonderer sozialer Beachtung beziehen sich darauf, sich vor anderen zu blamieren oder negativ bewertet zu werden. Dies können Situationen sein, in denen die eigene Person, Leistungsfähigkeit oder Attraktivität einer vermeintlichen sozialen Bewertung ausgesetzt wird. Als sehr belastend wahrgenommene Situationen werden von betroffenen Kindern und Jugendlichen, je nach Ausprägung der Ängste, nur unter großem Leid ertragen oder immer mehr gemieden. Besonders vermeidbare Situationen, wie freiwillige soziale Aktivitäten oder die Mitarbeit im Unterricht, werden möglichst umgangen, um einer befürchteten Bewertung und damit den negativen emotionalen Begleiterscheinungen zu entgehen (vgl. Melfsen et al., 2003).

Freundschaften zwischen Kindern werden in der Entwicklungsperspektive als Vorläufer späterer enger Beziehungen verstanden (Mietzel, 2002). Werden diese angstvoll abgelehnt, kann dies zu sozialer Vereinsamung führen mit immer weniger Möglichkeiten, das problematische Verhalten zu verlernen. Langfristig führen diese Ängste dann zu immer weniger sozialen Beziehungen und einer sinkenden Anzahl von Möglichkeiten zur Erweiterung der sozialen Kompetenzen.

Soziale Ängste gehen potentiell mit einer großen Bandbreite körperlicher Reaktionen einher, wie bspw. dem Meiden von Augenkontakt, Sprechhemmungen, Herzklopfen, Zittern, Erröten, Schwitzen, subjektives Schwächegefühl, Drang zum Wasserlassen, Kopf- und Bauchschmerzen (z. B. Albano, DiBartolo, Heimberg und Barlow, 1995). Die motorische Reaktion kann in Fluchttendenzen oder Gelähmtheitsgefühl oder, bei kleineren Kindern, in Schrei- und Wutanfällen bestehen. Auf der Ebene des subjektiven Erlebens berichten Kinder häufig von »Gedankenleere«; Betroffene fühlen sich wertlos und traurig, haben meist große Angst vor sozialen Demütigungen. Jugendliche werden vermehrt von Gedanken überflutet, die sich auf ihre eigene Unzulänglichkeit beziehen, die bei sozialer Aufmerksamkeit sichtbar werden könnte, es werden aber keine Wahn- oder **Zwangsgedanken** erlebt.

Nicht immer muss hier von einer Störungsqualität gesprochen werden; soziale Unsicherheit bspw. ist ein **subklinisches Phänomen** (Ahrens-Eippler, Leplow, Nelius, 2009), kann aber Ausgangspunkt von nachfolgenden sozialen Ängsten sein. Die Kenntnis und Anwendung gerade präventiv wirkender Methoden in pädagogischen Kontexten ist daher von enormer Bedeutung (s. u.).

5.2 Häufigkeit und Verlauf

Die Befunde zu **Lebenszeitprävalenzen** variieren. Die **Prävalenz** im Kindesalter liegt nach Blanz, Remschmidt, Schmidt und Warnke (2006) bei 1–2%, bei Jugendlichen 5–10%. Wittchen et al. (1999) benennen eine Prävalenz von

5–10% im Jugend- und frühen Erwachsenenalter. Es werden zudem insgesamt Anstiege der Prävalenzraten berichtet (z. B. Essau et al. 2000), d. h. die sozialen Ängste scheinen generell zuzunehmen. Mädchen sind nahezu doppelt so häufig von sozialen Ängsten betroffen wie Jungen.

Vorsicht im Umgang mit fremden Personen wie z. B. das Fremdeln, das häufig zwischen dem 6. und 9. Lebensmonat beginnt und bis zu einem Alter von etwa 2 ½ Jahren dauern kann, war evolutionsbiologisch sinnvoll und wird von vielen Kindern in der frühen Kindheit gezeigt. Soziale Ängstlichkeit, die sich im frühen Kindesalter manifestiert, kann sich bei zunehmendem Vermeidungsverhalten und sozialer Isolation zur sozialen Phobie mit großen Bewertungsängsten entwickeln. Beginnt die Störung bereits vor dem 11. Lebensjahr, so muss von einer eher ungünstigen Prognose ausgegangen werden. Gleiches gilt, wenn sich zu den sozialen Ängsten auch Depressionen entwickeln, was vielfach der Fall ist.

Im Jugendalter entwickelt sich für viele Betroffene eine erhöhte Selbstaufmerksamkeit, häufig verbunden mit negativen Selbstbewertungen. Dies kann das Meiden sozialer Situationen noch verstärken, so dass das Verlernen des Vermeidungsverhaltens erneut verhindert wird. Nicht selten sind auch Versuche zur **Selbstmedikation** durch Alkohol, Drogen oder Medikamente, manche Jugendliche entwickeln andere ungeeignete Bewältigungsstrategien (bspw. **Schulabsentismus**).

Der Verlauf von sozialen Phobien ist leider nicht selten chronisch. Blanz et al. (2006) beschreiben, dass bis zu 45% der Fälle einen ungünstigen Verlauf nehmen. Auch soziale Ängste und Trennungsängste (siehe auch Kapitel 2) treten häufiger gemeinsam auf. Godart, Flament, Perdereau und Jeammet (2002) berichten zudem von einer deutlich erhöhten Rate von Patientinnen mit Bulimie oder Anorexie, die gleichzeitig unter einer sozialen Angststörung leiden (siehe Kapitel 6).

5.3 Erklärungsansätze

Temperamentsvariablen sind die Ausgangslage, unter der die Entwicklung sozialer Kompetenzen stattfindet. Schüchternheit als Temperamentsmerkmal ist mit einer erhöhten Erregbarkeit in sozialen Situationen verbunden und zeichnet sich durch hohe zeitliche Stabilität aus. Sie geht einher mit einer weniger ausgeprägten Neigung zu sozialen Kontaktinitiativen. Eine Weitergabe des Temperaments durch die Eltern findet aber sowohl genetisch als auch durch das alltägliche Interaktions- und Erziehungsverhalten statt. Nahestehende Personen wie Eltern und Geschwister dienen dabei immer als soziale Modelle und können sowohl positiv als **sozialer Schutzfaktor** oder auch als **Risikofaktor** wirksam werden.

Findet in der Familie eine systematische Überbewertung und Dramatisierung sozialer Bewertungssituationen statt, reagieren Familienmitglieder in solchen Situationen eher mit Vermeidung, werden kaum Strategien im Umgang mit sozialen Bewertungssituationen vermittelt oder positive Bewältigungsformen sozialer Anforderungen »vorgelebt«, so fehlen wichtige Orientierungshilfen und Modellbeispiele (Petermann und Suhr-Dachs, 2008). Wenig hilfreich ist es auch, wenn Eltern ihre Kinder vor als **aversiv** erlebten sozialen Situationen behüten, um ihnen künftig unangenehme Erfahrungen zu ersparen. Kompetenzen, die zur Bewältigung eben dieser unangenehmen Erfahrungen wichtig sind, können sich hierdurch kaum entwickeln. Soziale Situationen werden dann infolge einer erhöhten Erregung und einem erlebtem Mangel an vorhandener Bewältigungskompetenz als bedrohlich wahrgenommen. Der Prozess wird manchmal noch durch ungünstige soziale Erfahrungen mit Gleichaltrigen verstärkt. Dieser zirkuläre Zusammenhang wird in einem Modell von Stopa und Clark (1993) anschaulich dargestellt.

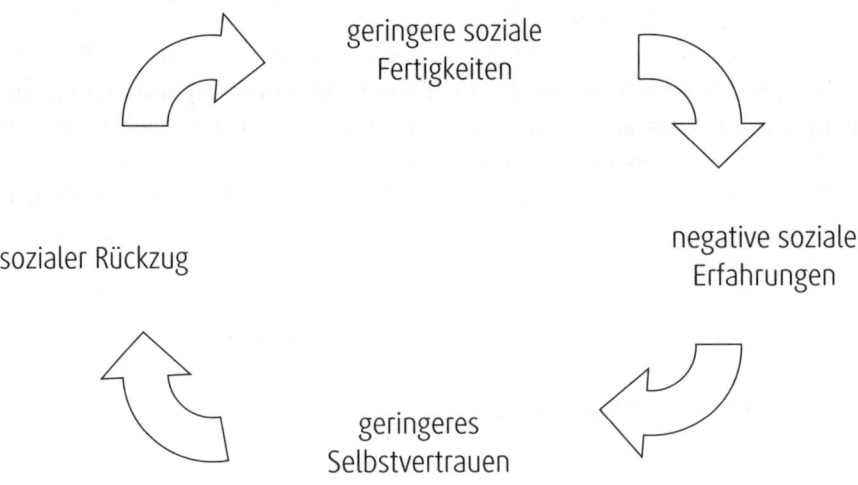

Abb. 3: Zirkuläres Modell zur Entstehung und Aufrechterhaltung sozialer Ängste

5.4 Methoden der Prävention und Therapie

Obwohl betroffene Kinder oder Jugendliche teilweise subjektiv großes Leid erleben, bleiben soziale Ängste häufig unerkannt. Dem Einsatz von wirksamen therapeutischen Methoden sollten insbesondere an Schulen mehr präventive Programme vorausgehen.

Die Arbeit mit Eltern ist, wenn man familiäre Vorbelastungen berücksichtigt, ein sehr viel versprechender präventiver Ansatz. Hier ist zunächst die **Psychoedukation** von Eltern zu nennen, da deren Verhalten das Aufrechterhalten sozialphobischen Handelns bedingen kann. Die Frühbehandlung kindlicher Angststörungen gilt ebenso als probates präventives Mittel; soziale Ängste sind häufig das Ergebnis nicht bewältigter sozialer Überempfindlichkeit (Petermann und Petermann, 2009).

Ein **präventiv** wirksames, **kognitiv-behavioral** fundiertes Trainingsprogramm für sozial unsichere Kinder ist »Til Tiger« (Ahrens-Eippler, Leplow, Nelius, 2009). »Til Tiger« setzt zunächst an Ergebnissen einer gründlichen individuellen Diagnostik an, bei der **prädisponierende**, auslösende und aufrecht erhaltende Bedingungen wie z. B. der Krankheitsgewinn der Kinder erhoben werden. Ziel von »Til Tiger« ist es, dass die teilnehmenden Kinder mehr Selbstvertrauen entwickeln, praktische Handlungsstrategien für den Alltag erlernen, die Kommunikation, Selbstwahrnehmung, das persönliche Stressmanagement und den Umgang mit Gefühlen verbessern. Das Programm wird in zwei Einzel- und neun Gruppenstunden einmal wöchentlich in einer Gruppe mit vier bis acht Kindern möglichst durch eine Trainerin *und* einen Trainer durchgeführt. In den Einzelstunden werden die Programmziele besprochen, eine individuelle **Angsthierarchie** erstellt, eigene Stärken erarbeitet und Entspannungsmethoden vermittelt. Dabei soll das Prinzip der gezielten Entspannung vor potentiell angstauslösenden Situationen wirksam werden. Zusätzlich wird in den Einzelsitzungen noch die soziale Interaktion, insbesondere das laute und deutliche Sprechen geübt. Die Gruppensitzungen fokussieren die soziale Interaktion (bspw. Sprache und Blickkontakt), die Aufnahme sozialer Kontakte, das Sprechen vor einer Gruppe, im sozialen Kontakt eine Forderung zu stellen und etwas abzulehnen. Es wird außerdem ein individuelles Lernziel der Kinder bearbeitet, geübt, alleine einkaufen zu gehen und sich zu wehren. Die Eltern werden in Form von Elternedukation mit in das Programm einbezogen.

Was die therapeutischen Interventionen anbelangt, so wurde in einer Überblicksarbeit (Kremberg und Mitte, 2005) gezeigt, dass von einer Wirksamkeit kognitiv-behavioraler Methoden bei sozialen Ängsten ausgegangen werden kann. Dies wird beispielsweise im Therapiemanual von Tuschen-Caffier, Kühl und Bender (2009) »Soziale Ängste und soziale Angststörungen im Kindes- und Jugendalter« umgesetzt. Es richtet sich mit seinem variierenden Umfang zwischen 12 und 20 Sitzungen (je 90 Minuten) an Kinder und Jugendliche mit unterschiedlich ausgeprägter **Symptomatik**. Es besteht aus fünf Modulen: dem Modul 1 »Kognitive Vorbereitung«, in dem Informationen und Möglichkeiten zur Kontaktaufnahme in der Gruppe gegeben werden, Modul 2 »Kognitive Interventionen«, wo eine Sensibilisierung für Körperreaktionen und problematische Gedanken stattfindet, die Schritt für Schritt durch hilfreiche Gedanken ersetzt werden, Modul 3 »Verhaltensaufbauende Interventionen«, das sozial kompetentes Verhalten vermittelt, Modul 4 »Exposition«, wo gezielt angstauslösende Situationen aufgesucht und bewältigt werden sollen, und Modul 5 »Selbstmanagement«, das selbständiges Weiterführen und Dokumentieren der Behandlung ermöglichen soll. Das Programm hat sich in einer Evaluationsstudie als wirksame Methode bewährt.

Melfsen et al. (2006) geben weitere wissenschaftlich belegte Empfehlungen zur Durchführung von Psychotherapien bei sozialen Angststörungen von Kindern und Jugendlichen. Wichtig ist demnach eine individuelle Untersuchung, um konkrete soziale Kompetenzdefizite im Fremdurteil zu erheben. Einzel- und **Gruppensettings** erreichen vergleichbare Wirksamkeit, so dass hier beide Formen zu empfehlen sind. Der Einbezug der Eltern in die Therapie wird bei Kindern im Alter von 7–10 empfohlen.

5.5 Informationen für die Arbeit mit betroffenen Familien

Besondere Belastungen der Familien liegen in den angstbesetzten sozialen Kontaktbereichen der betroffenen Kinder. Der infolge sozialer Ängste stattfindende soziale Rückzug verhindert die Entwicklung sozialer Kompetenzen. Versuche der Eltern, stabile Kontakte zu Gleichaltrigen zu initiieren, um eine drohende Isolation des Kindes zu verhindern, werden vielfach als sehr belastend empfunden.

Der Umgang mit den Ängsten vor schulischen Situationen wirkt sich ebenso auf den familiären Alltag aus, insbesondere die morgendliche Trennung vor dem Schulbesuch. Jugendliche, die aufgrund ihrer großen Angst die Möglichkeit des Fernbleibens von der Schule entdecken und nutzen, lösen hierdurch neben den zu erwartenden Leistungseinbußen auch große Besorgnis der Eltern aus, was den erfolgreichen Abschluss ihrer Ausbildung anbelangt. Für Eltern außerordentlich belastend sind naturgemäß solche Ereignisse, die von Kindern oder Jugendlichen als dramatisch beängstigend erlebt werden, wie z. B. Prüfungen, Aufenthalte in Schullandheimen o. Ä.

Es liegt nahe, das eigene Kind vor angstauslösenden Situationen schützen zu wollen; so versuchen Eltern verständlicherweise nicht selten, die Umwelt ihres Kindes »positiv« zu verändern. Dies zeigt sich natürlich auch im Kontakt zu Schulen, stellt aber auch eine bedeutsame Herausforderung für die therapeutische Arbeit unter Einbezug der Eltern dar. Eltern erleben vielfach Unsicherheit hinsichtlich des eigenen Erziehungshandelns, verbunden mit Vorwürfen, teilweise auch innerhalb der Familien.

Im persönlichen Kontakt zwischen Eltern und Pädagogen sollte zunächst genügend Zeit für das Gespräch über die subjektiv wahrgenommene Belastung der Familien verfügbar sein, Lösungsversuche und Anstrengungen im Umgang mit den Ängsten sollten in jedem Fall gewürdigt werden. Es muss im Verlauf geklärt werden, ob bereits therapeutische Hilfe in Anspruch genommen wird oder wurde. Eine Abklärung muss schließlich erfolgen, inwieweit Eltern und Pädagogen eine übereinstimmende Einschätzung zur Qualität der sozialen Ängste haben, so dass im Verlauf des Kontakts zu den Eltern eine gemeinsame Entscheidung erfolgen kann, ob therapeutische Hilfe nötig ist. Für diesen Fall profitieren alle von einer guten regionalen Vernetzung des Pädagogen, um ggf. Informationen zu möglichen Ansprechpartnern (Beratungsstellen, Kinder- und Jugendlichen Psychotherapeuten) zur Verfügung zu stellen. Die Möglichkeit zur längerfristigen Kooperation von Pädagogen, Eltern und Therapeuten spielt bei der Therapie sozialer Ängste eine bedeutsame Rolle.

5.6 Informationen zum Handeln in pädagogischen Kontexten

Soziale Ängste werden besonders intensiv dort erlebt, wo soziale Aufmerksamkeit befürchtet wird. Dies kann beim gemeinsamen Sport oder Musizieren geschehen, ist aber natürlich – abhängig von den praktizierten Sozialformen – in der Gemeinschaft von Kindern und Jugendlichen auf sehr verschiedene Weise denkbar. Auch Freizeitsituationen können für manche Kinder belastend sein, wenn dort in einer besonderen Weise soziale Aufmerksamkeit befürchtet wird. Dies gilt bspw. für die täglichen Sozialkontakte des Kindes und den

5 Soziale Ängste

Umgang mit der Gruppe Gleichaltriger, besonders dann, wenn andere Kinder unangemessen auf das sichtbare Belastungserleben eines Kindes reagieren. Kinder, die sich dem alltäglichen Sozialkontakt ängstlich entziehen, lenken hierdurch auch Aufmerksamkeit auf das eigene, vielleicht etwas seltsam anmutende Sozialverhalten.

Dass schließlich ein Teufelskreis aus Vermeidungsverhalten und verstärkter sozialer Aufmerksamkeit entstehen kann, sollte pädagogisch aufmerksam im Blick behalten werden. Initiativen zur Sensibilisierung eines Klassenverbands mit Bezug zu den Problemen eines Kindes sind, wenn auch vielleicht gut gemeint, vor diesem Hintergrund eher ungeeignet. Gleiches gilt für unangemessen großes Lob für »mutiges« Agieren im sozialen Umfeld, das das Kind im Rückschluss als eher ängstlich qualifiziert. Auf diese Weise werden Versuche des Kindes zur Überwindung sozialer Ängste aufgrund des zu erwartenden öffentlichen Lobs eher unterbunden.

Ziel pädagogischen Handelns muss es sein, für das Kind und auch dessen Eltern akzeptable Alternativen zum Vermeidungshandeln zu ermöglichen. Die Aufgabe von Lehrern besteht dabei darin, möglichst in Kooperation mit Therapeuten und Eltern, angemessene Anforderungen an das Kind zu stellen und ggf. Hilfestellungen anzubieten. Hiermit sind Anforderungen gerade des Alltagshandelns in der Gruppe gemeint, deren Erfüllung Voraussetzung einer erfolgreichen Entwicklung ist. Ob im Kontakt mit dem Kind – in Absprache mit den Eltern und Therapeuten – systematisch angstauslösende Situationen gezielt aufgesucht werden, muss im Einzelfall entschieden werden. Ein belastetes Kind ohne Unterstützung massiv mit angstauslösenden sozialen Situationen zu konfrontieren, ist aber keinesfalls eine angemessene Strategie und wird vermutlich zu unkalkulierbaren Reaktionen auch seitens der Eltern führen.

Nach dem Einverständnis der Eltern sollte eine Kooperation mit dem Therapeuten angestrebt werden. Dies kann unterschiedlich intensiv erfolgen, sollte aber aktiv seitens des Pädagogen angeboten werden. In welcher Form diese Kooperation schließlich realisiert wird – als Informationsaustausch oder gezielte Interventionen –, muss im Einzelfall entschieden werden.

> Mayas Eltern werden im Gespräch mit der Lehrerin damit konfrontiert, dass ihre Tochter im Klassenverband zunehmend isoliert ist. Die Lehrerin hatte sich gezielt in unterschiedlichen Situationen Notizen gemacht und konnte dabei überzeugend darstellen, dass Maya in der Klasse nicht »gemobbt« wird, sondern unsicher, ängstlich und ablehnend auf die sozialen Kontaktangebote ihrer Mitschüler reagiert.
>
> Die Eltern von Maya lassen sich zunächst nur zögernd auf das Angebot ein, dass die Lehrerin den Kontakt zu einer ihr bekannten Kinder- und

Jugendlichenpsychotherapeutin herstellt. Nach einer diagnostischen Abklärung nimmt Maya aber inzwischen an einem gruppentherapeutischen Angebot für Kinder teil.

Literatur

Ahrens-Eipper, S. , Leplow, B., Nelius K. (2009). *Mutig werden mit Til Tiger. Ein Trainingsprogramm für sozial unsichere Kinder.* Göttingen: Hogrefe.
Albano, A. M., DiBartolo, P. M., Heimberg, R. & Barlow, D. H. (1995a). Children and adolescents: Assessment and treatment. In R. G. Heimberg, M. R. Liebowitz, D. A. Hope & F. R. Schneier (Hrsg.), *Social Phobia. Diagnosis, assessment and treatment.* New York: Guilford.
Blanz, B., Remschmidt, H., Schmidt, M. H. & Warnke, A. (2006). *Psychische Störungen im Kindes- und Jugendalter.* Stuttgart: Schattauer
Essau, C., A., Conradt, J., Peterman, F. (2000). Frequency, comorbidity, and psychological impairment of anxiety disorders in german adolescents. *Journal of Anxiety Disorders, 14 (3),* 263–279.
Godart, N., Flament, M., Perdereau, F., & Jeammet, N. (2002). Co-morbidity between eating disorders and anxiety disorders: a review. *Eating Disorders 32,* 253–270.
Havighurst, R. J. (1948). *Developmental tasks and education.* New York: McKay.
Kremberg, E. & Mitte, K. (2005). Kognitiv-behaviorale und behaviorale Interventionen der Sozialen Phobie im Kindes- und Jugendalter. Ein Überblick zur Wirksamkeit. *Zeitschrift für Klinische Psychologie und Psychotherapie, 34,* 196–204.
Melfsen S. , Osterlow J., Beyer J., Florin I. (2003). Evaluation eines kognitiv-behavioralen Trainings für sozial ängstliche Kinder. *Zeitschrift für Klinische Psychologie und Psychotherapie, 32,* S. 191–199.
Melfsen, S. , Schwieger, J., Kühnemund, M., Stangier, U., Stadler, C., Poustka, F., Heidenreich, T., Lauterbach, W. & Warnke, A. (2006). Diskussion der Leitlinien zur Behandlung sozialer Ängste im Kindes- und Jugendalter. *Zeitschrift für Kinder- und Jugendpsychiatrie, 34,* 203–214.
Mietzel, G. (2002). *Wege in die Entwicklungspsychologie: Kindheit und Jugend.* Weinheim: Beltz PVU.
Petermann, U. & Petermann, F. (2009). Soziale Angst/Soziale Unsicherheit. *Kindheit und Entwicklung, 18,* S. 1–5.
Petermann, F. & Suhr-Dachs, L. (2008). Soziale Phobie. In F. Petermann (Hrsg.), *Lehrbuch der Klinischen Kinderpsychologie* (6. Aufl.). Göttingen: Hogrefe.
Stopa, L. & Clark, D. M. (1993). Cognitive processes in social phobia. *Behaviour Research and Therapy, 31,* 255–267
Tuschen-Caffier, B., Kühl, S. & Bender, C. (2009). *Soziale Ängste und soziale Angststörung im Kindes- und Jugendalter. Ein Therapiemanual.* Göttingen: Hogrefe.
Wittchen, H. U., Müller, N., Pfister, H., Winter, S. & Schmidtkunz, B. (1999). Affektive, somatoforme und Angststörungen in Deutschland – Erste Ergebnisse des bundesweiten Zusatzsurveys »Psychische Störungen«. *Gesundheitswesen, 61, Sonderheft 2,* 216–222.

6

Spezifische Phobien

Armin Castello

> **Fallbeispiel**
>
> Wenn der 9-jährige Tobias morgens zur Schule geht, dann nur auf einem längeren Umweg und nur ungern ohne seine Eltern. Einerseits möchte seine Mutter, dass er möglichst nicht alleine eine Straße überquert, obwohl er bereits in die vierte Klasse geht und erfolgreich ein Verkehrstraining absolviert hat. Andererseits will Tobias vermeiden, an einem Grundstück vorbei zu gehen: dort liegen meistens zwei Hunde im Garten, die bellen, wenn jemand vorübergeht.
>
> Vor einigen Wochen war dies geschehen, Tobias erschrak und schrie; sein Herz begann zu rasen, er zitterte und die Knie wurden ihm weich, als die beiden Tiere bellend vor ihm standen. Obwohl ihn ein sicherer Zaun von den Hunden trennte, rannte er in Panik auf die andere Straßenseite, ohne auf den Verkehr zu achten. Es war zwar nichts weiter passiert, er malte sich aber noch Wochen später immer wieder aus, was geschehen wäre, wenn zufällig ein Auto gekommen wäre.

Nur wenige Straßenzüge von Tobias' Familie entfernt wohnt ein junger Mann, der häufiger seinen Hund spazieren führt und dem Tobias, wie er findet, ständig begegnet. Es handelt sich in Tobias Augen um einen Kampfhund, der unberechenbar sei und eigentlich einen Maulkorb zu tragen hätte. Wenn Tobias den beiden auf dem Weg zur Schule begegnet, muss er, in der Schule angekommen, als allererstes auf die Toilette, was ihm dann sehr unangenehm ist.

Der allmorgendliche Schulweg macht ihm mehr und mehr Sorgen. Mit seiner Lehrerin, die Tobias sehr gerne mag, hat er sich neulich darüber unterhalten und gesteht ihr auch, dass er es sehr genossen hat, nach Ostern für zwei Wochen mit einer Grippe im Bett liegen zu dürfen. Inzwischen hat Tobias keine Lust mehr, alleine auf die Straße zu gehen, und möchte am liebsten zu Hause spielen.

6.1 Merkmale Spezifischer Phobien

Spezifische Phobien werden in vier unterschiedliche Typen unterteilt:

- Tier-Typus
  Furcht richtet sich hier typischerweise gegen Spinnen, Schlangen, Ratten usf.
- Blut-Spritzen-Verletzungs-Typus
  Diese Furcht wird ausgelöst durch den Anblick von Blut, invasive medizinische Eingriffe; Dentalphobie[9] wird ebenso hierzu gezählt.
- Situativer Typus
  Bestimmte Orte wie Tunnel, Aufzüge o. Ä. lösen starke Furcht aus.
- Umwelttypus
  Furcht wird bspw. bei Dunkelheit, Höhen oder Gewitter empfunden.

In der **ICD-10** werden Kriterien beschrieben, durch die sich Spezifische Phobien auszeichnen. Dort heißt es, dass sich betroffene Personen bei dieser Störung darüber durchaus im Klaren sind, dass die begleitenden Symptome und das Meiden des angstauslösenden Reizes übertrieben und irrational sind. Bei der Spezifischen Phobie, darin besteht das Spezifische der Störung, sind die

---

9 Angst vor Zahnbehandlungen

empfundenen, starken Emotionen auf diesen Reiz beschränkt. Gleichzeitig werden die Symptome und das Meiden als belastend empfunden.

Hamm (2006, S. 4) stellt die Symptomhäufigkeiten bei verschiedenen Spezifischen Phobien dar. Hierbei zeigen sich zwar Unterschiede zwischen den Störungstypen, dennoch lassen sich charakteristische physiologische Reaktionen wie Herzklopfen, Schweißausbrüche, Zittern, Atembeschwerden, Missempfindungen im Magen- und Darmbereich oder Schwindel benennen. Kognitive Reaktionen werden weniger häufig beschrieben; sie bestehen, wenn vorhanden, z. B. in einem Gefühl der Unwirklichkeit, Angst vor Kontrollverlust oder sogar Todesangst.

Spezifische Phobien sind aber auch häufig verbunden mit Vermeidungs- oder Fluchtverhalten (vgl. Blanz et al., 2006, S. 229). Die real vorhandene oder auch nur erwartete Angstempfindung wird als derart belastend empfunden, dass zum Meiden oder unmittelbaren Beenden einer Situation subjektiv keine Alternative mehr besteht.

6.2 Häufigkeit und Verlauf

Spezifische Phobien sind eine sehr häufige Störung im Kindes- und Jugendalter mit einer Prävalenz, die in unterschiedlichen Studien bei ca. 3,5% liegt (Petermann und Essau, 2008). Betrachtet man die Gruppe der 12–17-Jährigen, dann findet sich dort besonders häufig die Angst vor Blut, Angst vor Tieren und vor spezifischen Situationen (Essau et al., 2002). Petermann und Essau (ebda) quantifizieren die Lebenszeitprävalenz Spezifischer Phobien mit 7,2 bis 11,3%, wobei Mädchen und Frauen deutlich häufiger betroffen sind.

Im Verlauf der verschiedenen Phobie-Typen wurden Unterschiede beobachtet. Phobien des Umwelt-Typs beginnen bereits in der Kindheit, ebenso Tierphobien und Blut-, Spritzen- und Verletzungsphobien. Die Häufigkeit von Phobien des situativen Typus steigt mit dem Alter eher an, während die Prävalenz der Phobien des Umwelt-Typs, Tierphobien und Blut-, Spritzen- und Verletzungsphobien im Lebenszyklus sinkt (vgl. Hamm, 2006).

6.3 Erklärungsansätze

In der menschlichen Entwicklungsgeschichte haben sich defensive Reaktionen (Aktivierung des Furchtsystems mit autonom[10] ablaufenden Furchtreaktionen) bewährt. Sie schützen vor Verletzung und Tod, ihr Nutzen hat in der menschlichen Evolution überwogen, denn sie leisten einen wichtigen Beitrag zum Überleben. Dass es sich meist um biologisch vorbereitete Angstreaktionen handelt (vgl. Seligman, 1971), wird bspw. daran deutlich, dass trotz faktisch höheren Gefährdungspotentials solche Reize, die biologisch nicht vorbereitet sind, wie bspw. der Anblick von Waffen oder von Bungee-Seilen, häufig als weniger bedrohlich wahrgenommen werden als Reize, die biologisch eher vorbereitet sein dürften, wie bspw. große Höhen oder potentiell gefährliche Tiere.

Phobien entstehen mit hoher Wahrscheinlichkeit aufgrund einer Übererregbarkeit dieses Furchtsystems. Dies hat zur Folge, dass die betroffene Person sensibler auf angstauslösende Reize reagiert und auch die Umwelt aufmerksamer nach möglicherweise gefährlichen Reizen absucht. An dieser erhöhten Erregbarkeit sind Faktoren auf drei Ebenen ursächlich beteiligt.

- Genetische Faktoren wurden auf der Basis von familiären Häufungen und **Zwillingsstudien** als eine wesentliche Ursache für die genannte Übererregbarkeit erhoben – ca. 50% der Unterschiede sind hierdurch erklärbar.
- Als weiterer Ursachenfaktor hat sich die Summe frühkindlicher Lernerfahrungen als wirksam erwiesen. Es gibt hinsichtlich der Veranlagung zur Entwicklung Spezifischer Phobien offenbar Unterschiede in den frühen Lernerfahrungen von Kindern mit Bezug zur erlebten Kontrollierbarkeit bzw. Unkontrollierbarkeit ihrer Umwelt. Letztere neigen eher zu dem oben dargestellten intensiveren Absuchen der Umwelt nach möglichen Gefährdungen.
- Die dritte Ebene betrifft unmittelbare Erfahrungen mit angstauslösenden Reizen: die biologisch begründete Furchtveranlagung scheint dann wirksam zu werden, wenn keine korrigierenden Erfahrungen gemacht werden können. Beispielsweise entsteht Furcht vor Wasser insbesondere dann, wenn die angeborene Veranlagung zur Furcht nicht durch positive Erfahrungen mit Wasser revidiert werden kann. Positive Erfahrungen mit potentiell gefährlichen Reizen sind also offenbar auch als Schutzfaktor wirksam (vgl. Hamm, 2006, S. 14).

---

10 selbständig

6.4 Methoden der Prävention und Therapie

Hieraus kann zunächst der Schluss gezogen werden, dass ein übender, sicherer und selbstverständlicher Umgang mit potentiellen Alltagsgefährdungen im pädagogischen Alltag zur Prävention von Spezifischen Phobien geeignet ist. Dies sollte in allen Bildungskontexten und in der Familie geschehen, wobei hier den Möglichkeiten der Kitas und Schulen natürliche Grenzen gesetzt sind. Der sichere Umgang mit Wasser, Höhen, Tieren usw. ist personalintensiv und kann häufig aus Kostengründen nicht realisiert werden.

Eine wesentliche, bislang zu selten genutzte Möglichkeit zur Prävention stellt die Psychoedukation von betroffenen Eltern dar. Die auch wesentlich genetisch begründeten biologischen Grundlagen zur Entstehung von Spezifischen Phobien sollten stärker zu einer **selektiven Prävention** führen, d. h. dass einschlägig vorbelastete Familien auf diesem Weg Kompetenzen erwerben können, gezielt den genannten selbstverständlichen Umgang gemeinsam mit ihrem Kind zu praktizieren (s. u.). Vielfach wird inzwischen therapeutisch behandelten Eltern eine Checkliste vorgelegt mit dem Ziel, präventiv Informationen zur Entwicklung Spezifischer Phobien bei ihren Kindern zu erhalten.

Es sind mittlerweile eine Reihe gut untersuchter und erfolgreicher Methoden verfügbar, die im Rahmen einer psychotherapeutischen Intervention angewandt werden können. Laut Petermann und Essau (2008, S. 337) zählen hierzu **Desensibilisierungsverfahren, Reizkonfrontation, kognitive Verhaltenstherapie, operante Verfahren, Modelllernen, verhaltensorientierte Familientherapie** und **Elterntrainings**.

Besonders wirkungsvoll bei Kindern ist die Methode der Reizkonfrontation. Unterschieden wird hierbei in eine gedankliche, vorstellungsmäßige Form der Konfrontation (in sensu) und eine reale, wirklich vorhandene Konfrontation (in vivo) mit den angstauslösenden Reizen. Reizkonfrontation hat zum Ziel, durch die längere Konfrontation die Angstreaktion gezielt auszulösen und dadurch therapeutisch die Erfahrung zu ermöglichen, dass die Angstreaktion allmählich nachlässt. Durch eine Nachbearbeitung dieser Erfahrung soll verinnerlicht werden, dass die Angst unbegründet, der Reiz nicht nachhaltig schädigend und die betroffene Person kompetent ist, mit dem Reiz umzugehen. Durch eine graduierte Konfrontation mit dem Reiz – zunächst in sensu, dann in vivo – kann den verständlichen, ethischen Vorbehalten dieser Methode gegenüber Rechnung getragen werden. Die Wirksamkeit dieser Methode erfordert eine tatsächlich vorhandene affektive Angstreaktion, da nur auf diesem Weg das erwünschte »Verlernen« der Angst **internalisiert** wird. In dieser belastenden Erfahrung liegt aber offenbar ein wesentlicher

Wirkfaktor der Methode (Lang, 1970). Die häufig praktizierten Entspannungsübungen im Kontext einer Reizkonfrontation mildern die Angstreaktion und sind daher nicht hilfreich, da sie die beschriebene Wirkweise unterlaufen.

6.5 Informationen für die pädagogische Arbeit

Spezifische Phobien sind in pädagogischen Kontexten nicht ständig präsent, die Symptome können, wie in dem beschriebenen Beispiel deutlich wird, häufiger im Gespräch, in der Verhaltensbeobachtung bei Ausflügen oder Gesprächen mit Eltern erkannt werden.

Zunächst ist hierbei abzuwägen, wie belastend das Ausmaß der phobischen Reaktion und der nachfolgenden Einschränkung im Alltag für das betroffene Kind wirksam werden kann. Manche ausgeprägte Tierphobie wirkt sich bspw. kaum oder überhaupt nicht auf die Lebensqualität aus, wenn die Konfrontation mit dem angstauslösenden Reiz extrem unwahrscheinlich ist. Wird aber klar, dass ein Kind durch die heftige Angstreaktion in seinem Wohlbefinden stark beeinträchtigt und der pädagogische Alltag oft belastet ist, ist es sinnvoll, seitens der pädagogischen Institution die Initiative zu ergreifen und um einen Informationsaustausch mit den Eltern zu bitten.

Von besonderer Relevanz für die pädagogische Arbeit ist die **Psychoedukation** von Eltern. Fachvorträge, in denen Wissen zu den Ursachen Spezifischer Phobien vermittelt, Hinweise zu regionalen Ansprechpartnern gegeben und individuelle Fragen beantwortet werden, sind vergleichsweise einfach bei Elternabenden umsetzbar.

Wie oben angedeutet, kann eine Vielfalt an Alltagserfahrungen mit vielen potenziell angstauslösenden Reizen präventive Wirkung entfalten. Umsetzbar kann dies in Schullandheimaufenthalten, Ausflügen o. Ä. sein. In diesen Situationen können Pädagogen oder andere Kinder als positive Modelle zum selbstverständlichen Umgang mit subjektiv als bedrohlich empfundenen Situationen oder Objekten dienen. Ungünstig hierbei sind solche Erfahrungen, die ängstlichen und vermeidenden Umgang vermitteln, bspw. wenn ein Pädagoge selbst an Höhenängsten leidet und für Schüler wahrnehmbar ängstlich und vermeidend agiert.

Im Gespräch sollten zunächst die Beobachtungen von Pädagogen und Eltern ausgetauscht und verglichen werden. Hierfür kann es sehr nützlich sein, über Notizen zu verfügen, die die Beobachtungen im pädagogischen Umfeld beschreiben. Es ist hilfreich, Ort, Zeit, Situation und weitere Kontextinformation für solche Gespräche benennen zu können. Notizen unterstreichen die Qualität der Beobachtung und geben meist detaillierter Auskunft über die Häufigkeit und das Ausmaß der Symptome als einfach wiedergegebene Beobachtungen. Sollte sich im Elternkontakt die Einsicht entwickeln, dass das Kind durch die Angstreaktion nachhaltig beeinträchtigt und belastet ist, ist eine Information der Eltern über die Möglichkeiten psychotherapeutischer Interventionen sinnvoll, wobei gleichzeitig regionale Ansprechpartner benannt werden können. Eltern sollten dann auch weitergehende Informationen zur Verfügung gestellt werden bspw. über die relative Häufigkeit, Ursachenzusammenhänge und die gute Wirksamkeit von Psychotherapien bei Spezifischen Phobien. Dies stärkt die Bereitschaft zur Kooperation, macht die Kompetenz der beratenden Person deutlich und gibt Hoffnung für eine Besserung.

Die Durchführung psychotherapeutischer Interventionen bleibt immer Personen vorbehalten, die psychotherapeutisch qualifiziert und aufgrund einer **Approbation** hierzu ermächtigt wurden. Unabhängig davon kann es geschehen, dass die Notwendigkeit entsteht, kurzfristig zu reagieren, wenn sich aufgrund einer akuten Situation (bspw. Höhenangst) die Symptomatik einer Spezifischen Phobie dramatisch zuspitzt. Das Anwenden von gezielten suggestiven Entspannungstechniken kann kurzfristig der Angstreaktion entgegenwirken. Wirksam ist zudem eine gezielte Ablenkung vom angstauslösenden Reiz. Die Aufmerksamkeit wird somit anderen Inhalten zugewendet, wodurch kurzfristig Linderung erfolgt. Ähnlich wirken positive Autosuggestionen, die in Form von kurzen positiven Sätzen durchgeführt wird (»Gleich haben wir es geschafft« oder »Danach gehen wir ein Eis essen«).

> Im Fall von Tobias wurde nach einem Elterngespräch deutlich, dass er bislang kaum Kontakt zu Hunden hatte und sich durch die Vorfälle die Angst vor erneutem Kontakt nun in vielen Bereichen seines Lebens zeigte. So hatte er immer weniger Lust, auf den Fußballplatz zu gehen, weil sich dort manchmal auch Hundebesitzer mit ihren frei umherlaufenden Hunden trafen. Tobias, der mit zum Gespräch eingeladen war, zeigte sich erleichtert darüber, dass es anderen Menschen auch so geht wie ihm. Tobias' Eltern entschieden schnell, einen Psychotherapeuten zu kontaktieren, um die Symptomatik diagnostisch abzuklären. Leider konnte kurzfristig kein Termin vereinbart werden, so dass Tobias einige Wochen mit dieser Angst leben musste. Auf Anraten der Lehrerin fanden kurze Gespräche mit den Hundehaltern in Tobias' Nachbarschaft statt, wobei Tobias jeweils widerstrebend teilnahm.

In der Therapie wurde Tobias zunächst über Hundeverhalten und typische Körpersignale informiert. Fehlerhaftes Wissen von Tobias wurde benannt und Tobias hatte Gelegenheit, seinen Therapeuten mit einem Hund zu beobachten. Tobias konnte in weiteren Terminen zuerst den Therapiehund aus »sicherer« Entfernung anschauen und besprach mit dem Therapeuten die Signale, die er beim Hund beobachten konnte. Später konnte sich Tobias dem Therapiehund nähern, ihn an der Leine führen und lernte noch einen weiteren Hund kennen. Er traute sich schließlich den Therapiehund zu streicheln, gleichzeitig konnte er, respektvoll aber angstfrei, am Grundstück seiner Nachbarn vorübergehen – wobei die Hunde ihn inzwischen kannten und daher nicht mehr auf ihn reagierten.

Literatur

Blanz, B., Remschmidt, H., Schmidt, M. H. & Warnke, A. (2006). *Psychische Störungen im Kindes- und Jugendalter.* Stuttgart: Schattauer.
Essau, C. A., Conradt, J. & Petermann, F. (2002). Course and outcome of anxiety disorders in adolescents. *Journal of Anxiety Disorders, 16,* 67–81.
Hamm, A. (2006). *Spezifische Phobien.* Göttingen: Hogrefe.
Lang, P. J., Melamed, B. G., & Hart, J. (1970). A psychophysiological analysis of fear modification using an automated desentitization procedure. *Journal of Abnormal Psychology, 76,* 220–234.
Petermann, U. & Essau, C. A. (2008). Spezifische Phobien. In F. Petermann (Hrsg.), *Lehrbuch der Klinischen Kinderpsychologie* (6. Aufl.). Göttingen: Hogrefe.
Seligman, M. E. P. (1971). Phobias and preparedness. *Behavior Therapy, 2,* 307–321.

7

Depressionen

Steffen Siegemund

> **Fallbeispiel**
>
> Jana macht sich schon seit Langem viele Gedanken, wie sie auf andere wirkt, was andere von ihr denken und ob sie attraktiv und beliebt ist. Sie ist gerade vierzehn geworden und ihre gleichaltrigen Freundinnen machen sich ähnliche Gedanken. Ihr Interesse an früher so beliebten Hobbys wie z. B. Hockeyspielen hat rapide nachgelassen. Während sie früher freudig in die Schule ging, ist die Lust auf den Schulalltag einer »bleischweren« Gleichgültigkeit und zunehmender Ablehnung gewichen. Ihre häufige Müdigkeit am Morgen und die Kopfschmerzen am Vormittag verstärken ihren Wunsch, einfach im Bett liegen zu bleiben, und am Abend fällt es ihr dann schwer einzuschlafen. Sie grübelt viel, meistens darüber, wie wenig sie selbst wert ist, mittlerweile verstärkt auch über ihre fehlenden Kräfte und Fähigkeiten, die notwendig wären, um einen Schultag durchstehen zu können.
> Janas Lehrer haben bemerkt, dass sich etwas verändert hat. Ihr Mathematiklehrer hat sie schon darauf angesprochen. Diese Situation hat sie als sehr peinlich empfunden – »was der wohl nun von ihr denkt«?

Sie ist inzwischen immer häufiger sehr verzweifelt, gleichzeitig hofft sie, dass ihre Eltern nichts mitbekommen, denn diese haben, so denkt Jana, genügend eigene Sorgen. Entgegen Janas Hoffnung haben auch ihre Eltern die Veränderungen registriert. So berichtet sie nicht mehr von der Schule und wenn doch, dann kann sie ihre negative Grundhaltung kaum verbergen. Ihre Eltern machen sich Sorgen, doch hoffen sie, dass es sich nur um eine vorübergehende Phase handelt, da Jana in der Pubertät ist.

7.1 Merkmale der Depression

Die Depression stellt eine der häufigsten psychischen Erkrankungen dar und geht meist mit starken Beeinträchtigungen einher. Heute wissen wir, dass auch Kinder und insbesondere viele Jugendliche zu den Betroffenen zählen. Im Kern der **Symptomatik** steht eine niedergedrückte Grundstimmung oder Traurigkeit. Die nicht unübliche Verwendung der Wörter *Depression* oder *depressiv* in der Alltagssprache bezieht sich zumeist auf den gleichen Aspekt, d. h. als Beschreibung einer situationsübergreifenden und andauernden Niedergeschlagenheit oder Traurigkeit.

Obwohl diese Gefühle sicherlich keinem fremd sind und als Reaktion auf kritische Lebensereignisse geradezu erwartet werden, ist der Unterschied zwischen einer »normalen« Anpassungsstörung und einer klinisch bedeutsamen Depression definiert. Sie wird dann diagnostiziert, wenn die Symptome wie Traurigkeit, Interessenverlust, sozialer Rückzug oder Müdigkeit deutlich über ein als »normal« empfundenes Maß hinausgehen und zwar sowohl im Hinblick auf die Intensität als auch auf die Dauer. Hinzu kommt, dass eine klinisch bedeutsame Depression nicht mehr durch eigene Willenskraft kontrolliert werden kann (Essau, 2007) und der Betroffene auf professionelle Hilfe angewiesen ist. Eine depressive Störung kann zu einer Vielzahl von Beeinträchtigungen im Lebensvollzug führen, die die Lebensqualität mindern und einer niedergeschlagenen Stimmung zusätzlichen Antrieb geben.

Konkret werden im Klassifikationssystem der Weltgesundheitsorganisation (**ICD-10**) für das Störungsbild der depressiven Episode drei Kernsymptome benannt, von denen mindestens zwei über einen Zeitraum von mindestens zwei Wochen anhalten müssen (Groen und Petermann, 2011, S. 23):

- Ausgeprägte gedrückte Stimmung (die sich von Tag zu Tag wenig ändert und auch auf wechselnde Lebensumstände kaum reagiert).

- Verlust des Interesses und der Freude (auch an eigentlich angenehmen Aktivitäten).
- Verminderung von Antrieb und Aktivität oder ausgeprägte Müdigkeit (bereits nach kleinsten Anstrengungen).

Die Schwere der Erkrankung wird bestimmt durch die Anzahl und Schwere der einzelnen Symptome. Einige der folgenden Merkmale können hinzukommen (Essau, 2007; Groen und Petermann, 2011):

- Stimmung: Reizbarkeit, Gefühl der Leere, Langeweile, Besorgnis, Trennungsängste.
- Kognition: Konzentrationsschwierigkeiten, geringes Selbstwertgefühl, negative Gedanken, Unentschlossenheit, Schuldgefühle, Suizidgedanken.
- Verhalten: Psychomotorische Verlangsamung oder übermäßige Erregung, Weinen, sozialer Rückzug, Drogenkonsum, Suizid.
- **Somatisch**: Schlafstörungen, verminderter oder gesteigerter Appetit, Gewichtsverlust oder -zunahme, Schmerzen, Verdauungsstörungen, Libidoverlust.

Ob Depressionen als eigenständiges Störungsbild im Kleinkind- und Vorschulalter vorkommen, wird derzeit kontrovers diskutiert, die Symptomatik wandelt sich im Entwicklungsverlauf. So können im Kleinkindalter auch Spielunlust und fehlende Kreativität Symptome einer depressiven Verstimmung sein. Selbststimulierendes Verhalten, wie zum Beispiel das Hin- und Her-Wiegen des Kopfes, exzessives Daumenlutschen oder übermäßige genitale Manipulationen, deuten in die gleiche Richtung. Auch im Vorschulalter stehen noch äußerliche Symptome wie verminderte Mimik und Gestik, Rückzug oder aggressives Verhalten sowie somatische Störungen im Vordergrund (DGKJP, 2007).

Damit entsprechen Depressionen im Kindesalter weniger dem Alltagsverständnis des Störungsbildes, was nicht selten dazu führt, dass diese auch von Ärzten als somatische Beschwerden eingestuft werden (Huss, 2012, S. 40). Auch fällt oft im Erscheinungsbild die Abgrenzung zwischen Depression und Störungen des Sozialverhaltens schwer. Insbesondere das phasenhafte Auftreten der Depression und die für das Umfeld irritierenden, unerwarteten neuen Verhaltensweisen zeichnen insbesondere die Depression aus (ebd., S. 42f.).

Im Schulalter beginnen Kinder, ihre Gefühle klarer zu verbalisieren, z. B. von anhaltender Traurigkeit zu berichten. Das Artikulieren von negativen Gedanken wie z. B. Suizidgedanken oder Selbstzweifeln setzt sprachliche und kognitive Kompetenzen voraus, die sich häufig erst im Grundschulalter entwickeln. Die Symptomatik einer Depression kann sich gleichfalls in schulischen Leistungsproblemen abbilden, die naturgemäß erst im Anforderungskontext Schule zum Vorschein kommen können.

Es gibt eine Reihe von weiteren verwandten Störungsbildern, die hier nicht weiter vertieft, jedoch zumindest benannt werden sollen. Ähnlich wie Depressionen verläuft eine Dysthyme Störung häufig in rezidivierenden (wiederkehrenden) Episoden. Dysthyme Störungen sind allerdings weniger schwer ausgeprägt, die Symptome halten bei einer chronischen Form mindestens ein Jahr, über die meiste Zeit des Tages und mehr als der Hälfte der Tage an (Essau, 2007, S. 23). Bipolare Störungen hingegen zeichnen sich durch depressive Episoden mit den genannten Merkmalen aus, hinzukommen aber sogenannte manische Phasen. Sie zeichnen sich durch eine gehobene oder reizbare Stimmung, übermäßiges Engagement, Größenwahn oder vermindertes Schlafbedürfnis aus (ebd., S. 24).

Eine Ursache der depressiv anmutenden Symptomatik, wie z. B. einer anhaltend niedergedrückten Stimmung, liegt häufig auch in belastenden Erlebnissen, die einer emotionalen Verarbeitung und Anpassung bedürfen, ohne dass hieraus eine klinische Diagnose begründbar wäre. Bei anhaltenden Symptomen und Beeinträchtigungen des Kindes oder des Jugendlichen kann es dennoch sinnvoll sein, professionelle Unterstützung zu nutzen.

Depressionen im Kindes- und Jugendalter treten häufig gemeinsam mit anderen Störungen auf (Groen und Petermann 2011, S. 41). Das sogenannte **Komorbiditätsrisiko** für das gemeinsame Auftreten einer Depression und einer Angststörung ist besonders hoch. So ist das Risiko, zusätzlich an der jeweils anderen Störung zu erkranken, um das Achtfache erhöht (ebd. S. 42). Doch auch Störungen des Sozialverhaltens und Aufmerksamkeitsdefizit-/Hyperaktivitätsstörungen zeigen sich vielfach gemeinsam mit Depressionen. Daher ist abzuklären, ob eine Störung im Vordergrund steht, die eventuell die andere mit verursacht. So führen manche klinischen Störungen (bspw. Soziale Ängste) zu Schwierigkeiten in der sozialen Interaktion, Rückzug und Isolation sind nicht selten die Folge. Soziale Isolation wiederum kann u. a. als Auslöser für eine Depression in Frage kommen.

7.2 Häufigkeit und Verlauf

Auch wenn bereits bei Kindern im Vorschul- oder Grundschulalter depressive Symptome festgestellt werden können, trifft die vollständige klinische

Diagnose nur auf wenige Fälle zu (vgl. Groen und Petermann 2011). Essau (2007, S. 47) zitiert verschiedene Studien, die zumindest für das Grundschulalter **Prävalenzraten** von 1–5% belegen. Einigkeit besteht darüber, dass ab der späten Kindheit die Häufigkeit insbesondere für Mädchen kontinuierlich zunimmt. Der Bremer Jugendstudie zufolge gaben in einem Selbstbeurteilungsfragebogen 42% der Kinder/Jugendlichen im Alter von zwölf bis siebzehn Jahren an, sich schon einmal über mindestens zwei Wochen fast täglich traurig, niedergeschlagen oder deprimiert gefühlt zu haben. Einerseits können diese Gefühle als Begleiterscheinung normaler Entwicklungsprozesse im Jugendalter verstanden werden, andererseits sollte jeder Verantwortliche im Umgang mit Jugendlichen wissen, dass diese zu einer besonders belasteten Altersgruppe gehören.

In einer US-amerikanischen Langzeitstudie ergab sich eine kumulative Prävalenz, in diesem Fall die Wahrscheinlichkeit bis zum sechzehnten Lebensjahr an einer Depression zu erkranken, von 12% für Mädchen und 7% für Jungen (Huss, 2012, S. 40).

Der Zeitraum der Erkrankung ist meist weitaus größer als zwei Wochen, die als Voraussetzung einer klinischen Diagnose gilt. In klinischen Studien, d. h. bei Kindern, die sich bereits in einer therapeutischen Behandlung befanden, waren nach einem Jahr noch über 40% der Kinder erkrankt (Kovacs und Devlin, 1998).

Nach dem erstmaligen Auftreten einer depressiven Störung ist die Wahrscheinlichkeit, erneut zu erkranken, deutlich erhöht und das Auftreten einer weiteren Episode in den folgenden Jahren eher die Regel als die Ausnahme. Kovacs et al. (1984) beziffern das Rückfallrisiko für die folgenden fünf Jahre auf 72%.

7.3 Erklärungsansätze

Nach aktuellem Stand der Forschung ist davon auszugehen, dass Depressionen multifaktoriell bedingt sind (siehe Abb. 4). Biologische, soziale und psychische Faktoren wirken gemeinsam (McCauley et al. 1995) und bedingen sich dabei gegenseitig, können sich gegenseitig verstärken oder kompensieren. Genetische Veranlagungen oder andere körperliche Faktoren können die Anfälligkeit für eine Depression erhöhen.

Aus pädagogischer und therapeutischer Perspektive sind aber vor allem die vielfältigen **Risikofaktoren** innerhalb der sozialen Interaktion und bestimmte kognitive Verarbeitungsmuster interessant. Wie bei den meisten psychischen Störungen kann die Qualität der **Bindung** zu den Eltern sowohl als **Schutzfaktor** als auch als ein Risikofaktor wirksam werden. Geringe Sensitivität für die Bedürfnisse des Kindes, mangelnde Unterstützung und Fürsorge gelten ebenso wie Feindseligkeit, Vernachlässigung oder Misshandlung als Risiko für die Ausbildung einer depressiven Störung (Ihle et al., 2012, S. 16). Besonders negative oder gar traumatische Erlebnisse können in vielen Fällen als Auslöser verstanden werden. Die Trennung der Eltern, sexueller Missbrauch, Umzug verbunden mit dem Verlust vieler Freunde oder andere Umstände, die eine erhebliche Belastung verursachen, kommen als Auslöser in Frage.

Häufig ist es das Zusammenspiel mehrerer, weniger offensichtlicher Faktoren. In der Pubertät können z. B. zu Schulschwierigkeiten noch familiäre Probleme hinzukommen und bei entsprechender **Vulnerabilität** für die Entstehung einer Depression mit verantwortlich sein. Auch soziale Fähigkeiten, um im Konfliktfall adäquat reagieren zu können, bspw. zu wissen, wie und von wem man Hilfe einfordern kann, sind ein wichtiger Schutz- bzw. Risikofaktor. Fehlen wichtige Kompetenzen, kann dies zu einer Abwärtsspirale führen: Menschen mit depressiven Symptomen neigen als Problembewältigung zum Rückzug, wodurch positive Rückmeldungen wegfallen. In der Folge können notwendige Kompetenzen, um Beziehungen positiv zu gestalten, nicht mehr erlernt oder ausgebaut werden und vorhandene Freundschaften können zerbrechen. Solche Erfahrungen verstärken die negativen Gefühle und schwächen die Hoffnung, sich selbst aus dieser Lage befreien zu können – ein weiterer Rückzug ist die Folge.

Eine Depression äußert sich bei Jugendlichen und Erwachsenen insbesondere durch negative Gefühle wie anhaltende und übermäßige Traurigkeit oder negatives Selbstwertgefühl. Für die **kognitiv-behaviorale Therapie** spielt die Art und Weise, wie ein Betroffener sich selbst und seine Situation gedanklich beschreibt, eine wichtige Rolle. Das kognitive Modell der Depression von Beck (vgl. Groen und Petermann, 2011, S. 93f.; Essau, 2007, S. 105f.) beschreibt typische Gedanken oder Schlussfolgerungen von Betroffenen, die aus der Perspektive eines Beobachters irrational oder übertrieben erscheinen. So neigen depressive Menschen dazu, einzelnen negativen Erfahrungen nicht nur übermäßig starke Bedeutung zuzuschreiben, sondern diesen auch eine maximale Tragweite zuzugestehen. Bspw. könnte ein betroffener Jugendlicher nach einer einmaligen Auseinandersetzung mit einem Mitschüler schlussfolgern, dass der andere oder gar die ganze Klasse ihn noch nie leiden konnte. Ereignisse werden nicht nur übermäßig negativ interpretiert, sondern oft unnötig und zum Teil mit irrationalen Argumenten auf die eigene Person bezogen.

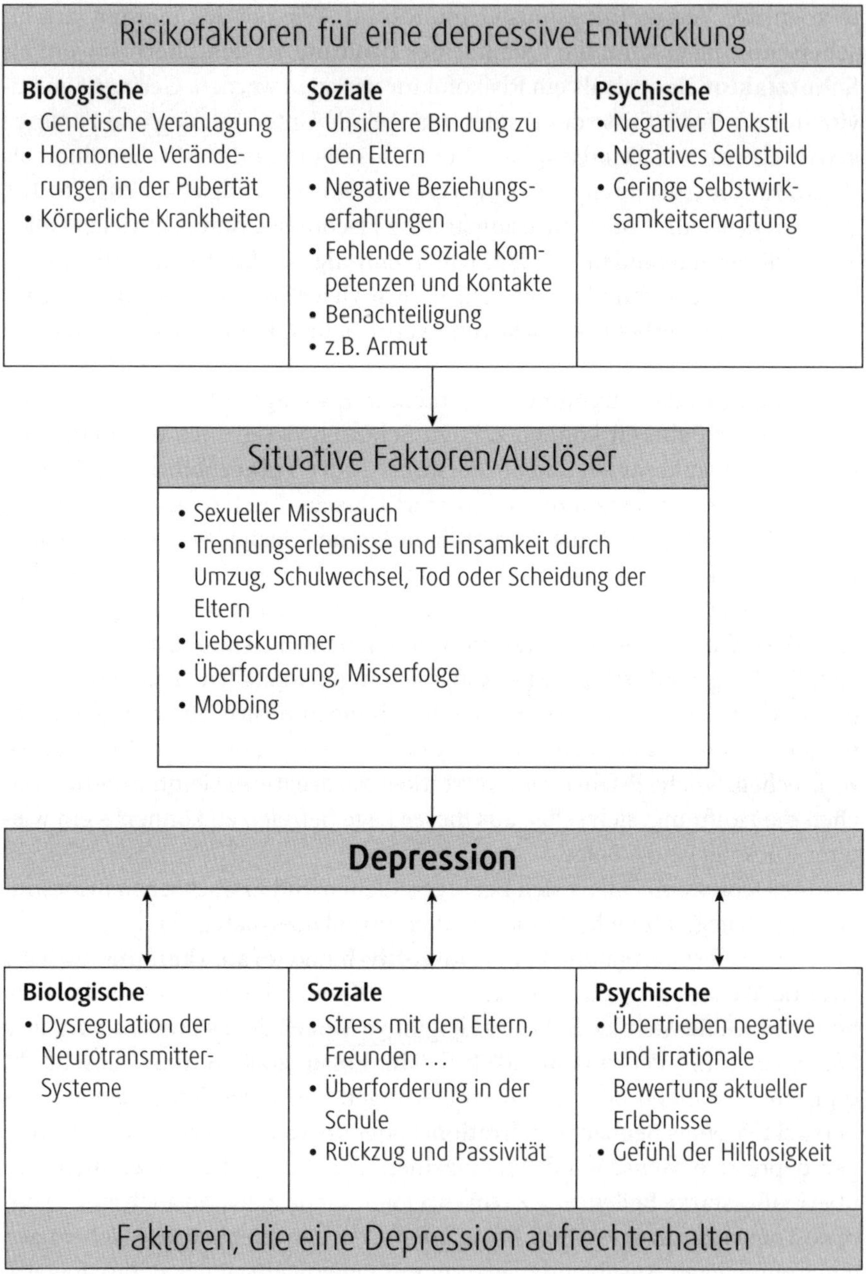

7 Depressionen

Risikofaktoren für eine depressive Entwicklung

Biologische
- Genetische Veranlagung
- Hormonelle Veränderungen in der Pubertät
- Körperliche Krankheiten

Soziale
- Unsichere Bindung zu den Eltern
- Negative Beziehungserfahrungen
- Fehlende soziale Kompetenzen und Kontakte
- Benachteiligung
- z.B. Armut

Psychische
- Negativer Denkstil
- Negatives Selbstbild
- Geringe Selbstwirksamkeitserwartung

Situative Faktoren/Auslöser
- Sexueller Missbrauch
- Trennungserlebnisse und Einsamkeit durch Umzug, Schulwechsel, Tod oder Scheidung der Eltern
- Liebeskummer
- Überforderung, Misserfolge
- Mobbing

Depression

Biologische
- Dysregulation der Neurotransmitter-Systeme

Soziale
- Stress mit den Eltern, Freunden ...
- Überforderung in der Schule
- Rückzug und Passivität

Psychische
- Übertrieben negative und irrationale Bewertung aktueller Erlebnisse
- Gefühl der Hilflosigkeit

Faktoren, die eine Depression aufrechterhalten

Abb. 4: Bedingungsmodell depressiver Störungen

Das Modell der erlernten Hilflosigkeit (Abramson, Seligman und Teasdale, 1978) beschreibt ebenfalls ein typisches Gedankenmuster, das mit der Entstehung und Aufrechterhaltung von Depressionen in Verbindung gebracht wird. Misserfolge werden häufig auf die eigene Person bezogen, d. h. die Probleme sind selbst verursacht, außerdem Ausdruck eigener globaler und dauerhafter Unfähigkeit. So könnte ein Schüler z. B. aus einer einzigen schlechten Note ableiten, dass die Versetzung gefährdet ist, weil er völlig unbegabt und dieser Umstand nicht zu ändern ist. Diese negativen Gedanken wirken sich wiederum einschränkend auf das Verhalten der Betroffenen aus und ziehen weitere negative Erfahrungen nach sich.

7.4 Methoden der Prävention und Therapie

Ein von Respekt und Wohlwollen getragenes Klima einer pädagogischen Einrichtung und anregende, motivierende Beschäftigung oder interessanter Unterricht wirken sich positiv auf das Wohlbefinden der Kinder und Jugendlichen aus. Präventionsprogramme, die sich dem Sozialverhalten widmen und z. B. gewaltfreie Konfliktlösungen üben, können zu einer positiven Gesamtsituation in der Kita oder in der Schule beitragen. Darüber hinaus kann der Einzelne hier Grundbausteine einer positiven Entwicklung wie z. B. realistische Selbst- und Fremdwahrnehmung oder Konfliktmanagement üben, die als Schutzfaktor sowohl Depressionen als auch anderen psychischen Störungen vorbeugen.

Einige **Präventionsprogramme** beugen gezielt der Entwicklung depressiver Reaktionen vor. »LARS & LISA« (Pössel et al. 2004) ist ein solches Präventionsprogramm, das ungünstige Bewertungen und Verhaltensmuster reduziert und positivere, funktionalere Kognitionen und Verhaltensweisen unterstützt. Es ist für die siebte bis neunte Klasse konzipiert, wird von Schülern gut angenommen und als interessant empfunden. Hierbei werden in Rollenspielen soziale Kompetenzen geübt oder Wissen über förderliche Kognitionen vermittelt. Positive Effekte zeigten sich sowohl auf depressives als auch aggressives Verhalten (Pössel et al. 2004 u. 2006).

Das Präventionsprogramm »GO! Gesundheit und Optimismus« (Junge et al., 2002) beinhaltet ein soziales Kompetenztraining und Vermittlung von hilfreichem Wissen über Gefühle und die Bewältigung von Krisen. »GO!« ist ebenfalls kognitiv-behavioral ausgerichtet, zielt aber auf ältere Schüler zwischen 14 und 18 Jahren ab. Das Programm beinhaltet explizit auch die Prävention von Angststörungen. Eine Studie mit über 600 Schülern belegte für die Teilnehmer deutliche Wissenszuwächse in den genannten Bereichen, es wird von den meisten Teilnehmern sehr positiv bewertet. Effekte auf eine bereits vorliegende ängstliche oder depressive Symptomatik konnte allerdings bisher nicht nachgewiesen werden.

Bei der Erforschung der Behandlung depressiver Störungen im Kindes- und Jugendalter besteht insgesamt noch Entwicklungsbedarf. Groen und Petermann (2011) favorisieren die kognitive Verhaltenstherapie als besonders weit entwickelte und erprobte Methode, deren Wirksamkeit auch für die Behandlung von depressiven Störungen belegt ist. Die Autoren (2011, S. 159ff.) nennen die folgenden drei Bereiche der Therapie:

1. Das Erkennen von Emotionen und des Zusammenhangs von Gefühlen, Gedanken und Verhalten.
2. Die Veränderung der genannten problematischen Kognitionen, wie bspw. die Tendenz, Misserfolge in ihrer Bedeutung zu maximieren und nur auf sich selbst zu beziehen.
3. Der Ausbau kommunikativer und interpersonaler Fertigkeiten und des sozialen Problemlösens.

Ihle et al. (2012, S. 64) weisen auf die hohe Bedeutung der **Psychoedukation** zum Beginn einer Behandlung hin. Den Betroffenen und den Angehörigen sollten zunächst Informationen über das Störungsbild wie z. B. mögliche Ursache und den gewöhnlichen Verlauf einer Behandlung gegeben werden. Insbesondere sollte betont werden, dass es sich um eine bekannte und um eine gut behandelbare Krankheit handelt.

Nachweise über die Wirksamkeit bei depressiven Störungen liegen auch für die interpersonale Psychotherapie vor (ebd., S. 27), die sich in ähnlicher Weise wie die systemische **Familientherapie** mit familiären Interaktions- und Kommunikationsprozessen beschäftigt.

In Ergänzung zu einer Psychotherapie kann auch in einzelnen Fällen eine Behandlung mit **Psychopharmaka** angezeigt sein. Der Einsatz empfiehlt sich aber nur bei einem besonders hohen Störungsgrad und Indikatoren wie z. B. erhöhte Suizidalität oder **psychotischen Symptomen** (ebd., S. 45). Insgesamt scheinen Antidepressiva bei Kindern und Jugendlichen weniger wirksam als bei Erwachsenen zu sein. Auch mögliche Nebenwirkungen sollten bei den Überlegungen des behandelnden Arztes eine Rolle spielen. Für Pädagogen ist es sinnvoll, über die Verabreichung von Medikamenten informiert zu sein, da sich als Nebenwirkungen auch Verhaltensänderungen wie z. B. Impulsivität oder manische Symptome bis hin zu einer kurzfristig erhöhten Suizidgefahr einstellen können.

7.5 Informationen für die Arbeit mit betroffenen Familien

Bestätigt sich durch wiederholte Beobachtungen oder das Gespräch mit Kollegen die Annahme, dass das Kind Symptome einer Depression zeigt, sollten die Eltern zeitnah in einem Gespräch sachlich beschreibend informiert werden. Hilfreich ist es an dieser Stelle, über eigene Notizen zu verfügen, die helfen, die Qualität und Häufigkeit der Symptome zu beschreiben.

Ziel des Gesprächs ist es, eine gemeinsame Entscheidung über das weitere Handeln zu entwickeln, indem die Einschätzungen der Eltern mit den vorliegenden pädagogischen Erkenntnissen abgeglichen werden. Es ist zu erfragen, ob die Beobachtungen des Pädagogen sich auch im familiären Umfeld zeigen. Es sollten aktuelle Verhaltensänderungen, familiäre Umbrüche und andere einschneidende Ereignisse thematisiert werden. Die dabei zu beantwortende Frage ist nicht die nach dem Vorliegen einer Störung, sondern, ob eine psychodiagnostische Abklärung sinnvoll erscheint. Äußert ein Kind oder Jugendlicher allerdings Suizidabsichten, so besteht kein Ermessensspielraum – hier muss umgehend professionelle Hilfe in Anspruch genommen werden. Die Diagnose eines Experten stützt sich dann u. a. auf Beobachtungen von Erziehern, Lehrern und Eltern, denn die Symptomatik zeigt sich vielfach unabhängig von den unterschiedlichen Lebensbereichen.

Jenseits psychotherapeutischer und medizinischer Diagnostik und Therapie können im Einvernehmen mit den Eltern pädagogische Maßnahmen zeitlich begrenzt angewandt werden. In persönlichen und familiären Krisensituationen können Lernbelastung und Leistungsanforderungen reduziert und durch eine engmaschige Betreuung des Schülers erleichtert werden. Gleiches gilt für den Familienkontakt in solchen Situationen: das gegenseitige Informieren über das Verhalten des Kindes oder den möglichen Fortgang einer Psychotherapie erleichtert beiden Seiten »das Leben«. Sich gegenseitig informierende Pädagogen und Eltern können das jeweilige Handeln besser einordnen, es stärkt das Vertrauen und wird letztlich dem Kind zu Gute kommen.

7.6 Informationen zum Handeln in pädagogischen Kontexten

Entsprechend dem meist negativen Selbstbild von Kindern und Jugendlichen mit einer depressiven Symptomatik wirkt Kritik nicht als Ansporn, sondern nur als Bestätigung des negativen Selbstbildes. Aber besonders Jugendliche sind häufig in der Lage, Lob als gezielten Motivationsversuch zu erkennen. Wichtig ist es deshalb, mit Lob und Bestärkung gezielt zu arbeiten, d. h. Leistungen nur dann hervorzuheben, wenn auch ein objektiver Grund besteht.

Wenn ein Kind auf Grund seiner depressiven Symptomatik in seiner Leistungsfähigkeit bereits eingeschränkt ist, kann auch die Orientierung am individuellen Leistungsniveau als Vergleich dienen. Dabei muss nicht unbedingt das Ergebnis im Vordergrund stehen. Gerade die sichtbare Anstrengungsbereitschaft ist ein Anhaltspunkt und sollte in besonderer Weise bekräftigt werden. So kann die **Selbstwirksamkeitserwartung** als wesentlicher Faktor in der Bewältigung von Depressionen gestärkt werden.

Neben direkten Formen der Rückmeldung besteht auch die Möglichkeit der indirekten Rückmeldung. Kinder und Jugendliche mit Depressionen neigen zu negativen, hinderlichen Kognitionen wie z. B. zur übermäßigen Verallgemeinerung von Fehlschlägen. Die indirekte Form der Rückmeldung basiert darauf, gezielt Informationen zu geben, die diese negativen Kognitionen in Frage stellen. Kelly (1967) benannte drei Informationsquellen, die notwendig sind, um die Ursachen eines Erfolges oder Misserfolges realistisch zu bewerten:

- Konsensinformationen: Welche Leistung zeigen andere Menschen (die Mitschüler) in einer ähnlichen Situation oder Aufgabe?
- Distinktheitsinformationen: Tritt der genannte Erfolg oder Misserfolg nur in dieser spezifischen Situation (Unterrichtsfach, Aufgabe...) auf oder auch in anderen Situationen?
- Konsistenzinformationen: Wurde die gleiche Aufgabe schon häufiger erfolgreich bewältigt? War ein Misserfolg vielleicht nur ein Ausrutscher?

In der Anwendung könnte dieses folgendermaßen aussehen: Ein Schüler ist z. B. deprimiert, weil seine Hausaufgabe falsch war. Er schlussfolgert, dass er unbegabt ist und sein Abitur mit Sicherheit nicht schaffen wird. Im Sinne der indirekten Instruktion (Rückmeldung) könnte der Pädagoge darauf hinweisen, dass z. B. viele Schüler in dieser Woche an den Aufgaben gescheitert sind, diese offensichtlich zu schwer gewesen sei oder die Schüler zu schlecht vorbereitet worden seien. Auch könnte ein Hinweis darauf, dass eine ähnliche Aufgabe in der letzten Woche von dem genannten Schüler problemlos gelöst wurde, dienlich sein. Wenn dieses nicht der Fall ist, könnte der Hinweis auf besondere Leistungen in anderen Fächern die Theorie der fehlenden Begabung und dem zwangsweise zukünftigen Scheitern untergraben. In gleicher Weise gilt es, Erfolge nicht im Sinne **dysfunktionaler Kognitionen** als Zufall und einmaliges Ereignis herunterzuspielen, sondern auf frühere Erfolge zu verweisen oder die Schwierigkeit der Aufgabe zu erläutern (vgl. Grünke und Castello 2004).

Professionelle Hilfe erhielt Jana leider erst, nachdem sie auf Grund einer schweren Erkältung den Hausarzt besuchte. Ihre Mutter nutze diese Gelegenheit und erzählte dem Arzt von der allgemein schlechten Verfassung ihrer Tochter. Nach dem Ausschluss einer körperlichen Erkrankung empfahl der Hausarzt, Kontakt mit einer Kinder- und Jugendlichenpsychotherapeutin aufzunehmen. Die erfahrene Therapeutin konnte in den ersten Sitzungen vieles über Janas Gedanken erfahren und ihr deutlich machen, dass viele Jugendliche in ihrem Alter unter Selbstzweifeln leiden. Sie informierte Jana über Möglichkeiten, an ungünstigen Gedanken zu arbeiten und über die hohe Wirksamkeit einer Therapie. Dies entlastete Jana sehr, auch weil sie ihren Eltern gegenüber offener werden konnte. Die Schule von Jana wurde informiert und hat zu Janas Entlastung die Benotung vorerst ausgesetzt. Jana hat gute Chancen, die depressive Symptomatik zu überwinden, auch weil Eltern, Therapeutin und Schule weiterhin gut zusammenarbeiten.

Weiterführende Informationen und Wissen im Internet:

www.buendnis-depression.de
www.kompetenznetz-depression.de

Literatur

Abramson, L. Y., Seligman, M. E. P. & Teasdale, J. D. (1978). Learned helplessness in humans: Critique and reformation. *Journal of abnormal psychology, 87 (1)*, 49–74.
Deutsche Gesellschaft für Kinder- und Jugendpsychiatrie und -psychotherapie (DGKJP) (Hrsg.) (2007): *Leitlinien zur Diagnostik und Therapie von psychischen Störungen im Säuglings-, Kindes- und Jugendalter* (3. Aufl.). Köln: Deutscher Ärzte Verlag.
Essau, Cecilia A. (2007). *Depressionen bei Kindern und Jugendlichen: psychologisches Grundlagenwissen* (2. Aufl.). München: Reinhardt.

Groen, G. & Petermann, F. (2011). *Depressive Kinder und Jugendliche* (2. Aufl.). Göttingen: Hogrefe.
Grünke, M. & Castello, A. (2004): Attributionstraining. In G. W. Lauth, M. Grünke & J. C. Brunstein (Hrsg.), *Interventionen bei Lernstörungen*. Göttingen: Hogrefe.
Huss, M. (2012). Depressionen im Kindes- und Jugendalter. *Monatsschrift Kinderheilkunde 160,1*, 40–46.
Ihle, W., Groen, G., Walter, D., Esser, G. & Petermann, F. (2012). *Depression*. Göttingen: Hogrefe.
Junge, J., Neumer, S., Manz, R. & Margraf, J. (2002). *Gesundheit und Optimismus – GO. Trainingsprogramm für Jugendliche*. Weinheim: Beltz PVU.
Kelly, H. H. (1967). Attribution theory in social psychology. In D. Levine (Ed.), *Nebraska Symposium on Motivation (Vol. 15)*. Lincoln: University of Nebraska Press.
Kovacs, M., Devlin, B. (1998). Internalizing disorders in childhood. *Journal of Child Psychology and Psychiatry 39*, 47–63.
Kovacs, M., Feinberg, T. L., Crouse-Novak, M., Paulauskas, S. L., Finkelstein, R. (1984). Depressive Disorders in childhood: I. A. longitudinal prospective study of characteristics and recovery. *Archives of General Psychiatry 41*, 229–237.
McCauley E., Kendall, K., Pavlidis, K. (1995). The development of emotional regulation and emotional response. In I. M. Goodyer (Ed.), *The depressed child and adolescent: Development and clinical perspectives*. Cambridge: Cambridge University Press, 53–80.
Pössel, P., Horn, A. B., Seemann, S. & Hautzinger, M. (2004). *Trainingsprogramm zur Prävention von Depressionen bei Jugendlichen: LARS und LISA: Lust an realistischer Sicht & Leichtigkeit im sozialen Alltag*. Göttingen: Hogrefe.
Pössel, P., Horn, A. B. & Hautzinger, M. (2006). Vergleich zweier schulbasierter Programme zur Prävention depressiver Symptome bei Jugendlichen. *Zeitschrift für Klinische Psychologie und Psychotherapie, 35 (2)*, 109–116.

8

Anorexia und Bulimia nervosa

Simone Gebhard

Fallbeispiel

Bis zu ihrem 14. Lebensjahr war Katharina eine gute Esserin mit einer Vorliebe für Süßigkeiten. Schwerwiegende Gewichtsprobleme hatte sie bis zum Einsetzen der Pubertät noch nicht, ihre Eltern fanden sie lediglich »etwas pummelig«. Eine vom Kinderarzt empfohlene Gewichtsreduktion gelang ihr mit einer Diät leicht. Katharina ist nun sehr schlank, fühlt sich aber zu dick und meint, unbedingt abnehmen zu müssen. Am Esstisch der Familie finden immer häufiger Diskussionen zwischen Mutter und Tochter statt, weil Katharina sich weigert, ihren Teller leer zu essen, obwohl sich auf diesem nur wenig Gemüse und Kartoffeln befinden. Überhaupt isst Katharina nur noch sehr wenig, höchstens Gemüse und Salat. Vor fetten Speisen und Zucker ekelt sie sich regelrecht. Auch Fleisch und Milchprodukte rührt sie nicht mehr an.

In der Schule ist Katharina angepasst und zurückhaltend, aber sehr ehrgeizig. Im Vergleich mit ihren Mitschülern ist sie sehr streng mit sich selbst und kann es nur schwer ertragen, wenn ihre Freundinnen bessere Schulleistungen erbringen als sie. In die Klassengemeinschaft ist sie dennoch gut integriert.

In den letzten Monaten fällt der Lehrerin auf, dass Katharina immer dünner wird. Oft wirkt sie freudlos und bedrückt, ihre Konzentrationsfähigkeit scheint vermindert. An Aufgaben im Mathematikunterricht, die sie vorher leicht gelöst hat, sitzt sie nun viel länger. Aus den Beziehungen zu ihren Mitschülern zieht sie sich zunehmend zurück. Von ihrer Lehrerin auf dieses Verhalten und das niedrige Körpergewicht angesprochen, reagiert sie mit Unverständnis. Sie äußert den Wunsch, weitere neun Kilogramm abnehmen zu wollen, Schwierigkeiten in der Schule habe sie auch nicht. In einem Gespräch mit der Mutter zeigt sich, dass auch diese über die veränderten Essgewohnheiten ihrer Tochter besorgt ist. Anfänglich hatte sie dieses Verhalten nur für eine vorübergehende Phase gehalten. Die Auseinandersetzungen über die Essgewohnheiten spitzen sich in letzter Zeit zu und die Mutter weiß nicht mehr weiter.

8.1 Merkmale der Anorexia und Bulimia nervosa

Die wohl bekannteste Darstellung einer Essstörung in der deutschen Literatur ist die Geschichte vom »Suppenkasper« in Heinrich Hoffmanns »Struwwelpeter« aus dem Jahr 1845. Sie erzählt den Verlauf einer Störung eines Jungen, der die Nahrungsaufnahme verweigert und nach einiger Zeit stark untergewichtig stirbt. In dieser Geschichte und im Fallbeispiel wird eine Magersucht dargestellt, auch bekannt unter der Bezeichnung Anorexia nervosa, die neben der Ess-Brechsucht (Bulimia nervosa) und der Binge-Eating-Störung zu den Essstörungen gehören. Den beiden erstgenannten Störungsbildern gemeinsam ist die pathologische Menge an aufgenommener Nahrung: es kommt zu Nahrungsverweigerung oder einer übermäßigen Nahrungsaufnahme mit selbstausgelöstem Erbrechen. Starkes Untergewicht ist das auffälligste körperliche Symptom der Anorexia nervosa. Streben nach Schlankheit findet sich bei beiden Störungsbildern, welches insbesondere bei der Anorexia nervosa auch lebensbedrohliche Ausmaße annehmen kann.

Für die Bezugspersonen ist es wichtig zu wissen, dass neben körperlichen auch psychische Veränderungen auf das Vorliegen einer Essstörung hindeuten. Zentrales psychisches Merkmal ist die Furcht vor dem Dicksein. Diese kann auf eine Körperschemastörung zurückgeführt werden, so dass die Betroffenen ihren Körper als zu dick und hässlich wahrnehmen, obwohl bereits

Untergewicht besteht. Die Konzentration im Unterricht kann schwer fallen, da die Gedanken nur noch um Nahrung, Essen und Dicksein kreisen. Die Betroffenen beschäftigen sich z. B. mit der Zubereitung der nächsten Mahlzeit, lesen Kochbücher und sammeln Rezepte. Zu Anfang wirkt das Essverhalten oft befremdlich oder schwer nachvollziehbar. So werden Lebensmittel bspw. in »erlaubte« und »unerlaubte« Lebensmittel kategorisiert, so genannte »Fressattacken« treten auf, bei denen eine große Menge an Nahrung scheinbar wahllos gegessen wird. Viele Betroffene entwickeln auffällige Essrituale wie sehr langsames Kauen und Schlucken. Manche Nahrungsmittel können auch einen regelrechten Ekel bei den Betroffenen auslösen. Der Ekel vor dem Essen wird häufig als Grund für die Nahrungsverweigerung vorgeschoben.

Herpertz-Dahlmann (2008a) gibt sogar an, dass viele Betroffene im frühen Jugendalter von einer Art Zwang zur Nahrungseinschränkung berichten. Sie glauben, eine Stimme zu hören, die ihnen befiehlt, die Nahrungszufuhr einzuschränken und nicht zuzunehmen.

Zunehmend rigide Denkmuster und verzerrte Selbstwahrnehmung gehen mit sozialem Rückzug einher, der mit dem andauernden Verlauf der Störung immer weiter fortschreitet. Ein Leistungsabfall in der Schule muss nicht unbedingt die Folge sein. Viele Patientinnen werden in der Schule sogar ehrgeiziger, sodass Herpertz-Dahlmann (2008a, S. 21) in diesem Zusammenhang von einer regelrechten Arbeitssucht spricht. Die Nahrungseinschränkung oder das Erbrechen ist oft weniger auffällig und Bezugspersonen stellen das oft erst fest, wenn die Betroffenen die Kontrolle über ihr Essverhalten längst verloren haben. Eine Anorexie kann auch dann lange unerkannt bleiben, wenn keine Gewichtsreduktion einsetzt, aber auch keine Gewichtszunahme während der Wachstumsphase erfolgt.

Oft zu beobachten ist auch ein starker Bewegungsdrang. Die Betroffenen bewegen sich nicht nur extrem viel, um ihren Energieverbrauch zu steigern, sondern eine hormonelle Umstellung des Körpers durch Nahrungseinschränkung kann auch zu einem nicht willentlich beeinflussbaren Bewegungsdrang führen (Herpertz-Dahlmann, 2008a, S. 20). Es kann soweit kommen, dass die Mädchen nicht mehr still sitzen und alle Beschäftigungen, darunter auch lernen, lesen und Musik hören, im Stehen verrichten.

In ihrer Entwicklung haben die jungen Frauen oder Mädchen ihren Eltern häufig kaum Probleme bereitet. Sie sind nicht selten leistungsorientiert und gewissenhaft, Auffälligkeiten finden sich hingegen vermehrt in der Anamnese der Familie, wie weiter unten beschrieben.

In ihrer klinischen Erscheinung unterscheiden sich die Störungsbilder der Anorexia und Bulimia nervosa in einigen Punkten.

8.2 Anorexia nervosa

Nach **DSM-IV** müssen vier Kriterien für die Diagnose einer Anorexia nervosa zutreffen, Ergänzungen dazu finden sich im **ICD-10** (zitiert nach Klicpera und Gasteiger Klicpera, 2007):

- Weigerung, ein für Alter und Größe entsprechendes Minimalgewicht aufrechtzuerhalten. Ein Körpergewicht, das weniger als 85% des nach Alter und Körpergröße erwarteten Werts beträgt, wird als signifikantes Untergewicht gewertet.
- Intensive Angst vor einer Gewichtszunahme, obwohl bereits Untergewicht besteht.[11]
- Störung in der Wahrnehmung des Körperumfangs bzw. der Figur, wobei der Körperfigur eine übertriebene Bedeutung für das Selbstwertgefühl zugeschrieben wird. Außerdem die Leugnung der schwerwiegenden Bedeutung des eigenen Untergewichts.
- Bei Mädchen bzw. Frauen nach der Menarche das Ausbleiben der Regelblutung in wenigstens drei aufeinander folgenden Zyklen (Amenorrhoe)[12].

Bei einzelnen Betroffenen und in unterschiedlichen Krankheitsstadien sind nicht immer alle Symptome anzutreffen.

Die Anorexia nervosa kann eine erhebliche Gefahr für den weiteren Entwicklungsverlauf sein. Das Hungern und das resultierende starke Untergewicht können mit Entwicklungsauffälligkeiten einhergehen, die später im Text beschrieben werden. Die Betroffenen bagatellisieren die Schwere ihrer Störung häufig, da sie kein angemessenes Bewusstsein für die Schwere der Störung haben. Therapeutische Hilfe wird dadurch erschwert. Anorexia ist verbunden mit einer deutlich erhöhten Sterberate im Vergleich zu der Normalbevölkerung. Brunner, Schulze und Resch (2011, S. 662) zitieren verschiedene Studien und fassen zusammen, dass die Mortalitätsrate zwischen 6–18% liegt und auf eine gesteigerte Suizidrate oder auf direkte und indirekte Folgen des Hungerzustands zurückzuführen ist. Neben den Suchterkran-

---

11 Im DSM-V wird hier wahrscheinlich nur noch enthalten sein, dass ein entsprechendes Verhalten zu beobachten sein muss. Viele Betroffenen leugnen, dass die Angst vor einer Gewichtszunahme besteht, zeigen aber entsprechendes Verhalten (APA, 2012).
12 Dieses Kriterium wird im DSM-V wahrscheinlich wegfallen, da es viele betroffene Frauen gibt, bei denen alle anderen Kriterien zutreffen und dennoch gelegentlich Menstruationsblutungen einsetzen. (APA, 2012)

kungen bringt eine Anorexia nervosa somit das höchste Mortalitätsrisiko aller psychischen Erkrankungen mit sich (ebd., S. 662)

8.3 Bulimia nervosa

Für die Diagnose der Bulimia nervosa, die erst in den letzten 20 Jahren als eigenständige Störung betrachtet wird, müssen laut **ICD-10** und **DSM-IV** folgende Kriterien zutreffen (Klicpera und Gasteiger-Klicpera, 2007):

- Eine wiederholte Episode von Fressanfällen mit einer schnellen Aufnahme von einer großen Menge an Nahrung innerhalb einer bestimmten Zeitspanne (nach ICD-10 wenigstens zweimal[13] pro Woche über einen Zeitraum von drei Monaten).
- Regelmäßige Maßnahmen, um einer Gewichtszunahme entgegenzusteuern, wie selbstinduziertes Erbrechen, Gebrauch von Abführ- oder Brechmitteln und strenge Diäten oder übermäßige körperliche Bewegung.
- Übertriebene Beschäftigung mit Figur und Gewicht. Gier und Zwang zu essen, außerdem ein Gefühl des Kontrollverlusts während der Essanfälle.
- Subjektive Kriterien für Untergewicht werden auf Grund einer verzerrten Selbstwahrnehmung (als ständig zu fett) sehr niedrig angesetzt.

Mit anhaltender Dauer der Störung kann es zu chronischen Entzündungen der Speicheldrüsen und des Zahnfleischs kommen. Das häufige Erbrechen kann Schäden an den Zähnen verursachen, auch an den Händen kann es zu Narben und Schwielenbildung kommen. Hormonstörungen und Vitaminmangel können zu bleibenden Schäden bei der Knochendichte bis hin zu Osteoporose führen. Auch trockene, schuppige Haut und brüchige Nägel sowie Haarausfall sind Folgen des Vitaminmangels. Die Unterernährung hat zur Folge, dass der Körper Energie sparen muss und den Kreislauf herunterfährt. Daraus resultieren ein verlangsamter Herzschlag, ein niedriger Blutdruck und eine verminderte Köpertemperatur, was bei den Betroffenen zu Schwindel und ständigem Frieren führen kann (Friederich, 2008).

Im Gegensatz zur Anorexia nervosa stehen bei der Bulimie die »Fressattacken« im Vordergrund. Bei Bulimiebetroffenen liegt nicht notwendigerweise

---

13 Im DSM-V wird die Anzahl der auftretenden Fressanfälle wahrscheinlich auf mindestens einmal reduziert werden (APA, 2012).

starkes Untergewicht vor (atypische Bulimia nervosa). Auch das selbstausgelöste Erbrechen muss nicht immer auftreten, wenn zum Beispiel ein Missbrauch von Abführmitteln vorliegt. Das Auftreten von »Fressattacken« ohne kompensatorische Verhaltensweisen, verbunden mit entsprechendem Übergewicht, kann auf das Vorliegen der »Binge-Eating-Störung« hindeuten, für die allerdings bisher nur Forschungskriterien zur Verfügung gestellt werden. Patienten mit Bulimie leben mit dem Risiko schwerer Herzrhythmusstörungen. Wenn zum Herunterfahren des Kreislaufs noch Erbrechen kommt, kann durch den Verlust von Elektrolyten im Blut eine lebensbedrohliche Situation entstehen (Pauli und Steinhausen, 2006).

Bei der Diagnostik der beiden Störungsbilder muss eine Reihe anderer Erkrankungen, bspw. Tuberkulose, erworbene Immunschwächeerkrankungen, Morbus Addison und Diabetes mellitus, ausgeschlossen werden, die meist die typischen psychologischen Merkmale einer Essstörung vermissen lassen (Steinhausen, 2005). Das Auftreten einer körperlichen Erkrankung mit Gewichtsverlust kann häufig den Beginn einer Essstörung markieren, wenn der daraus resultierende Gewichtsverlust mit gezielten diätetischen Maßnahmen aufrechterhalten wird. Auch eine Adipositas kann an der Entstehung einer Essstörung beteiligt sein, da hier die gewichtsreduzierenden Maßnahmen über längere Zeit sogar vom sozialen Umfeld unterstützt werden (Blanz, Remschmidt, Schmidt und Warnke, 2006).

8.4 Häufigkeit und Verlauf

Wie das Robert Koch-Institut in seiner **KIGGS-Studie** (2006) festgestellt hat, weisen bereits 22% befragter Kinder und Jugendlicher Merkmale einer Essstörung in einer subklinischen Form auf. Mädchen sind doppelt so häufig betroffen wie Jungen, wobei sich hier ein Wandel vollzieht. Die Wahrscheinlichkeit, im Laufe seines Lebens an einer Essstörung zu erkranken, liegt bei 0,8 – 3,0% (Jacobi, Thiel und Paul, 2004).

In manchen Risikogruppen, in denen besonders auf eine schlanke Figur Wert gelegt wird und ein schlanker Körperbau für die Karriereentwicklung notwendig ist, ist der Anteil der erkrankten Personen besonders hoch, bspw. unter Models und Tänzerinnen (Gerlinghoff und Backmeyer, 2007). Nach Blanz et. al. (2006) liegen bei dem Störungsbild der Anorexia nervosa die Angaben zur **Punktprävalenz** für Mädchen und junge Frauen zwischen 15 und 24 Jahren bei 0,5 bis 0,7%. In nur 10% der Fälle erkranken Mädchen vor dem Einsetzen der Pubertät. Die meisten Betroffenen erkranken zwischen dem 14. und 18. Lebensjahr (ebd.). Das Erkrankungsrisiko der Mädchen im Vergleich zu den Jungen ist 20fach erhöht, allerdings führen Dannigkeit, Köster und Tuschen-Caffier (2005) mehrere Studien an, die belegen, dass die Sorge um die eigene Figur auch bei Jungen in der Pubertät (verbunden mit dem natürlichen Fettzuwachs) ansteigt. Wie oben bereits erwähnt ist die Sterblichkeitsrate bei der Anorexia nervosa mit 5 bis 16% sehr hoch (Berger, 2006).

Das Vollbild der Bulimia nervosa kommt mit 1–2% **Prävalenz** häufiger vor, wobei auch hier Mädchen 20 Mal häufiger betroffen sind als Jungen (Blanz et al., 2006).

Auch nach therapeutischen Interventionen wird oft kein normales Essverhalten mehr gezeigt; Pauli und Steinhausen (2006) führen an, dass nur die Hälfte der Fälle von Anorexie ausheilen. Ein Drittel der Fälle kann teilweise geheilt werden und ein Fünftel bleibt chronisch krank. Bei Essstörungen kommen häufig noch andere psychische Störungen hinzu. Hier sind **komorbide** depressive Störungen, Zwangs- und Angststörungen und Störungen mit Substanzabhängigkeit zu nennen. Die Zahlen in diesem Zusammenhang und die hohe Sterblichkeitsrate machen deutlich, dass das Wissen um diese Störungsformen pädagogisch sehr relevant ist, da ein früher Behandlungsbeginn die Prognose deutlich verbessert (Blanz et al., 2006).

8.5 Erklärungsansätze

Mögliche Ursachen von Essstörungen werden sehr vielfältig diskutiert. Zusammenfassend kann man sagen, dass sich aufgrund der aktuellen Entwicklung in der Modellbildung mehr Gemeinsamkeiten als Unterschiede in Bezug auf Mechanismen der Entstehung und Aufrechterhaltung von Essstörungen finden lassen. Einzelne Faktoren müssen für den individuellen Fall gewichtet werden.

Betrachtet man die *individuellen Risikofaktoren* belegen auch die oben genannten Zahlen, dass Essstörungen meist in einem Altersabschnitt auftreten, in dem körperliche Veränderungen stattfinden und zusätzlich die Bewältigung vieler **Entwicklungsaufgaben** ansteht. Die körperlichen Veränderungen verlangen eine Neuausrichtung des Körperschemas und nicht selten entwickelt sich eine vermehrte Sorge um das eigene Körpergewicht, was mit diätetischen Maßnahmen verbunden ist und zu einer **subklinischen** Form einer Essstörung führen kann. In Kombination mit den unten genannten Risikofaktoren kann so die Basis für die Ausbildung einer klinischen Form einer Essstörung entstehen.

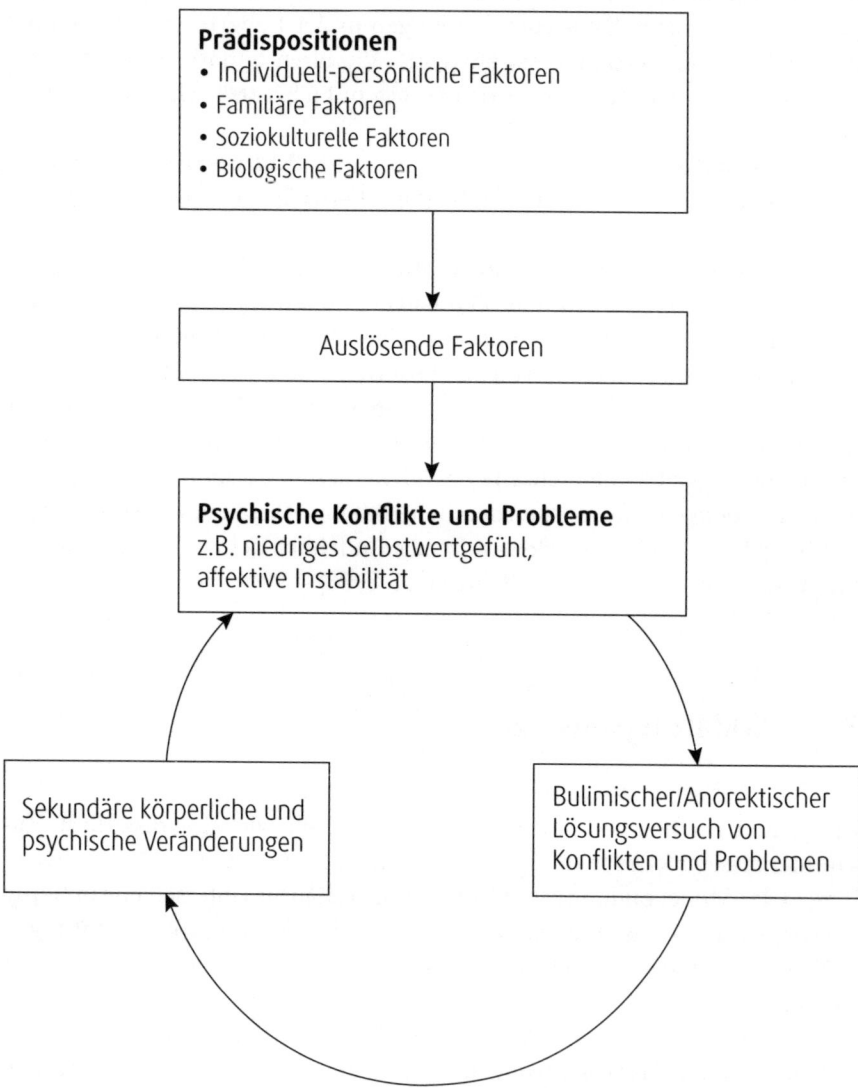

Abb. 5: Faktoren der Entwicklung von Essstörungen (Steinhausen 2005, S. 7)

Zu den *biologischen Faktoren* kann gesagt werden, dass der Anteil des genetischen Einflusses und die Mechanismen der Vererbung noch ungeklärt sind, eine schwach ausgeprägte genetische Bedingung ist nach Blanz et al. 2006 aber wahrscheinlich.

Die Bedeutung *soziokultureller Faktoren* hingegen ist durch verschiedene Untersuchungen empirisch belegt (Steinhausen, 2005). Das extreme Schlankheitsideal, was gesellschaftlich und medial vermittelt wird, übt insbesondere auf Mädchen und junge Frauen starken Einfluss aus. In der Pubertät nimmt der Körperfettanteil innerhalb weniger Jahre um 40% zu. Vielen Betroffenen fällt es schwer, diese Veränderung zu akzeptieren, was im strikten Einhalten einer Diät münden kann, die oft den Beginn einer Magersucht markiert (Pauli und Steinhausen 2006). Im schulischen Rahmen spielt dabei der soziale Vergleich eine wichtige Rolle. Es führt bei Mädchen häufig zu großer persönlicher Unzufriedenheit, wenn sie sich im Vergleich mit Freundinnen zu dick fühlen. Diese Unzufriedenheit entwickelt sich besonders auf der Basis eines geringen Selbstwertgefühls. Unklar ist allerdings, ob das geringe Selbstwertgefühl eher mit dem Aufrechterhalten oder dem Entstehen der Essstörung verbunden ist.

Die Forschungsbefunde zu den *familiären Risikofaktoren* zeigen, dass die Annahme einer typischen Familienstruktur in den Familien der Betroffenen nicht belegt werden kann, obwohl das Ausmaß an ungünstigen familiären Konstellationen hoch ist (ebd.).

Als *auslösende Faktoren* einer Essstörung scheinen kritische Lebensereignisse, wie schwere Belastungen der Familie, Trennungs- oder Verlusterfahrungen, Anforderungen an die Betroffenen und die Bedrohung des Selbstwertgefühls, eine Rolle zu spielen. Wird mit einer strengen Diät erst einmal begonnen, entsteht ein Teufelskreis, der ohne fremde Hilfe kaum mehr durchbrochen werden kann (ebd.). Durch Diäten fehlen dem Körper wichtige Nährstoffe, die Gedanken kreisen daher ständig ums Essen. Beim Anblick von Speisen verlieren die Betroffenen die kognitive Kontrolle über das Essverhalten und es kommt zu den beschriebenen »Fressattacken«. Der gelungene Versuch, sich durch Essanfälle von negativen Gefühlen abzulenken, erhöht im Sinne einer negativen Verstärkung die Wahrscheinlichkeit für weitere Essanfälle in ähnlichen Situationen.

Bei den *aufrechterhaltenden Faktoren* spielt die positive Verstärkung eine wichtige Rolle, weil das Einhalten einer strengen Diät als positives Erleben in Form von Kontrolle über den eigenen Körper empfunden wird. Das Gefühl, bei Gewichtszunahme sofort die Kontrolle zu verlieren, führt zu noch rigideren Kontrollversuchen. Auch das häufige Erbrechen und das ständige Völlegefühl nach Mahlzeiten bestärken die Betroffenen darin weiter Diät zu halten. (ebd.)

8.6 Methoden der Prävention und Therapie

Bei der Therapie von Anorexia und Bulimia nervosa treten oft zahlreiche Komplikationen auf und es besteht die große Gefahr einer Chronifizierung des Krankheitsbilds, was die oben genannte Zahlen deutlich machen. Das häufige Auftreten von Komplikationen wie ein permanentes Drohen der Betroffenen mit Behandlungsabbruch oder das Unterlaufen des vereinbarten Zielgewichts erfordert eine interdisziplinäre Behandlung. Nur wenige kontrollierte Studien liegen hierzu vor, da die Evaluation der verschiedenen Elemente erschwert ist.

Die eingeschränkte geistige Leistungsfähigkeit durch eine Volumenminderung des Gehirns (Pseudoathropie), eine verminderte psychische Belastbarkeit und ein starker Bewegungsdrang sind nicht die Ursache einer Magersucht, sondern mögliche körperliche Begleiterscheinungen auf Grund des Hungerzustandes (Herpertz-Dahlmann, 2008a). Kinder und Jugendliche mit Essstörungen wollen oft nicht wahrhaben, dass ihre körperlichen und kognitiven Leistungen stark eingeschränkt sind und für viele ist es ein heilsamer Schock, wenn sie sich dieser Tatsachen bewusst werden. Da viele somatische Begleiterscheinungen als reversibel gelten (Blanz et al., 2006), kann hier durch Aufklärung häufig die Bereitschaft gefördert werden, einer Therapie zuzustimmen. Die körperlichen Folgeerscheinungen und der psychische Zustand müssen durch allmählichen Nahrungsaufbau erst einmal normalisiert werden, um im nächsten Schritt in Form einer Psychotherapie auf die zu Grunde liegende Problematik einzugehen. Die Therapiemotivation ist ein ganz entscheidender Faktor für den Erfolg einer Behandlung (Pauli und Steinhausen, 2006).

Grundsätzlich stehen bei der Therapie **kognitiv-verhaltenstherapeutische Ansätze** im Vordergrund. Wichtige Bestandteile sind Ernährungsberatung, das Abschließen von Behandlungsverträgen und das Arbeiten mit positiven Verstärkern. Die **Leitlinien** zur Diagnostik und Therapie von Essstörungen (2011) sehen vor, dass vor dem Beginn der ambulanten Therapie die Rahmenbedingungen der Behandlung genau besprochen werden müssen. Im Therapievertrag wird festgehalten, welche Gewichtszunahme angestrebt wird (in der Regel 200–500g pro Woche), wo und wie das regelmäßige Wiegen gehandhabt wird und welche Konsequenzen ein Nichterfüllen der Vertragsziele haben kann.

Das zentrale Therapieziel der Anorexia nervosa ist im Rahmen der Ernährungsumstellung eine Gewichtssteigerung, verbunden mit der Vermeidung von exzessivem Sporttreiben. Bei der Bulimia nervosa soll durch Normalisierung des Essverhaltens die Auftretenswahrscheinlichkeit von Essanfällen gesenkt werden. Oft wird eine Kombination von Einzel- und Gruppentherapie ambulant durchgeführt. In Fällen von lebensbedrohlichem Untergewicht oder bei erfolglosen ambulanten Therapieversuchen – häufig bei Anorexie-Patientinnen – ist eine stationäre Behandlung unumgänglich. Das Einbeziehen der Familie wird in vielen Fällen als sinnvoll erachtet, da bereits eine familiäre Entspannung auftritt, wenn die Angehörigen verstehen, dass die Betroffenen ihre Störung nicht aus freiem Willen überwinden können. In diesem Zusammenhang kommt der Gruppenpsychoedukation für Eltern eine große Bedeutung zu, wo die Eltern lernen sollen, sich von einer möglichen »Verursacherrolle« zu lösen und die Behandlung zu unterstützen (Herpertz-Dahlmann, 2008b, S. 178). Eine Behandlung mit **Psychopharmaka** (v. a. Antidepressiva) ist nur in seltenen Fällen angesagt und wirksam (ebd.). In jedem Fall steigert eine frühzeitige Erkennung und Behandlung die Aussicht auf Heilung.

Die Forschung zur Wirksamkeit von **Präventionsprogrammen** ist im Vergleich zur Therapieforschung ein noch junges Forschungsfeld. Bisherige Studien zeigen, dass die Vermittlung von Wissen zu gesunder Ernährung und richtigem Essverhalten und die Steigerung des Selbstwertgefühls häufig erste Erfolge mit sich bringen. Mädchen und junge Frauen müssen wieder lernen, dass positive Bewertung und Rückmeldungen nicht von ihrem Äußeren abhängig sind. Diese Ergebnisse müssen in Langzeituntersuchungen allerdings noch bestätigt werden (Dannigkeit et al., 2005).

Verschiedene Präventionsprogramme sind in den letzten Jahren auf ihre Wirksamkeit hin untersucht worden. Stellvertretend sollen hier die Programme des Instituts für Psychosoziale Medizin und Psychotherapie des Universitätsklinikums Jena genannt werden, die speziell für den Schulunterricht entwickelt wurden (Berger und Schick, 2009). »PriMa« steht für »Primärprävention Magersucht« und richtet sich an Mädchen der Klassenstufe sechs. Mit dem Einsetzen der Pubertät stehen die Themen »Essen«, »Figur« und »Gewichtsreduktion« bei Mädchen im Fokus der Aufmerksamkeit. Da die Pubertät bei Mädchen früher als bei Jungen einsetzt, bietet sich eine Durchführung des Programms in geschlechtshomogenen Gruppen an (Berger, 2006). Für die Jungen dieser Altersstufe eignet sich das Programm »TOPP« (»Teenager ohne pfundige Probleme«), das Jungen in diesem Alter für »Frustessen« und den damit verbundenen sozialen Rückzug sensibilisieren soll. Für beide Geschlechter greift in der Klassenstufe sieben das Präventionsprogramm »Torera« die Problematik der Bulimie auf.

»PriMa« ist unterteilt in neun Lektionen, die jeweils typische Situationen der Magersucht thematisieren und den Mädchen die Entwicklung von »noch normal« bis »krankhaft« aufzeigen. Der sich zuspitzende Krankheitsverlauf soll von den Mädchen nachempfunden werden und entsprechende Auswege aus der jeweiligen Situation sollen gemeinsam erarbeitet werden. Im Programm wird mit dem Modell der Barbiepuppe gearbeitet, wobei der Kontrast zwischen der souverän wirkenden Puppe und ihrem krankhaften Verhalten Dissonanzen erzeugt und die Beschäftigung mit dem Thema anregen sollen (Berger und Schick 2009). Die Evaluation des Präventionsprogramms zeigt, dass bei der Hälfte der gefährdeten Mädchen eine Normalisierung des Essverhaltens eintrat und sich das Wissen und die Einstellungen zu gesunder Ernährung und Essstörungen verbesserte. Eintägige deutschlandweite Fortbildungen werden vom Heidelberger Präventionszentrum (HPZ) angeboten, wobei Grundlagenwissen zu den verschiedenen Essstörungen und zu Ursachen und Handlungsansätzen vermittelt werden und die teilnehmenden Personen in das didaktische Konzept von PriMa und TOPP eingeführt werden (www.h-p-z.de). Eine reguläre Einbindung in das jeweilige Curriculum ist auf Grund der Kürze des Programms gut umzusetzen und eine Vermittlung der Programminhalte durch Lehrkräfte beweist die Praxistauglichkeit des Programms.

Primärpräventive Maßnahmen können sinnvoll durch Maßnahmen aus dem Bereich der Sekundär- oder Tertiärprävention ergänzt werden. In diesem Zusammenhang gewinnt die Nutzung neuer Medien immer mehr an Bedeutung, da durch SMS, Chatrooms und Email sinnvolle Beratungs- und Nachsorgeangebote von Mädchen einfach genutzt werden können (Berger, 2006).

8.7 Informationen für die Arbeit mit betroffenen Familien

Die Situation für die Familie von Betroffenen ist sehr belastend. Verzweifelte Versuche der Eltern, die Verweigerung ihres Kindes beim Essen aus Sorge vor drohender Unterernährung zu durchbrechen, münden oft in einem Debakel. Je mehr die Eltern auf ihr Kind einwirken, desto schwieriger wird häufig die familiäre Situation. Heftige Schuldgefühle der Eltern, oft verbunden mit einer vorwurfsvollen Haltung dem eigenen Kind gegenüber, sind die Folge.

Wenn Eltern das Gespräch mit ihrem Kind suchen, sollten sie nicht das Gewicht, sondern vielmehr die Änderung des Verhaltens in den Vordergrund stellen. Das Verharmlosen oder die Erklärungen des Kindes sollten nicht dazu führen, dass fachliche Hilfe nicht aufgesucht wird. Kommt es zu einem Arzt- bzw. Therapeutenbesuch, sollte das gestörte Essverhalten des

Kindes seitens der Eltern nicht ausführlich und emotional geschildert werden, da dies beim Patienten selbst Scham- und Schuldgefühle und oft zusätzlichen Widerstand gegen eine Behandlung auslöst (AWMF, 2010). Eine Sensibilisierung der Eltern im Vorfeld durch einen gut informierten Pädagogen kann hier hilfreich sein. Eine sachliche Schilderung der Beobachtung des Pädagogen ist dabei vorauszusetzen. Die Probleme sollten keinesfalls verharmlost werden, da eine schnelle Vorstellung der Familie bei einer Fachperson die Chance auf Heilung erhöht.

Für die Eltern ist es wichtig zu wissen, dass ihr Kind ohne Hilfe keinen Ausweg aus der Essstörung finden kann. Hilfe ist daher dringend notwendig, da die Folgen, besonders der Anorexie, sehr schwerwiegend sein können. Die Familie kann ihr Kind unterstützen, wenn gemeinsam neue Lösungswege mit Hilfe eines Therapeuten erarbeitet werden. In manchen Fällen rät der behandelnde Arzt zu einer Familientherapie, besonders wenn die familiären Beziehungen als bedeutsam für die Essstörung gesehen werden. Häufiger ist der Fall, dass familiäre Verhaltensmuster zwar nicht die Ursache darstellen, aber zur Aufrechterhaltung der Störung beitragen (Pauli und Steinhausen, 2006). Diese Einsicht kann Eltern Schuldgefühle nehmen und ihnen eine Möglichkeit aufzeigen, zur Heilung ihres Kindes beitragen zu können.

Besonders mit Einsetzen der Pubertät leiden manche Jugendliche unter einem überbehütenden oder überkontrollierenden Erziehungsverhalten der Eltern, besonders der Mutter. Nicht selten können Betroffene nur durch das Verweigern der Nahrung ihre Selbstbestimmung zeigen (ebd.). Auch hier ist es nötig, betroffenen Familien einen Ausweg aus dem Teufelskreis aus zunehmender Sorge der Eltern und vermehrter Selbstbestimmungsbestrebungen der Kinder durch Gewichtskontrolle aufzuzeigen. Wenn von den Eltern noch keine therapeutische Hilfe in Anspruch genommen wird, kann hier der Pädagoge evtl. mit Unterstützung des Schulpsychologen im Rahmen eines Elternabends auf entsprechende Hilfsangebote für betroffene Familien hinweisen.

Familien, deren Kind stationär behandelt wird, befinden sich in einer besonders schwierigen Situation. Im Rahmen der Behandlung kann es dazu kommen, dass der Widerstand des Kindes gegen die Therapie wächst, weil es sich nicht verstanden oder ungerecht behandelt fühlt. In diesem Fall sollten Eltern für ihr Kind da sein, ihm helfen, die schwierigen Behandlungsphasen zu überstehen, und so einen wichtigen Beitrag dazu leisten, dass sich das Kind auf den Kampf gegen die Krankheit und nicht auf den Kampf mit dem Behandlungsteam konzentriert (ebd.). In ganz seltenen Fällen kann bei vitaler Bedrohung *und* fehlender Behandlungseinsicht des Patienten eine Zwangsbehandlung im Rahmen einer Unterbringung zum Zwecke der Heilbehandlung notwendig werden (vgl. hierzu BGB § 1906 Abs. 1). Entsteht im persönlichen Kontakt mit den Eltern der Eindruck, dass auch die Eltern Unterstützung brauchen, kann ein Hinweis durch den Pädagogen auf eine Selbsthilfegruppe oder andere unterstützende Angebote hilfreich sein. Beide Elternteile sollen »an einem Strang ziehen«, sich gegenseitig unterstützen und nicht mit gegenseitigen Schuldzuweisungen belasten. Stimmen die Sorgeberechtigten einer notwendigen Behandlung trotz lebensbedrohlichem Zustand des Kindes nicht zu, kann das Jugendamt die Inobhutnahme des Kindes nach § 42 SGB VIII einleiten.

8.8 Informationen zum Handeln in pädagogischen Kontexten

Die frühen Merkmale einer Essstörung zu erkennen ist für Pädagogen besonders wichtig, da es Außenstehenden oft gelingt, der Betroffenen und ihrer Familie einen Anstoß für eine Behandlung zu geben. Natürlich sind manche Beobachtungen noch kein Beleg einer Essstörung, können aber einen Hinweis auf das Vorliegen einer Essstörung liefern. Es ist hilfreich, das Thema mit erfahrenen Kollegen zu diskutieren, die Kontakt zur Schülerin haben, um zu sehen, ob der Verdacht sich vielleicht bestätigt.

Der Ratgeber »Essstörungen« der Bundeszentrale für gesundheitliche Aufklärung (BZgA, 2010) und der Ratgeber »Magersucht« von Pauli und Steinhausen (2006) listen unter anderem folgende Hinweise auf, die auf das Vorliegen einer Essstörung hindeuten können:

- Schnelle Gewichtsreduktion, häufig verbunden mit dem Versuch, diese durch das Tragen von weiter Kleidung zu verbergen
- Verzerrte Selbstwahrnehmung und ständiges Nörgeln an der eigenen Figur oder ständiges Vergleichen mit anderen meist schlanken Menschen
- Starke Nahrungseinschränkung und Kategorisieren von Lebensmitteln in »gut« und »schlecht«
- Chaotisches Essen und das Ausbleiben des Sättigungsgefühls
- Die betroffene Person geht häufig zur Toilette. Verschmutzung und Geruch nach Erbrochenem können auftreten (Erbrechen muss nicht hörbar sein)
- Körperliche Veränderungen, wie ständiges Frieren, Verletzungen im Mundwinkelbereich, trockene, schuppige Haut, brüchige Nägel und Haarausfall

- Sozialer Rückzug der Betroffenen, die vorher oft sehr beliebt gewesen sind
- Stimmungsschwankungen, auch in Verbindung mit zwanghaftem ängstlichen oder depressivem Verhalten
- Übertriebenes Sporttreiben

Entscheidend für den Pädagogen ist die Sensibilität für Veränderungen, die sich nicht im Rahmen der normalen Entwicklung erklären lassen. Im Einzelgespräch mit Betroffenen können Lehrer oder Erzieher ihre Beobachtungen sachlich thematisieren und ihrer Sorge Ausdruck verleihen, ohne durch vorschnelle Ratschläge oder Verurteilungen Druck auf die Schülerin auszuüben. Minderjährige Schüler müssen darauf hingewiesen werden, dass ein Elterngespräch unumgänglich ist. Zuerst bietet man aber der Schülerin die Möglichkeit, sie in einem selbst initiierten Gespräch mit den Eltern zu unterstützen. Gegebenenfalls können auch Hilfestellungen für den Erstkontakt zu einer Beratungsstelle angeboten werden.

Für ein Elterngespräch gelten die gleichen Rahmenbedingungen wie im Gespräch mit der Schülerin. Thematisiert werden die Auffälligkeiten im Verhalten und die Sorgen, die sich daraus ergeben. Der Hinweis für die Eltern, eine Fachperson hinzuzuziehen, ist wichtig. Falls man sich zu einem solchen Gespräch nicht in der Lage sieht, sollte man sich Unterstützung bei Beratungsstellen oder dem Schulpsychologen holen. In ganz seltenen Fällen erfolgt ein Entzug der elterlichen Sorge nach § 1666 BGB bei unkorrigierbarem elterlichen Fehlverhalten (Blanz et al., 2006).

Äußern Betroffene Suizidgedanken oder besteht der Verdacht auf einen Suizidversuch, ist schnelles Handeln unter Einbeziehung von Fachkräften von Nöten. Ansprechpartner findet man im Netz unter den oben genannten Adressen oder beim zuständigen Schulpsychologen.

Im Abschnitt »Methoden der Prävention und Therapie« sind Hinweise auf entsprechende Präventionsprogramme zu finden, die speziell für den Einsatz in der Schule entwickelt wurden. Besteht jedoch ein konkreter Verdacht für das Vorliegen einer Essstörung, sollte man unmittelbar auf das direkte Gespräch mit der Betroffenen und deren Familie setzen, da die Unterrichtsinhalte der Präventionsprogramme die Betroffenen an diesem Punkt vielleicht schon nicht mehr erreichen (BZgA, 2010). Hilfreich können Unterrichtsinhalte aus dem sozialen Bereich sein, die einem weiteren sozialen Rückzug der Betroffenen vorbeugen und die Klassengemeinschaft stärken.

Im Gespräch mit der Lehrerin hat die Mutter von Katharina erfahren, dass sie mit ihrer Sorge um Katharina nicht allein ist und professionelle Hilfe für ihre Tochter notwendig ist. Der Mutter wird dabei auch bewusst, dass sie aus Angst vor Schuldzuschreibungen schon viel zu lange mit der Suche nach Hilfe für ihre Tochter gewartet hat. Weil diese Hemmschwelle nach wie vor besteht, sucht die Mutter zuerst nach Hilfeangeboten im Internet und stößt auf das Online-Forum www.magersucht-online.de. Die dortigen Erfahrungsberichte anderer Familien machen ihr Mut und sie sucht nach einer nahegelegenen Anlaufstelle für Patientinnen mit Essstörungen. Katharina ist nach wie vor nicht bereit, über ihre Essgewohnheiten mit ihrer Mutter zu sprechen, willigt aber ein, mit ihrer Mutter den vereinbarten Termin in einem nahegelegenen Universitätsklinikum wahrzunehmen.

Nach dem Erstkontakt mit einem Arzt im Universitätsklinikum beginnt für Katharina und ihre Familie eine langwierige Therapiephase. Die Familie bekommt Informationen über Anorexie und den Teufelskreis, in der die betroffenen Familien stecken. Bereits dadurch werden Vorurteile und Schuldzuweisungen abgebaut und es kommt zu einer Entspannung innerhalb der Familie. Da die Anorexie bei Katharina noch nicht zu weit fortgeschritten und somit nicht lebensbedrohlich ist, beginnt für das Mädchen und ihre Familie eine ambulante Therapie. Katharina kann in diesen Vorschlag einwilligen, da sie so in ihrem gewohnten Umfeld bleiben und auch weiterhin die Schule besuchen kann. In den ersten Therapiesitzungen mit ihrem behandelnden Arzt wird Katharinas Therapiemotivation aufgebaut, ein Behandlungsplan erstellt und ein Behandlungsvertrag abgeschlossen, der eine langsame Gewichtssteigerung beinhaltet. Begleitend dazu sucht Katharina nach einigen Einzelstunden mit einer Ernährungsberaterin eine Gruppe mit gleichaltrigen betroffenen Mädchen auf, die gemeinsam mit der Ernährungsberaterin daran arbeiten, ihre Nahrung langsam und schrittweise wieder aufzubauen und so eine Erhöhung des Körpergewichts zu bewirken. Katharinas Eltern werden durch mehrere Einzelgespräche mit dem Therapeuten ihrer Tochter in die Behandlung einbezogen, was sehr zur Entspannung innerhalb der Familie und zum Schaffen eines günstigen Familienklimas als Grundlage für Katharinas Heilung beiträgt.

Da die Anorexie von Katharina früh durch geeignete Therapiemaßnahmen behandelt wird und die Familie gut in die Behandlung eingebunden ist, stehen Katharina und ihre Familie vor einem schwierigen, aber Erfolg versprechenden Weg in ein Leben ohne Essstörung.

Informationen und Hilfe sowie Möglichkeiten zum Austausch mit Betroffenen und Angehörigen findet man im Internet, zum Beispiel auf den folgenden Seiten:

www.bzga-essstoerungen.de
www.bapk.de
www.hungrig-online.de
www.nakos.de
www.magersucht.de
www.netzwerk-essstoerungen.ch

Literatur

Berger, U. (2006). Primärprävention bei Essstörungen. *Psychotherapeut, 51,* 187–196.
Berger, U. & Schick, A. (2009). Mit Barbie durch dick und dünn. *Gehirn und Geist,* 6, 46–52.
Blanz, B., Remschmidt, H., Schmidt, M. H. & Warnke, A. (2006). *Psychische Störungen im Kindes- und Jugendalter.* Stuttgart: Schattauer
Brunner, R., Schulze, U. & Resch, F. (2011). Essstörungen. In J. M. Fegert, C. Eggers & F. Resch (Hrsg.), *Psychiatrie und Psychotherapie des Kindes- und Jugendalters* (2. Aufl.). Heidelberg: Springer.
BZgA (2010). *Essstörungen. Leitfaden für Eltern, Angehörige und Lehrkräfte.* Bad Oyenhausen: K+W.
Dannigkeit, N., Köster, G. & Tuschen-Caffier (2005). Ist Primärprävention von Essstörungen langfristig wirksam. Ergebnisse zur Evaluation eines Trainingsprogramms an Schulen. *Zeitschrift für Gesundheitspsychologie, 13,* 79–91.
Friederich, H.-C. (2008). Medizinische Komplikationen bei Anorexia nervosa und Bulimia nervosa. In S. Herpertz, M. de Zwaan & S. Zipfel (Hrsg.), *Handbuch Essstörungen und Adipositas.* Heidelberg: Springer.
Gerlinghoff, M. & Backmeyer, H. (2007). *Ess-Störungen. Informationen für LehrerInnen aus dem TCE München.* Weinheim: Beltz.
Herpertz-Dahlmann, B. (2008a). Anorexia nervosa im Kindes- und Jugendalter. In S. Herpertz, M. de Zwaan & S. Zipfel (Hrsg.), *Handbuch Essstörungen und Adipositas.* Heidelberg: Springer.
Herpertz-Dahlmann, B. (2008b). Behandlung der Essstörungen im Kindes- und Jugendalter. In S. Herpertz, M. de Zwaan & S. Zipfel (Hrsg.), *Handbuch Essstörungen und Adipositas.* Heidelberg: Springer.
Jacobi, C., Thiel, A. & Paul, T. (2000). *Kognitive Verhaltenstherapie bei Anorexia und Bulimia nervosa* (2. Aufl.). Weinheim: Beltz.
Klicpera, C. & Gasteiger-Klicpera, B. (2007). *Psychische Störungen im Kindes- und Jugendalter.* Wien: Facultas
Pauli, D. und Steinhausen, H.-C. (2006). *Ratgeber Magersucht – Informationen für Betroffene, Eltern, Lehrer und Erzieher.* Göttingen: Hogrefe.
Steinhausen, H.-C. (2005*). Anorexia nervosa.* Göttingen: Hogrefe.

Verzeichnis der Internetquellen

American Psychiatric Association (APA) (2012). Proposed draft revisions to DSM disorders and criteria. Zugriff am 14.11.2012 unter
http://www.dsm5.org/proposedrevision/Pages/Default.aspx

AWMF (2010). *S3 – Leitlinie. Diagnostik und Therapie der Essstörungen.* Zugriff am 30.09.2012 unter
http://www.awmf.org/uploads/tx_szleitlinien/051-026k_S3_Diagnostik_Therapie_Essst%C3%B6rungen_2011-12_01.pdf

Robert-Koch-Institut (2007). *KiGGS – Elternbroschüre.* Zugriff am 30.09.2012 unter
http://www.kiggs.de/experten/downloads/dokumente/kiggs_elternbroschuere.pdf

9

Adipositas

Simone Gebhard

> **Fallbeispiel**
>
> Timos Wunsch ist es, wieder Fahrrad zu fahren, so wie sein Freund Maik, der fast jeden Nachmittag mit dem Fahrrad in die Stadt zum Fußballspielen mit Freunden fährt. Timo kommt schon seit längerer Zeit nicht mehr mit, weil er es sich nicht mehr zutraut, auf seinem Fahrrad zu fahren. Der Bus verkehrt nicht regelmäßig und Timos Mutter steht nachmittags kein Auto zur Verfügung. Der Aufforderung seiner Freunde, wieder mit zum Fußball zu kommen, kann er deswegen nicht folgen. Er denkt aber auch, dass sie ihn eigentlich nicht mehr in ihrer Mannschaft haben wollen, weil er es nicht schafft, die Bälle rechtzeitig zu stoppen oder sie dem Gegner abzujagen.
>
> Timo besucht die 8. Klasse der Realschule. In diesem Schuljahr dreht sich vieles darum, in einem Wunschberuf ein Praktikum zu machen. Seine Suche nach einem Praktikumsplatz in einer Autowerkstatt ist bisher erfolglos geblieben und er befürchtet, dass es auch mit seinem Berufswunsch nicht klappen wird. Bisher hat er diesen Gedanken verdrängt.

Timo ist 14 Jahre alt und bei einer Größe von 1,79 m wiegt er 136 kg. Sein Body-Mass-Index (BMI) liegt bei 42. Damit befindet er sich im Bereich der extremen Adipositas (Fettleibigkeit). Von seinen Freunden hat Timo sich bisher meist angenommen und wertgeschätzt gefühlt, was ihm geholfen hat, mit den mitleidigen oder gar angeekelten Blicken seiner Mitmenschen umzugehen, die er häufig spürt, sobald er das Haus verlässt.

Die Rückmeldungen nach seinen Anfragen für einen Praktikumsplatz machen ihm jedoch zu schaffen und auch die Erfahrungen mit seinen Freunden tragen dazu bei, dass er so nicht mehr weiter machen will. Im Gespräch mit seiner Mutter entschließen sich beide, einen Termin beim Kinderarzt zu vereinbaren. Dieser hat mit ihm oft über therapeutische Möglichkeiten für übergewichtige oder adipöse Kinder- und Jugendliche gesprochen.

9.1 Merkmale der Adipositas

Dem Störungsbild der Adipositas wird in den letzten Jahren aufgrund der ansteigenden Prävalenzraten deutlich mehr Beachtung geschenkt (Röbl und Lakomek, 2006). Das erhöhte Risiko von Folgeerkrankungen, insbesondere im Erwachsenenalter, befördert zunehmend präventive und therapeutische Anstrengungen bereits im Kindes- und Jugendalter (Hoffmeister et al., 2011).

Häufig werden die Begriffe übergewichtig und adipös trotz unterschiedlicher Bedeutung synonym verwendet. Von *Übergewicht* spricht man bereits, wenn das Körpergewicht oberhalb der Alters- und Geschlechtsnorm liegt, wohingegen von *Adipositas* die Rede ist, wenn von einer gesundheitsgefährdenden Vermehrung des Körperfettanteils auszugehen ist (Warschburger und Petermann, 2008a, S. 533). Hinzu kommt bei adipösen Kindern und Jugendlichen ein verstärktes Längenwachstum und Dehnungsstreifen der Haut an Oberschenkeln, Hüften usw., bei Jungen fällt die weibliche Brustentwicklung auf, wenn der Körperfettanteil steigt (ebd.).

Um den Anteil an Körperfett zu ermitteln, können verschiedene Verfahren zum Einsatz kommen (bspw. Hautfaltenbestimmung oder Computertomographie), die jedoch meist sehr aufwendig und kostenintensiv sind (Röbl und Lakomek, 2006). Es hat sich daher die Messung des BMI als Verfahren durchgesetzt, das kostengünstig und einfach zu handhaben ist und von der Arbeitsgemeinschaft Adipositas im Kindes- und Jugendalter empfohlen wird (AGA, www.a-g-a.de). Die Formel für die Errechnung des BMI lautet (Bray, 1978, zitiert nach Warschburger und Petermann, 2008b):

$$BMI = \frac{\text{Körpergewicht in Kilogramm}}{\text{Körperlänge in Metern x Körperlänge in Metern}}$$

Mit Hilfe dieser Formal kann zwar nicht der genaue Körperfettanteil gemessen werden, aber es liegt ein Schätzwert vor, der mit Hilfe der BMI-Normtabellen für Kinder- und Jugendliche von Kromeyer-Hauschild et al. (2001, S. 811) einen Vergleich ermöglicht. Die AGA (2009, S. 17) zieht die 90. Perzentile[14] als Schwellenwert für das Vorliegen von Übergewicht heran und spricht vom Vorliegen einer Adipositas, wenn die 97. Perzentile überschritten wird. Eine besonders schwere Form der Adipositas liegt ab einem Wert oberhalb der 99,5. Perzentile vor.

Bei der Adipositas wird zwischen einer *primären* und *sekundären* Form unterschieden, wobei Letztere auf genetische und endokrine Grunderkrankungen zurückgeht, was bei ca. 5% der Erkrankten der Fall ist (Warschburger, Petermann, Fromme, 2005). Auch wird eine *frühe* und *späte* Form der Adipositas unterschieden, wobei sich im Kindes- und Jugendalter drei kritische Phasen zeigen (ebd., S. 4):

- Im ersten Lebensjahr steigt der BMI stetig an
- Abnahme des BMI bis ca. 6 Lebensjahr und starke Zunahme ab dem 7. Lebensjahr (adiposity rebound)
- Jugendalter/Pubertät.

Optisch unterschieden werden kann der *gynoide* (weibliche Typ, auch Birnentyp genannt) vom *abdominalen* (männlicher Typ, auch Apfeltyp genannt) Typ (ebd.). Der weibliche Typ weist die Fettkonzentration eher im Hüftbereich auf, wohingegen der männliche Typ vermehrt Fettkonzentration im Bauchbereich zeigt.

Die auffälligen körperlichen Merkmale der Adipositas haben häufig Hänseleien bis hin zu sozialen Diskriminierungen zur Folge. Warschburger (2008) weist darauf hin, dass die negativen sozialen Bewertungen trotz der steigenden Anzahl an Betroffenen nicht rückläufig sind und Betroffene mit negativeren

---

14 Perzentilen sind Prozentangaben. Wird das Körpergewicht eines Kindes in Perzentilen ausgedrückt, bedeutet das, dass das Körpergewicht in Bezug auf das Körpergewicht der Altersgenossen angeben wird. Ein Körpergewicht auf der 90. Perzentile bedeutet, dass 10% der Kinder gleichen Alters und gleichen Geschlechts schwerer als das betreffende Kind sind.

sozialen Attributen in Verbindung gebracht werden, als dies bei Personen mit anderen körperlichen Einschränkungen der Fall ist. Schon Vorschulkinder bewerten betroffene Mitschüler als »dumm, faul und unbeliebt«, wenn ihnen entsprechende Körpersilhouetten vorgelegt werden (ebd., S. 269). Sind betroffene Kinder und Jugendliche häufig Hänseleien oder sogar körperlichen Formen der sozialen Ausgrenzung ausgesetzt, kann dies negative Auswirkung auf das körperliche und psychosoziale Wohlbefinden haben (ebd.). Solche Hänseleien stehen oft in Verbindung mit dem Übergewicht, gerade in Zusammenhang mit sportlichen Aktivitäten. Es kann ein Teufelskreis entstehen, wenn Betroffene bei sportlichen Aktivitäten vermehrt gehänselt werden, Sport und Bewegung deswegen gemieden wird und das Körpergewicht weiter steigt.

Ob psychische Störungen, die gemeinsam mit Adipositas auftreten können, deren Folge oder Ursache sind, wird kontrovers diskutiert. Warschburger und Petermann (2008a, S. 534) führen verschiedene Belege an, dass mit der Chronizität der Adipositas das Depressionsrisiko steigt, aber auch depressive jugendliche Frauen als Erwachsene ein höheres Gewicht aufweisen. Hier können künftig Längsschnittstudien mehr Aufschluss geben.

Da nicht grundsätzlich von psychopathologischen Auffälligkeiten ausgegangen wird, ist Adipositas keine Ess-, sondern eine Gewichtsstörung und somit nicht im **DSM-IV-TR** zu finden. Die **ICD-10** ermöglicht eine Klassifizierung von »psychogenem Übergewicht« als Essattacke bei den sonstigen psychischen Störungen (F.50.4) als Reaktion auf belastende Ereignisse und daraus resultierendem »reaktiven Übergewicht«. Abgegrenzt werden muss die Adipositas von der Bulimia nervosa und der Binge Eating Disorder[15], bei der Betroffene die typischen Heißhungerattacken einer Bulimie mit ausgeprägter Esspathologie zeigen, aber keine Kompensationsmaßnahmen wie Erbrechen und exzessivem Sport ergreifen (ebd., S. 535). Oft aber geht die Binge-Eating-Störung der Adipositas voraus (Brunner, Schulze und Resch, 2011).

Das Auftreten körperlicher Folgeerkrankungen ist empirisch belegt und wird bei Warschburger und Petermann (2008v, S. 6) übersichtlich dargestellt. Vor allem betroffen ist der Bereich von Herz und Atmung. Auch die Entstehung von Diabetes mellitus Typ II und Fettstoffwechselstörungen können durch Adipositas bedingt sein. Verschiedene Hauterkrankungen und Erkrankungen des Bewegungsapparates können hinzukommen. Die genannten Autoren (2008b, S. 6) beziehen sich weiterhin auf verschiedene Studien, die belegen, dass bei mindestens der Hälfte der betroffenen Kinder und Jugendlichen

---

15 Im DSM-V wird die BED als neues Störungsbild mit eigenen Forschungskriterien aufgenommen werden (APA, 2012).

eine Folgeerkrankung oder ein weiterer Risikofaktor zu finden ist, was auch dazu führt, dass die Lebenserwartung verringert und die Sterblichkeitsrate erhöht ist.

9.2 Häufigkeit und Verlauf

Adipositas im Kindes und Jugendalter ist weit verbreitet. Eine Studie des Robert Koch-Instituts zeigt, dass 15% der drei bis 17-Jährigen übergewichtig und 6,3% adipös sind (Kurth und Schaffrath Rosario, 2007, S. 738). 1975 lagen die Prävalenzraten bei 7- bis 14-Jährigen noch bei 10% Übergewicht bei Jungen und 11,7% Übergewicht bei Mädchen bzw. 5,3% Adipositas bei Jungen bzw. 4,7% Adipositas bei Mädchen. Zwischen den Geschlechtern finden sich keine nennenswerten Unterschiede, zwischen den unterschiedlichen Altersstufen allerdings schon, wie die folgende Übersicht belegt (ebd.):

Tab. 1: Übergewicht und Adipositas bei Jungen und Mädchen

Altersgruppe	Übergewicht		Adipositas	
	Mädchen	Jungen	Mädchen	Jungen
3–6 Jahre	9,3%	8,9%	3,3%	2,5%
7–10 Jahre	15%	16%	5,7%	7,0%
11–13 Jahre	19%	18%	7,3%	7,0%
14–17 Jahre	17%	17%	8,9%	8,2%

Die Ursachen für die steigenden Prävalenzraten finden sich u. a. im veränderten Ernährungs- und Bewegungsverhalten. Mensink, Schlack, Kurth und Hölling (2011) haben die Ergebnisse der **KiGGS-Studie** genauer analysiert und dabei festgestellt, dass deutsche Kinder und Jugendliche zu wenig Obst und Gemüse, dafür aber zu viele Süßigkeiten essen und zu viel gesüßte Erfrischungsgetränke trinken. Opper, Worth und Bös (2005) geben an, dass sich vor allem die Laufleistung und die Beweglichkeit der Kinder und Jugendlichen von 1975–2000 um 10% verringert haben.

Vergleicht man die Zahlen aus Deutschland mit denen anderer Länder, liegt Deutschland aber noch im »Mittelfeld«. Warschburger und Petermann (2008b, S. 3) führen an, dass die höchsten Prävalenzraten in Amerika zu finden sind. 20% aller Kinder und Jugendlichen dort sind übergewichtig, 10% adipös. Weltweit liegen die Prävalenz von Übergewicht bei ca. 10% und die der Adipositas bei 2–3%.

Warschburger und Petermann (2008b, S. 4) zitieren eine Studie von Srinivasan et. al. (1996), die zeigt, dass bei Kindern unter drei Jahren noch keine zuverlässige Prognose zur individuellen Entwicklung des BMI erfolgen kann. Bei Jugendlichen steigt die **Persistenzrate** auf 70–80%. Relativ zuverlässige Indikatoren für eine Persistenz bis ins Erwachsenenalter sind der frühe Beginn der Gewichtsstörung, extremes Übergewicht, Fortdauer der Adipositas bis nach der Pubertät, übergewichtige Eltern und ein früher adiposity rebound (s. o.) (Lehrke und Laessle, 2009).

9.3 Erklärungsansätze

Glaubt man den Versprechungen, die mit der steigenden Zahl von Diäten in Umlauf gebracht werden, müssten die Prävalenzraten der Adipositas schnell fallen. Im Zusammenhang mit der Entstehung von Adipositas ist zentral, dass dem Körper mehr Nahrung zugeführt wird, als er zur Deckung seines Energieverbrauchs benötigt. Es entsteht also eine positive Energiebilanz. Der Energieverbrauch wird dabei durch drei Größen bestimmt:

- Der *Grundumsatz* dient der Aufrechterhaltung aller lebenswichtigen Körperfunktionen (bspw. Herzschlag, Atmung) im Ruhezustand und macht mit ca. 55% einen Großteil des Gesamtenergieverbrauchs aus (Warschburger und Petermann, 2008b).
- Den Vorgang der »Verbrennung« der Nahrung zur Wärmebildung wird als *Thermogenese* bezeichnet und kann mit ca. 25% des Gesamtenergiebedarfs beziffert werden (ebd.)
- Die *körperliche Aktivität* macht ca. 20% des Energiebedarfs aus und meint alle Bewegungen des Körpers, die durch die Muskeln produziert werden und den Grundumsatz erhöhen (ebd.).

Der Energiebedarf wächst zugleich mit zunehmendem Körpergewicht, was in Folge auch einen größeren Appetit bedingt. Die Betroffenen kämpfen häufig gegen den Hunger an, was eine Gewichtsabnahme wiederum erschwert.

Verschiedene Faktoren erhöhen die Wahrscheinlichkeit einer Adipositas und stehen häufig in Wechselwirkung zueinander. Der Einfluss *genetischer*

Faktoren ist gut belegt. Studien zeigen, dass Kinder adipöser Eltern eine Wahrscheinlichkeit von ca. 80% haben, selbst adipös zu werden (Warschburger und Petermann, 2008b, S. 15). Vererbt wird offenbar nicht die Adipositas selbst, sondern eine Veranlagung (Prädisposition), darunter der Grundumsatz, die Körperzusammensetzung und die Appetitregulation (Lehrke und Laessle, 2009).

Nicht die *Menge*, sondern die *Zusammensetzung* der zugeführten Nahrung spielt eine weitere entscheidende Rolle. Die Ergebnisse der KIGGS-Studie bestätigten die Vorliebe adipöser Kinder für zuckerhaltige Getränke und fettreiche Nahrung (Mensink et al., 2011). Das Essverhalten spielt in diesem Zusammenhang eine wichtige Rolle, wobei vor allem die kognitive Dimension (z. B. Einstellung gegenüber bestimmten Nahrungsmitteln oder Informationen über deren Kaloriengehalt) und bestimmte Lernprozesse von besonderer Bedeutung sind (z. B. wenn sich verfestigt hat, dass Schokolade tröstet oder bei Stress Erleichterung verschafft). Warschburger und Petermann (2008b) berichten, dass adipöse Kinder Essen häufig als Bewältigungsstrategie in Stresssituationen einsetzen und somit Hunger als Auslöser für Essverhalten in den Hintergrund tritt.

Eine negative Energiebilanz durch erhöhte *körperliche Aktivität* trägt zur Gewichtsreduktion bei. Die körperliche Leistungsfähigkeit adipöser Kinder und Jugendlicher ist durch das hohe Körpergewicht reduziert, die fehlende sportliche Betätigung verhindert wiederum eine Gewichtsabnahme. Warschburger und Petermann (2008b, S. 20) verweisen auf die Chronifizierung der Adipositas durch starken Fernsehkonsum, der als ein Hauptgrund für körperliche Inaktivität gewertet wird. Krug, Jekauc, Poethko-Müller, Woll und Schlaud (2012) belegen mit einer Analyse spezifischer Ergebnisse der KIGGS-Studie, dass sich im Kindes- und Jugendalter ein positiver Zusammenhang zwischen körperlicher Aktivität und selbst eingeschätzter guter allgemeiner Gesundheit aufzeigen lässt.

Eltern wirken bei der Entstehung und Aufrechterhaltung der Adipositas als Mediatoren und Modelle für die Qualität der Ernährung, körperliche Aktivität und Fernsehkonsum (Lehrke und Laessle, 2009).

Andere Risikofaktoren liegen in einem *niedrigen sozioökonomischen Status* (bspw. wird diskutiert, dass Kinder sozialschwacher Eltern weniger Geld für sportliche Aktivitäten und hochwertige Nahrungsmittel ausgeben), *Makrosomie*[16], *Rauchen der Mutter während der Schwangerschaft, Nahrungsmittelüberschuss* und *mediale und soziale Einflüsse* (bspw. die Bewerbung von Nahrungsmitteln) in unserer Gesellschaft (Warschburger und Petermann, 2008b).

---

16 Der Begriff Makrosomie bezeichnet ein zu hohes Geburtsgewicht

9.4 Methoden der Prävention und Therapie

Leitlinien, wie sie für die Behandlung der meisten Störungsbilder im Kindes- und Jugendalter vorliegen, wurden für die Adipositas erstmals im Jahre 2000 von der AGA entwickelt und jährlich überarbeitet (Moß, Kunze und Wabitsch, 2011). Seit 2009 liegen Leitlinien vor, die Angaben zu präventivem und therapeutischem Vorgehen machen, deren Wirksamkeit empirisch gut belegt ist (AGA, 2009).

Eine möglicherweise wirksame primäre **Prävention** der Adipositas im Kindes- und Jugendalter beinhaltet diese möglichen Ansatzpunkte (Mensink et al., 2011): Schulen und Kitas erscheinen als Ort für die Prävention von Adipositas besonders geeignet zu sein, da sie Kinder und Jugendliche unabhängig von ihrer sozialen Schichtzugehörigkeit über einen langen Zeitraum erreichen und Verbindungen zur Familie und zum sonstigen Lebensumfeld der Kinder aufbauen. Schulen und Kitas sollten ernährungsbezogenes Wissen vermitteln z. B. in Form von gemeinsamem Kochen und gemeinsamen Mahlzeiten, auf eine gesteigerte körperliche Aktivität wie aktive Pausengestaltung und verschiedene Sportangebote und verminderte Fernsehzeiten hinwirken. Es soll neben der Verbesserung des Wissens auch eine Veränderung von Einstellung und Verhalten erzielt werden.

Die zentralen Elemente der kombinierten, multidisziplinären Adipositastherapie im Kindes- und Jugendalter sind die Ernährungs-, Bewegungs- und Verhaltenstherapie unter Einbeziehung der Familie bzw. der Bezugspersonen der Betroffenen mit dem Ziel der langfristigen Änderung des Lebensstils durch Ernährungsumstellung und gesteigerte körperliche Bewegung, um den Gewichtsstand nach einer erfolgten Gewichtsreduktion langfristig halten zu können (Moß et al., 2011).

Im Rahmen der *Ernährungstherapie* gilt es zu beachten, dass viele Diäten nur zu einer kurzfristigen Gewichtsabnahme führen, ohne den gewünschten Langzeiteffekt mit sich zu bringen. Anstelle einer radikalen Diät sollte also immer eine Ernährungsumstellung auf hypokalorische Mischkost[17] erfolgen, die eine negative Energiebilanz auf Grund reduzierter Energieaufnahme mit sich bringen muss. Lehrke und Laessle (2009) empfehlen, dass die Nahrung einen ausgewogenen Anteil an Fett (25–30%), Eiweiß (20–25%) und Kohlenhydraten (50–55%) enthalten soll. Möglichst energiefreie Getränke und pflanzliche Lebensmittel sollen reichlich zur Verfügung stehen, tierische Le-

---

17 Bei einer hypokalorischen Mischkost liegt die Energiezufuhr unter dem Verbrauch, wodurch eine Gewichtsreduktion erfolgen kann.

bensmittel sollte der Speiseplan nur mäßig und in fettarmer Variante enthalten und vor allem zucker- und fettreiche Lebensmittel dürfen nur in Maßen enthalten sein. Pro Tag sollten ca. 5 kleinere Mahlzeiten eingenommen werden.

Die *Bewegungstherapie* hat zum Ziel, den Energieverbrauch zu erhöhen, indem der Arbeitsumsatz erhöht wird, weil die Bewegung zu einer gesteigerten Verbrennung von Nahrung führt und auch der Grundumsatz mehrere Stunden nach der sportlichen Aktivität erhöht bleibt (Lehrke und Laessle, 2009). Eine Erhöhung der Muskelmasse führt langfristig dazu, dass der Grundumsatz gesteigert wird. Zu den günstigen Auswirkungen auf das Gewicht kommen eine Steigerung des Wohlbefindens und des Selbstwertgefühls hinzu, da sportliche Aktivitäten wieder leichter fallen und den Kindern helfen, sich aus dem Teufelskreis der Inaktivität zu befreien. Nicht zuletzt sind die positiven Auswirkungen der gesteigerten sportlichen Aktivität auf den Gesundheitszustand der Betroffenen zu nennen, die mit Adipositas assoziierte Krankheiten wie kardiovaskuläre Erkrankungen, Erkrankungen des Bewegungsapparats vorbeugen oder lindern können. Auch die soziale Integration der Kinder- und Jugendlichen kann begünstigt werden, wenn Sport als Gruppenaktivität betrieben wird. All diese positiven Effekte sollen den Betroffenen und ihren Angehörigen auch bewusst gemacht werden. Ganz entscheidend im Rahmen der Bewegungstherapie ist, dass die Kinder und Jugendlichen Freude an der Bewegung finden und ihre Ruheaktivitäten zugunsten einer aktiven Freizeitgestaltung verringern. Besonders geeignet für übergewichtige und adipöse Kinder sind Ausdauersportarten wie Rad fahren, Schwimmen oder Walking, vor allem, wenn sie durch das soziale Umfeld unterstützt werden.

Die dritte Säule der Adipositastherapie bilden die **verhaltenstherapeutischen** *Interventionen*. Das Ziel dieser Maßnahmen ist in erster Linie die Veränderung von ungünstigen Ernährungs- und Bewegungsgewohnheiten, aber auch die Bewältigung psychischer und sozialer Probleme, unter denen Kinder und Jugendliche mit diesem Krankheitsbild häufig leiden. Als verhaltenstherapeutische Techniken kommen oft Trainingsverträge, **Tokensysteme**, Problemlösetrainings, Rollenspiele und **Selbstinstruktion** zum Einsatz, die beim Aufbau von **Selbstmanagementfertigkeiten** helfen sollen (Warschburger und Petermann, 2008a). Entscheidend ist, dass ungünstige Verhaltensmuster analysiert werden und klar herausgestellt wird, wie sie als auslösende oder aufrechterhaltende Faktoren in Beziehung zum Krankheitsbild der Adipositas stehen. Es werden neue Selbstmanagementtechniken gelernt, die Betroffenen zu unterstützen, das eigene Ernährungs- und Freizeitverhalten bewusst zu gestalten und zu kontrollieren.

In allen drei Bereichen – Bewegung, Ernährung und Therapie – müssen die Eltern und das soziale Umfeld mit einbezogen werden, um die Betroffenen zu unterstützen und Veränderungen langfristig zu etablieren (vgl. dazu Moß et al., 2011; Lehrke und Laessle, 2009 und Warschburger und Petermann, 2008a/b). Kiess, Sergejev, Körner und Hebebrand (2011) halten eine Verbesserung der sozialen Integration und die Steigerung der Lebensqualität für besonders entscheidend im Rahmen der Therapie.

Das Trainingsmanual von Warschburger, Petermann und Fromme (2005) »Adipositas – Training mit Kindern und Jugendlichen« sowie das Trainingsmanual »Therapie der Adipositas im Kindes- und Jugendalter: die Schulungsprogramme OBELDICKS Light und OBELDICKS für übergewichtige und adipöse Kinder und Jugendliche« von Reinehr, Dobe und Kersting (2010) sollen hier beispielhaft genannt werden. Beide erstrecken sich über den Zeitraum von einem Jahr und beziehen das soziale Umfeld explizit mit ein.

Entscheidend für einen Therapieerfolg ist, dass die Teilnehmer hinreichend motiviert sind und dass die Therapeuten für den Einsatz geschult wurden (Singer et al., 2012).

9.5 Informationen für die Arbeit mit betroffenen Familien

Je jünger das Kind ist, desto wichtiger ist das Einbeziehen der Eltern bei der Bekämpfung von Übergewicht und Adipositas. Die Eltern tragen entscheidend zum Therapieerfolg bei, da sie die neuen Ess- und Bewegungsgewohnheiten des Kindes unterstützen können und nur so langfristige Erfolge erzielt werden (Petermann und Warschburger, 2007). Kinder können die eigene gesundheitliche Gefährdung oft noch nicht abschätzen und sind auf die Hilfe der Eltern angewiesen. Diese Zusammenhänge müssen mit Eltern im Rahmen einer Elternschulung thematisiert werden. Für die Unterstützung der Therapie nennen Petermann und Warschburger (2007, S. 29ff.) einige Grundregeln, die sich Eltern zu Beginn der Therapie bewusst machen sollten:

- Übergewicht von Kindern und Jugendlichen entsteht über einen langen Zeitraum. Das bedeutet, dass sich die Lebensbedingungen, vor allem das Ess- und Bewegungsverhalten der Familie schrittweise ändern müssen und sich das ganze Familienleben darauf einstellen muss.

- Die Eltern sind Vorbild für das Kind und müssen sich dessen bewusst sein. Kinder und Jugendliche haben nicht nur das elterliche Ess- und Bewegungsverhalten zum Vorbild, sondern erkennen auch, wie Eltern mit Stress umgehen, welche Einstellung sie gegenüber Ernährung haben und ob den Eltern Bewegung Freude macht.
- Um als Vorbild zu dienen, sollten sich Eltern selbst genau beobachten und die eigenen Ess- und Bewegungsgewohnheiten analysieren. Es ist für Eltern wichtig zu wissen, wie sie selbst Probleme lösen, ob sie z. B. bei Langeweile zu Süßigkeiten greifen oder echte Bewegungsmuffel sind.

Das Alter des Kindes entscheidet darüber, welche Rolle die Eltern im Therapieprozess spielen: jüngere Kinder können meist nur einfache Zusammenhänge verstehen (z. B. zuviel essen führt zu Übergewicht!), während ältere Kinder bereits komplexere Zusammenhänge (z. B. bezogen auf den Fett- und Zuckergehalt von Lebensmitteln) verstehen können. Auch der Zusammenhang »Ich muss mich regelmäßig bewegen, damit ich gesund und normalgewichtig bleibe« hat für Kinder noch wenig Bedeutung. Hier spielt die Freude an der Bewegung eine weit größere Rolle. Eltern können durch gemeinsame sportliche Aktivitäten oder das Umstellen von Bewegungsgewohnheiten – bspw. gemeinsam mit dem Fahrrad statt mit dem Auto zur Schule zu fahren – entscheidend dazu beitragen, dass die Kinder Freude an der Bewegung finden. Auch die Nahrungsmittelauswahl wird entscheidend durch die Eltern beeinflusst. Die Vorlieben der Kinder entstehen auf Grund des Nahrungsangebots zu Hause und können von den Eltern gesteuert werden. Hilfreich kann für Eltern auch sein, bewusst Familienregeln zu überdenken, neue Regeln in Bezug auf das Ess- und Bewegungsverhalten aufzustellen und deren Einhaltung konsequent zu verfolgen. Neue Regeln wie bspw. »Während des Essens wird nicht ferngesehen« oder »Beim Essen sitzen wir alle zusammen am Tisch« können viel bewirken.

Gründe, abnehmen zu wollen, liegen bei Kindern im Grundschulalter noch selten in der Einsicht, gesund und fit sein zu wollen. In erster Linie ist die soziale Anerkennung und Selbstbestätigung für sie wichtig. Gesundes Ernährungs- und Bewegungsverhalten bedarf also auch in dieser Altersspanne noch Lob, Anerkennung und entsprechender Vorbilder.

Jugendliche sind in der Lage, die Zusammenhänge zwischen Ernährung bzw. Bewegung und Übergewicht zu erkennen. In diesem Alter müssen Eltern bedenken, dass eine Einmischung ihrerseits oft zu Trotzreaktionen führt und Einfluss »wohldosiert und überlegt« (ebd., S. 35) erfolgen muss. Ihren Einfluss auf eine gesunde Ernährung können Eltern aber durch gemeinsames Essen von selbstgekochten Mahlzeiten im Familienkreis geltend machen.

Für alle Altersstufen raten Petermann und Warschburger (2007) den Eltern, ihre Kinder genau zu beobachten und so dem Therapeuten Hinweise für auslösende und aufrechterhaltende Faktoren der Adipositas liefern zu können.

9.6 Informationen zum Handeln in pädagogischen Kontexten

Kitas und Schulen spielen eine große Rolle im Rahmen der Therapie und Prävention der Adipositas. Gemeinsam mit dem Elternhaus können Pädagogen dafür sorgen, dass Kinder und Jugendliche in einem Umfeld aufwachsen, das von gesunder und bewusster Ernährung und körperlicher Aktivität geprägt ist. Der Schulalltag bietet dafür gute Möglichkeiten.

Präventionsprogamme für den schulischen Rahmen liegen bisher noch kaum vor. Lediglich »TOPP – Teenager ohne pfundige Probleme« von Sowa und Berger (2007) ist für die Schule entwickelt worden und speziell für Jungen mit Übergewicht konzipiert. Es sorgt dafür, dass Jungen mehr Bewegung in den Alltag integrieren können. Darüber hinaus beinhaltet es verhaltenstherapeutische Elemente, die den Jungen helfen sollen, mit Kritik an ihrer Figur selbstbewusst umzugehen (Sowa, 2008). Auch wenn spezielle Präventionsprogramme für alle Betroffenen noch fehlen, erlauben die oben aufgeführten Befunde die Rückschlüsse, dass die Schule sich im Rahmen der Prävention auf die Eckpfeiler Ernährung, Bewegung und soziale Integration stützen sollte. Die Zusammenhänge zwischen gesunder Ernährung und Bewegung wurden bereits dargestellt und einzelne Komponenten von Therapieprogrammen eignen sich auch für den schulischen Rahmen. Außerdem sind für den Bereich »Gesunde Ernährung«, teilweise auch in Verbindung mit dem Teilbereich »Bewegung«, bereits zahlreiche Unterrichtsmaterialien entwickelt worden, die sich für die Unterrichtsgestaltung eignen. Dass ein verstärkter Sportunterricht in Schulen und Kitas im Rahmen der Prävention von Übergewicht nicht ausreicht, zeigen die Ergebnisse der KIGGS- und der MoMo-Studie (Tittlbach et al., 2010). Nur ein Sportunterricht, der ganz gezielt auf eine Verbesserung der Gesundheit ausgerichtet ist und deutlich häufiger stattfindet als üblich, könnte Effekte für die Prävention mit sich bringen.

Im Rahmen der sozialen Integration von Kindern mit Übergewicht und Adipositas darf nicht das Thema »Körpergewicht« im Vordergrund stehen. Sinnvoll kann es sein, an einer Stärkung des Selbstwertgefühls aller Schüler zu arbeiten und den Umgang mit negativen Gefühlen zu thematisieren. Kinder- und Jugendliche können im Rahmen von Rollenspielen lernen, wie es sich anfühlt, Opfer von Hänseleien zu sein, bzw. was sie tun können, um aus dieser Rolle herauszukommen. Auch dazu finden sich Anregungen in den Therapieprogrammen, bspw. Sitzung 6 und 7 aus dem Programm »Adipositas im Kindes- und Jugendalter« von Lehrke und Laessle (2009), das in der zweiten Auflage vorliegt.

Wenn sich Kinder mit Übergewicht in der Obhut von Pädagogen befinden, ist immer das Gespräch mit den Eltern zu suchen. Beobachtungen zum Ess- und Bewegungsverhalten der Kinder und Jugendlichen müssen mit den Eltern ausgetauscht werden. Eventuell besteht auch ein Zusammenhang zwischen Übergewicht und der Integration in die Klassengemeinschaft sowie den schulischen Anforderungen, den die Eltern im Gespräch mit dem behandelnden Arzt thematisieren müssen. Warschburger und Petermann (2008b) weisen auch darauf hin, dass eine schulische Überforderung als aufrechterhaltender Faktor einer Adipositas in Betracht gezogen werden muss und die pädagogische Diagnostik Aufschluss geben kann, ob ein Klassen- oder Schulwechsel angesagt ist.

Im Gespräch mit dem Kinderarzt äußert Timo den Wunsch, gern an einem Therapieprogramm für übergewichtige und adipöse Kinder teilnehmen zu wollen. Die Mutter ist bereit, ihn darin zu unterstützen. Beide ahnen, dass ein langer Weg vor ihnen liegt, der erfolgreicher verlaufen kann, wenn Timo von seinen Eltern Unterstützung erhält. Der Arzt empfiehlt der Familie eine nahgelegene Therapieeinrichtung, die mit dem Therapieprogramm »Obeldicks« arbeitet. Vor dem Programmstart steht ein mehrwöchiges Bewegungsprogramm, das Timo mit der Unterstützung seiner Eltern absolviert und so seine Therapiemotivation beweist. Nach dem Bewegungsprogramm hat Timo bereits 9 kg abgenommen und dabei festgestellt, dass er sehr gern zum Schwimmen geht. Schwimmen hatte er bisher noch nie gemocht, da er sich für sein Körpergewicht geschämt hat und Hänseleien nicht ausgesetzt sein wollte. Die Schwimmeinheiten mit anderen Betroffenen verhelfen ihm dazu, sich zusammen mit Freunden im Schwimmbad zu bewegen und stellen eine echte Alternative zum Fußball dar.

Timo hofft darauf, im Laufe des Jahres seinen BMI auf mindestens 34 zu senken, was einer weiteren Gewichtsabnahme von 17 kg entsprechen würde. Mit Beginn des Therapieprogramms zeichnet sich für Timo die Chance ab, einen Praktikumsplatz beim Hausmeister der Einrichtung zu bekommen. Der Hausmeister ist auch für die Betreuung des hauseigenen Fuhrparks zuständig. Für Timo stellt diese Aussicht eine zusätzliche Therapiemotivation dar, da er so auch seinem Berufswunsch KFZ-Mechaniker ein kleines Stück näher kommen kann.

Informationen und Hilfe sowie Möglichkeiten zum Austausch mit Betroffenen und Angehörigen findet man im Internet, zum Beispiel auf den folgenden Seiten:

www.a-g-a.de
http://www.adipositas-gesellschaft.de
http://www.kompetenznetz-adipositas.de/kompetenznetz.html
http://www.ernaehrung-und-bewegung.de

Literatur

Brunner, R., Schulze, U. & Resch, F. (2011). Essstörungen. In J. M. Fegert, C. Eggers & F. Resch (Hrsg.), *Psychiatrie und Psychotherapie des Kindes- und Jugendalters* (2. Aufl.). Heidelberg: Springer.

Hoffmeister, U., Molz, E., Bullinger, M., von Egmond-Fröhlich, A., Goldapp, C., Mann, R., Ravens-Sieberer, U., Reinehr, T., Westenhöfer, J., Wille, N. & Holl, R. W. (2011). Evaluation von Therapieangeboten für adipöse Kinder und Jugendliche (EvAKuJ-Projekt). *Bundesgesundheitsblatt, 54,* 603–610.

Kiess, W., Sergejev, E., Körner, A. & Hebebrand, J. (2011). Ist eine Therapie der Adipositas im Kindes- und Jugendalter überhaupt möglich? *Bundesgesundheitsblatt, 54,* 527–532.

Kromeyer-Hauschild, K., Wabitsch, M., Kunze, D., Geller, F., Geiß, H.-C., Hesse, V., von Hippel, A., Jaeger, U., Johnsen, D., Korte, W., Menner, K., Müller, G., Müller, J. M., Niemann-Pilatus, A., Remer, T., Schaefer, F., Wittchen, H.-U., Zabransky, S., Zellner, K., Ziegler, A. & Hebebrand, J. (2001). Perzentile für den Body-Mass-Index für das Kindes- und Jugendalter unter Heranziehung verschiedener deutscher Stichproben. *Monatszeitschrift Kinderheilkunde, 149,* 807–818.

Krug, S., Jekauc, D., Poethko-Müller, C. Woll, A. & Schlaud, M. (2012). Zum Zusammenhang zwischen körperlicher Aktivität und Gesundheit bei Kindern und Jugendlichen. Ergebnisse des Kinder- und Jugendgesundheitssurveys (KiGGS) und des Motorik-Moduls (MoMo). *Bundesgesundheitsblatt, 55,* 111–120.

Kurth, B.-M. & Schaffrath Rosario, A. (2007). Die Verbreitung von Übergewicht und Adipositas bei Kindern und Jugendlichen in Deutschland. Ergebnisse des bundesweiten Kinder- und Jugendgesundheitssurveys (KiGGS). *Bundesgesundheitsblatt – Gesundheitsforschung – Gesundheitsschutz, 50,* 736–743.

Lehrke, S. & Laessle, R. G. (2009). *Adipositas im Kindes- und Jugendalter. Basiswissen und Therapie* (2. Aufl.). Heidelberg: Springer.

Mensink; G., Schlack; R., Kurth; B.-M. & Hölling, H. (2011). Welche Ansatzpunkte zur Adipositasprävention bietet die KiGGS-Kohorte? *Bundesgesundheitsblatt, 54,* 290–294.

Moß, A., Kunze, D. & Wabitsch, M. (2011). Evidenzbasierte Leitlinien der Arbeitsgemeinschaft Adipositas im Kindes- und Jugendalter zur Therapie der Adipositas im Kindes- und Jugendalter. *Bundesgesundheitsblatt, 54,* 584–590.

Opper, E., Worth, A. & Bös, K. (2005). Kinderfitness –Kindergesundheit. *Bundesgesundheitsblatt – Gesundheitsforschung – Gesundheitsschutz, 48,* 854–862.

Petermann, F. & Warschburger, P. (2007). *Ratgeber Übergewicht: Informationen für Betroffene, Eltern, Lehrer und Erzieher.* Göttingen: Hogrefe.

Reinehr, T., Dobe, M. & Kersting, M. (2010). *Therapie der Adipositas im Kindes- und Jugendalter: Die Schulungsprogramme OBELDICKS Light und OBELDICKS für übergewichtige und adipöse Kinder und Jugendliche* (2. Aufl.). Göttingen: Hogrefe.
Röbl, M & Lakomek, M (2006). Adipositas im Kindes- und Jugendalter. In P. Schauder & G. Ollenschläger (Hrsg.). *Ernährungsmedizin. Prävention und Therapie* (3. Aufl.). München: Elsevier.
Singer, V., Uysal, Y., Schaefer, A., Winkel, K., Lass, N., Kleber, M., Wolters, B. & Reinehr, T. (2012). Schulung Obeldicks für adipöse Kinder und Jugendliche. Einfluss der Motivation der Teilnehmer und der Ausbildung der Therapeuten auf den Erfolg. *Monatszeitschrift Kinderheilkunde, 160,* 1–6.
Sowa, M. (2008). TOPP für Jungs. In U. Berger (Hrsg.), *Essstörungen wirkungsvoll vorbeugen. Die Programm PriMa, TOPP und Torera zur Primärprävention von Magersucht, Bulimie, Fress-Attacken und Adipositas.* Stuttgart: Kohlhammer.
Tittlbach, S. , Sygusch, R., Brehm, W., Seidel, I. & Bös, K. (2010). Sportunterricht. Gesundheitschance für inaktive Kinder und Jugendliche? *Sportwissenschaft, 40,* 120–126.
Warschburger, P. (2008). Psychosoziale Faktoren der Adipositas in Kindheit und Adoleszenz. In S. Herpertz, M. de Zwaan & S. Zipfel (Hrsg*.), Handbuch Essstörungen und Adipositas.* Heidelberg: Springer.
Warschburger, P. & Petermann, F. (2008a). Adipositas. In F. Petermann (Hrsg.), *Lehrbuch der Klinischen Kinderpsychologie* (6. Aufl.). Göttingen: Hogrefe.
Warschburger, P & Petermann, F. (2008b). *Adipositas.* Göttingen: Hogrefe.
Warschburger, P, Petermann, F. & Fromme, C. (2005). *Adipositas. Training mit Kindern und Jugendlichen* (2. Aufl.). Weinheim: PVU.

Verzeichnis der Internetquellen

American Psychiatric Association (APA) (2012). Proposed draft revisions to DSM disorders and criteria. Zugriff am 14.11.2012 unter
http://www.dsm5.org/proposedrevision/Pages/Default.aspx
Arbeitsgemeinschaft Adipositas im Kindes- und Jugendalter (AGA) (Hrsg.). *Evidenzbasierte Leitlinie (S3) der AGA und der beteiligten medizinisch-wissenschaftlichen Fachgesellschaften, Berufsverbände und weiterer Organisationen* (2009). Zugriff am 12.10.2012 unter
www.aga.adipositas-gesellschaft.de/fileadmin/PDF/Leitlinien/Leitlinie-AGA-S3-2009.pdf
Arbeitsgemeinschaft Adipositas im Kindes- und Jugendalter (AGA) (Hrsg.). S2-*Leitlinien* (2011). Zugriff am 12.10.2012 unter
www.aga.adipositas-gesellschaft.de/fileadmin/PDF/Leitlinien/AGA_S2_Leitlinie.pdf

10

Ausscheidungsstörungen

Birte Hoffmann

> **Fallbeispiel**
>
> Als die Mutter den 8-jährigen Florian morgens weckt, sieht sie, dass sein Bett und der Schlafanzug wieder durchnässt sind. Genervt schickt sie ihn ins Bad und hält ihm dabei wie oft nach solchen Nächten eine Standpauke, in der sie ihm Vorwürfe macht, dass er doch kein kleines Kind mehr sei und schließlich früher nachts auch auf die Toilette gehen konnte.
>
> Florian war bereits mit 3;4 Jahren tagsüber und nachts trocken. In der sonstigen Entwicklung zeigte Florian keinerlei Auffälligkeiten. Florian lebt mit seiner älteren Schwester bei seiner Mutter, seine Eltern haben sich vor einem halben Jahr getrennt. Nach der Trennung zogen er, seine Schwester und die Mutter in eine neue Wohnung, 30 km vom früheren Wohnort entfernt in die Nähe seiner Großeltern, seinen Vater sieht Florian nur unregelmäßig.
>
> Kurz nach dem Umzug fing Florian an, nachts einzunässen. Die Mutter zeigte anfangs Verständnis und sagte, dass »so etwas ja mal vorkommen kann«. Die Abstände zwischen den zunächst vereinzelten »nassen Näch-

ten« wurden jedoch immer kürzer, was zu immer größeren Spannungen zwischen Florian und seiner Mutter führte. Florians Mutter hat inzwischen den Kinderarzt aufgesucht, der jedoch organische Ursachen ausschließen konnte.

10.1 Merkmale der Enuresis

Insbesondere Pädagogen in Kitas haben vermehrt mit »Windelkindern« zu tun, die noch häufig einnässen oder einkoten, und sind somit in die Sauberkeitserziehung verstärkt mit eingebunden. Bis zu einem Alter von 5 Jahren spricht man beim Einnässen oder Einkoten laut klinischer Diagnostik noch nicht von einem Störungsbild, es sei denn, die Kontrolle über die Ausscheidung wurde früher schon einmal stabil beherrscht (vgl. Gontard und Lehmkuhl, 2002).

Von Einnässen als Störungsbild wird gesprochen, wenn das Kind zum wiederholten Male seine Blase unwillkürlich am falschen Platz und zur falschen Zeit entleert und gleichzeitig keinerlei Hinweise auf organische Ursachen, wie z. B. eine Blasenfunktionsstörung vorliegen. Weiterhin müssen die körperlichen und kognitiven Voraussetzungen für die Blasenkontrolle gegeben sein. Nach den ICD-10-Kriterien muss dies zwei Mal im Monat (bei Kindern ab einem Alter von 7 Jahren ein Mal im Monat) über einen Zeitraum von mindestens drei Monaten auftreten, nach den DSM-IV-Kriterien sogar zwei Mal die Woche über den Zeitraum von drei Monaten.

Grundsätzlich unterscheidet man zwischen dem Einnässen tagsüber (Enuresis diurna) und dem Einnässen nachts (Enuresis nocturna) sowie zwischen einer primären und einer sekundären Enuresis. Bei der primären Enuresis hat das Kind die Blasenkontrolle nie erlernt, während das Kind bei einer sekundären Enuresis die Blasenkontrolle über mindestens sechs Monate schon einmal inne hatte und es dann zum erneuten Einnässen kam.

Häufiger ist das nächtliche Einnässen (Enuresis nocturna). Dort wird das Kind nachts auch dann nicht wach, wenn es große Urinmengen ablässt. Bei der sekundären Enuresis nocturna lässt sich tagsüber oft beobachten, dass das Kind versucht, den Harndrang aufzuhalten. Häufig liegen hier auch zusätzliche Erkrankungen im psychiatrischen Bereich vor (vgl. Blanz et al., 2006). Tritt das Einnässen sowohl tagsüber als auch nachts auf, zeigt das Kind meist tagsüber Entleerungsauffälligkeiten wie Drangsymptome (es zappelt herum, kneift die Beine zusammen, etc.), Besonderheiten bei der Blasenentleerung (keine vollständige Entleerung, etc.) oder aber ein Hinauszögern des Toilettengangs. Ungefähr dreiviertel der tagsüber einnässenden Kinder nässen auch nachts ein. Studien zufolge zeigen Kinder mit einer sekundären Enuresis nocturna, bei der sich auch tagsüber Drangsymptomatiken oder Aufschubverhalten zeigen, sowie bei Kindern, die tagsüber einnässen, im erhöhten Maße zusätzliche Verhaltensauffälligkeiten oder andere psychische Störungsbilder (vgl. Gontard und Lehmkuhl 2002). Der Leidensdruck bei letztgenannter Personengruppe ist erheblich höher, da zum einen der Toilettengang schon einmal beherrscht wurde und zum anderen das Einnässen tagsüber wesentlich bedeutsamer ist und mehr »in der Öffentlichkeit« steht. Während bei der Enuresis nocturna fast doppelt so viele Jungen wie Mädchen betroffen sind (vgl. ebd.), sind Mädchen häufiger von der sekundären Enuresis sowie dem Einnässen tagsüber betroffen und zeigen auch mehr psychische Auffälligkeiten (vgl. Blanz et al., 2006). Nach Gontard und Lehmkuhl (2002) konnten einige Untersuchungen aufzeigen, dass insbesondere Kinder mit einer primären Enuresis nocturna, bei der tagsüber keinerlei Auffälligkeiten von Blasenschwäche oder Drangsymptomatiken bestehen, die niedrigste Rate von begleitenden psychischen Störungen aufweisen.

Enuresis muss abgegrenzt werden von der so genannten funktionellen Harninkontinenz, die körperliche Gründe hat. Die funktionelle Harninkontinenz ist verbunden mit dringender und häufiger Harnentleerung, bei der dann nur ein Teil des Volumens abgelassen wird. Durch individuelle Gegenmaßnahmen versuchen betroffene Kinder dem entgegenzuwirken, z. B. indem sie die Beine zusammenkneifen, auch wachen sie häufiger nachts auf, um die Blase zu entleeren. In Kombination mit einer Enuresis nocturna kann es daher nachts zum mehrfachen Einnässen kommen.

10.2 Merkmale der Enkopresis

Von Einkoten (Enkopresis) als Störung spricht man beim wiederholten unwillkürlichen oder willkürlichen Absetzen von Kot an Orten, die dafür nicht vorgesehen sind. Dabei spielt die Menge keine Rolle. Von einer Störung wird gesprochen, wenn das Kind die Ausscheidung prinzipiell regulieren können müsste. Dies ist meist im 4. Lebensjahr der Fall, bei Kindern mit Entwicklungsstörungen später.

Nach ICD-10 spricht man dann von einem Störungsbild, wenn das Einkoten mindestens ein Mal im Monat bei einer Dauer von mindestens sechs

Monaten (nach DSM-IV: drei Monate) anhält und körperliche Ursachen ausgeschlossen werden können.

Die Erscheinungsformen der Enkopresis sind vielfältig und reichen von Einkoten, Wändebeschmieren, mit dem Kot spielen bis hin zum Beschmieren des eigenen Körpers. Aus Scham verstecken einige Kinder ihre Unterhosen an den unterschiedlichsten Stellen.

Auch beim Einkoten unterscheidet man zwischen der primären und der sekundären Form. Bei der primären Enkopresis wurde die Darmkontrolle noch nicht erlernt, während dies bei der sekundären Enkopresis schon einmal der Fall war, jedoch nach einigen Monaten erneut eingekotet wird.

Weiterhin unterscheidet man zwischen einer Enkopresis mit oder ohne Verstopfung (Obstipation). Enkopresis mit Verstopfung ist gekennzeichnet dadurch, dass das Kind seltener Stuhlgang hat. Wenn es dann jedoch Stuhlgang hat, sind es meist große Mengen, die das Kind absetzt. Vielfach ist dies mit Schmerzen verbunden. Bei Enkopresis ohne Verstopfung werden mehrmals täglich kleinere Mengen Stuhl abgesetzt, auch dies meist verbunden mit Schmerzen oder Bauchweh vorab.

Insgesamt gilt es zu unterscheiden, ob die Enkopresis isoliert auftritt oder ob sie als Symptom eines umfassenden emotionalen Störungsbildes einzuordnen ist.

Wie Kinder mit dem Einkoten umgehen ist sehr unterschiedlich: Einige nehmen kaum Notiz davon, was ein Hinweis dafür sein kann, dass die Störung schon zu einer festen Gewohnheit geworden ist. Manche Kinder schämen sich und ziehen sich eher zurück, andere Kinder wiederum reagieren aggressiv oder wollen behandelt werden und die pflegerische Aufmerksamkeit bekommen wie ein kleines Kind. Teilweise zeigen Kinder mit Enkopresis auch eine Abneigung gegen öffentliche Toiletten oder Ekelgefühle, wenn sie auf fremde Toiletten gehen sollen oder sich nach dem Einkoten selbst waschen müssen.

Die meisten Kinder, die im 4. Lebensjahr noch nicht kontinent sind, zeigen auch in ihrem Verhalten Auffälligkeiten. 40% der Betroffenen nässen ebenfalls ein (vgl. Blanz et al., 2006)

10.3 Häufigkeit und Verlauf

Enuresis nocturna ist 2–3 Mal häufiger anzutreffen als das Einnässen tagsüber. Sind im Alter von 5 Jahren noch 15,7% der Kinder davon betroffen, so nimmt die Rate der betroffenen Kinder im Laufe der Jahre zunehmend ab.

Im Alter von 10 Jahren liegt die Prävalenz bei 2,5%, bei Jugendlichen liegt die Rate bei 1–2% (vgl. von Gontard und Lehmkuhl, 2002). Grundsätzlich tritt die primäre Enuresis nocturna häufiger auf als die sekundäre Enuresis nocturna: »Die sekundäre Enuresis nocturna hat einen Häufigkeitsgipfel von 7 Jahren (5,1%) und ist zu diesem Alter gleich häufig wie die primäre Enuresis (5,2%)« (Gontard und Lehmkuhl 2002, 10). Das Einnässen tagsüber tritt im Vergleich zum nächtlichen Einnässen seltener auf. Hier liegen weitaus weniger genaue Prävalenzdaten vor. Im Gegensatz zum nächtlichen Einnässen sind Mädchen etwas häufiger betroffen als Jungen (bis zu 1,5 Mal). Hier zeigen sich auch die größten transkulturellen Unterschiede in den einzelnen Studien aus verschiedenen Ländern. Durchschnittlich sind ca. 2% der 5-jährigen Kinder betroffen, und die Ausscheidungsstörung erreicht ihren Höhepunkt bei 8-Jährigen mit 4,0%. Die Rate fällt im Laufe der nachfolgenden Jahre auf unter 1% bei Jugendlichen (vgl. von Gontard und Lehmkuhl, 2002).

Petermann und Petermann (2002) zitieren eine Studie von Fergusson et al. aus dem Jahre 1986, aus der hervorgeht, dass ein dreieinhalbfach höheres Risiko einer sekundären Enuresis nocturna bei Kindern besteht, die die Blasenkontrollfunktion erst im Alter von fünf Jahren beherrschen, im Vergleich zu Kindern, die diese Funktion schon mit drei Jahren erlernt haben.

Die Prävalenzrate bei der Enkopresis fällt je nach Autor sehr unterschiedlich aus. Büse-Kastner et al. beschreibt unter Hinzuziehung verschiedener Autoren (u. a. Heinemann und Hopf, 2001; Gontard, 2007; Schmid-Boß, 2005), dass unter den 7-Jährigen zwischen 1,5 und 3% der Kinder betroffen sind. Einheitlichkeit herrscht bei der Geschlechterverteilung: Jungen sind bis zu 3,5 Mal häufiger betroffen als Mädchen (vgl. Büse-Kastner et al., 2010).

Grundsätzlich geht sowohl die Enuresis als auch die Enkopresis mit zunehmendem Alter zurück. Die Rücklaufrate beträgt bei der Enuresis nocturna jährlich 13%. Diese Prognose kann durch therapeutische Maßnahmen verbessert werden.

10.4 Erklärungsansätze

Die genetische Komponente bzw. eine familiäre Häufung ist bei Enuresis nicht selten. Petermann und Petermann (2002) fassen eine Studie von Järvelin (1989) dazu so zusammen, dass bei 75% der Kinder mit Enuresis mindestens ein Elternteil in der Kindheit ebenfalls eingenässt hat. Das Risiko, dass das

Kind eine Enuresis entwickelt, steigt um das Siebenfache, wenn der Vater in der Kindheit diese Problematik vorwies, und um das Fünffache, wenn die Mutter betroffen war.

Zu den biologischen Ursachen zählen zum einen eine geringere Blasenkapazität, die auf eine instabile Blasenwandstruktur zurückzuführen ist. Zum anderen zählt hierzu eine übermäßige nächtliche Blasenentleerung, bedingt durch den Mangel eines Hormons, das für die Verringerung der Wasserausscheidung aus der Niere verantwortlich ist. In letzterem Fall kann das Blasenvolumen nachts um das Vierfache überschritten werden und führt somit zu einem unwillkürlichen Harnabgang. Eine vorliegende Störung der Harnentleerung kommt ebenfalls als biologischer Erklärungsansatz in Betracht und sollte vom Arzt ausgeschlossen werden.

Als letztes ist unter den biologischen Erklärungsansätzen die Schlaftiefe zu erwähnen. In einer Studie von Nevéus, Läckgren, Stenberg und Hetta (1998) konnte nachgewiesen werden, dass Kinder, die an einer Enuresis litten, im Vergleich zu ihren Altersgenossen tieferen Schlaf bei unauffälliger Gesamtschlafarchitektur[18] haben (zit. nach Petermann und Petermann 2002). Daher liegen zwei Möglichkeiten nahe: entweder wird der Blasenentleerungsreflex nachts nicht ausreichend unterdrückt oder die volle Blase führt nicht zu einem Wecksignal (vgl. Gontard und Lehmkuhl 2002). Beides sind Störungen mit einer zentralnervösen Ursache.

Bei der sekundären Enuresis treten gehäuft **komorbide** psychische Störungen auf. So können insbesondere kritische Lebensereignisse eine sekundäre Enuresis mitbedingen. Dies bestätigte auch die Studie von Fergusson (1986 – zitiert nach Petermann und Petermann, 2002). Hierzu zählen beispielsweise die Geburt eines Geschwisters, Krankheit oder Trennung der Eltern, Wohnortwechsel oder ähnliche Ereignisse. Rutter (1989) führte eine Längsschnittstudie auf den Isle of Wright durch und konnte eine Häufung von Einnässen bei solchen Kindern nachweisen, die psychosozialem Stress ausgesetzt und sozial benachteiligt waren (vgl. Petermann und Petermann, 2002).

Die Darmkontrolle wird in der Regel im 4. Lebensjahr erreicht. Verzögert sich diese Entwicklung derart, dass von einem klinisch relevanten Störungsbild einer Enkopresis gesprochen werden muss, so lassen sich biologische und psychosoziale Faktoren als Erklärungsansätze heranziehen.

Kinder, die aufgrund von Verstopfung beim Stuhlgang häufiger Schmerzen empfinden, versuchen, diesen Schmerz zu vermeiden und den Stuhl möglichst lange einzuhalten. Dadurch wird der Darm nicht rechtzeitig entleert und es kann ein Ursache-Wirkungs-Kreislauf bei der Enkopresis entstehen. Ursäch-

---

18 Abfolge der Schlafphasen

lich spielen dabei in vielen Fällen biologische Faktoren eine Rolle. Kinder, die ein größeres Enddarmvolumen benötigen, um zu spüren, dass der Darm entleert werden muss, laufen eher Gefahr, in diesen Teufelskreis zu geraten (vgl. Petermann und Petermann, 2002).

Psychosoziale Faktoren können einen weiteren erheblichen Einfluss auf die Entstehung und den Verlauf der Enkopresis haben. Als erstes ist dabei die Sauberkeitserziehung als Stressfaktor zu nennen: Wird die Sauberkeitserziehung von den Eltern sehr streng gehandhabt und ist sie für das Kind mit Ängsten, z. B. aufgrund von Bestrafungen bei misslingender Darmkontrolle, verbunden, so ist das Risiko einer Enkopresis erhöht. Zusätzlich zur Enkopresis zeigen diese Kinder gehäufter oppositionelles Verhalten (wie z. B. Kotschmieren) oder sehr ängstliches Verhalten. Während Petermann und Petermann (2002) auch eine zu frühe Reinlichkeitserziehung für die Entwicklung einer Enkopresis verantwortlich machen, weisen Blanz et al. (2006) diese Behauptung zurück.

Als starker Risikofaktor für die Entwicklung einer Enkopresis gilt psychischer Stress innerhalb der Familie. Dies können z. B. die Geburt eines Geschwisterkindes sein, die Trennung der Eltern, der Tod eines Elternteils oder ähnliche Ereignisse.

10.5 Methoden der Prävention und Therapie

Bei einer vorliegenden Ausscheidungsstörung (Enuresis und Enkopresis) besteht das Ziel einer psychotherapeutischen Intervention darin, dass die Kinder die Blasen- bzw. Darmkontrolle erlernen. Um eine Behandlung erfolgreich durchführen zu können, ist es von großer Bedeutung, dass Kinder und Eltern im vollen Umfang hinter der Erreichung dieses Ziels stehen. Günstig wirkt sich aus, wenn die Kinder das Prinzip der Blasen- und Darmkontrolle verstehen, um ablaufende Prozesse sowie die Hintergründe verschiedener Maßnahmen nachvollziehen zu können.

Zunächst ist es wichtig, dass physische Ursachen für die Ausscheidungsstörung ausgeschlossen werden (z. B. Blasenentzündung, Darmerkrankung, etc.). Auch mögliche Entwicklungsstörungen sollten abgeklärt werden.

Die Aufklärung der Eltern über das Störungsbild steht ganz am Anfang. Danach erfolgt eine umfangreiche Anamnese, in der Beginn und Verlauf der Störung erfasst und folgende Parameter erhoben werden:

- Die durchschnittliche Urin- oder Stuhlmenge?
- Wird das Kind nachts vom Einnässen wach?
- Wie sieht die Urin- und Stuhlausscheidung grundsätzlich aus (muss gepresst werden, ist sie mit Schmerzen verbunden etc.)?
- Wie erklären die Eltern bzw. das Kind die Störung?
- Was wurde bislang unternommen?

Ein wichtiges Kriterium für eine erfolgreiche Behandlung ist die Übernahme von Verantwortung durch das Kind. Bevor therapeutische Maßnahmen ergriffen werden, sollte das Kind zunächst angehalten werden, durch Bekräftigung der Eltern und zunehmender Selbstkontrolle die Blasenkontrolle zu erreichen. Dies ist bei 25% der betroffenen Kinder erfolgversprechend, die nicht mehr als drei Mal wöchentlich einnässen und in einem Alter sind, in dem sie über dieses Thema reden und sich kognitiv mit der Thematik und Problematik auseinandersetzen können. Zusammen mit den Eltern wird ein fester Zeitpunkt bestimmt, zu dem das Kind seinen Erfolg der Blasenkontrolle notiert. Jedes Trockensein sollte von den Eltern unmittelbar gelobt werden, ein Verstärkungssystem kann zusätzlich motivierend für das Kind sein. Wenn das Kind einnässt, sollte keine Bestrafung erfolgen. Die Verantwortung des Kindes besteht darin, die Bettwäsche oder eingenässte Kleidung selbständig zu wechseln, wobei die Eltern das Kind dabei unterstützen dürfen, ohne es dem Kind jedoch abzunehmen. Stellt sich ein Erfolg von 14 aufeinanderfolgenden trockenen Tagen bzw. Nächten ein, so wird mit dieser Methode fortgefahren, bis insgesamt vier trockene Wochen erreicht werden. Zeigt hingegen diese Methode nach sechs Wochen immer noch keinen Erfolg, so sollte sie abgebrochen werden und über andere Maßnahmen gesprochen werden.

Eine empirisch gut bewährte Methode ist das Training mit einem Enuresis-Alarm-Gerät, das insbesondere beim nächtlichen Einnässen eingesetzt wird. Als Betteinlage oder sogenannte »Klingelhose« warnt es das Kind durch ein akustisches Signal, sobald Urin ins Bett oder in die Unterwäsche abgelassen wird. Nach dem Prinzip des operanten Konditionierens soll das Kind lernen, dass durch das unangenehme Signal und die damit verbundene Unterbrechung des Schlafes die unwillkürliche Blasenentleerung vermieden werden kann. Da viele Kinder mit Enuresis einen tieferen Schlaf haben als andere Kinder, kann es passieren, dass sie vom Wecksignal nicht wach werden. Hier ist es wichtig, dass die Eltern das Kind aufwecken und zum Toilettengang sowie zur vollständigen Blasenentleerung auf der Toilette auffordern. Der Einsatz des Klingelgerätes soll so lange erfolgen, bis 14 trockene Tage oder Nächte erzielt wurden. Bei 75% der Kinder wird dies innerhalb von acht Wochen erreicht, jedoch ist die Rückfallquote mit 40% im ersten halben Jahr extrem hoch.

In Kombination mit dem Alarm-Gerät kann in schweren Fällen der Enuresis über ein Intensivtraining nachgedacht werden. Dieses erfordert hohe Disziplin und wird in der Regel stationär von Fachleuten durchgeführt. Das Kind wird angehalten, vor dem Schlafengehen viel zu trinken. Gleichzeitig sind regelmäßige Weckzeiten über die Nacht verteilt festgelegt, in denen das Kind die Blase entleeren muss. Gibt das Kind an, die Blasenentleerung bis zur nächsten Weckzeit aufschieben zu können, darf es weiterschlafen. Nach und nach werden die Weckzeiten immer mehr reduziert. Sollte es jedoch zu einem Rückfall kommen, beginnt das Training von vorne. Die Erfolgsquote dieser Methode liegt innerhalb von vier Wochen bei 80%, die Rückfallquote bei 30%.

Eine Form der pharmakologischen Therapie besteht in der Gabe des körpereigenen Hormons Arginin-Vasopressin (AGH), das die nächtliche Harnbildung verringert. Aufgrund seiner toxischen Wirkung bei Überdosierung und einer Rückfallquote von 50% sollte davon jedoch nur in absoluten Ausnahmefällen Gebrauch gemacht werden (vgl. Blanz et al., 2006). Die volkstümliche Ansicht, dem Kind weniger zu trinken zu geben und durch Flüssigkeitsreduktion oder aber das präventive »Auf-Toilette-Schicken« des Kindes dem Einnässen entgegenzuwirken, erzielt im Übrigen keinen Effekt (vgl. Blanz et al. 2006)

Bei der Enkopresis haben sich verhaltenstherapeutische Strategien als wirksam erwiesen. So wird das Kind beim Toilettentraining von den Eltern dazu angehalten, nach den Mahlzeiten die Toilette für eine festgelegte Zeit aufzusuchen und dabei zur Darmentleerung ermutigt. Ein Belohnungssystem soll das Kind dazu anregen, die erwünschten Erfolge zu festigen und beizubehalten. Die Belohnung kann dabei unmittelbar und direkt nach einem erfolgreichen Toilettengang erfolgen oder anhand eines Punktesystems angelegt sein. Eine weitere Belohnung, auch in Form von Lob und positiver Bestärkung, sollte geschehen, wenn es das Kind schafft, zwischen den festgelegten Toilettenzeiten sauber zu bleiben. Nicht erwünschtes Verhalten wird hingegen nicht beachtet.

Eine medikamentöse Therapie für die Enkopresis ohne Verstopfung wird nicht angewendet, da sie keine Erfolge erzielt (vgl. Blanz et al., 2006). Auch bei der Enkopresis mit Verstopfung wird auf medikamentöse Therapien verzichtet, lediglich kann versucht werden, den Stuhl durch Gabe von Lactulose oder Klistiers aufzuweichen.

10.6 Informationen für die Arbeit mit betroffenen Eltern

Für Eltern ist eine Ausscheidungsstörung ihres Kindes ein sensibles Thema. Der Volksmund sagt, dass wenn das Kind einnässt, »die Seele weint«, und spricht damit die psychische Komponente an, die die Ausscheidungsstörung betreffen kann. Viele Eltern befürchten, dass ihr Erziehungshandeln Ursache der Ausscheidungsstörung ist oder andere dies vermuten, wenn pädiatrische oder urologische Untersuchungen ergebnislos bleiben. Wäre es doch für die Familie ein leichteres – im Sinne einer Ent-Schuldigung –, wenn man die Ausscheidungsstörung auf eine organische Ursache allein zurückführen könnte (vgl. Düwell et al., 2011).

Daher ist es wichtig, Eltern vorurteilsfrei und sensibel gegenüber zu treten und sie über das Störungsbild sachlich zu informieren, ohne zu werten oder zu urteilen. In vielen Fällen ist es ratsam, das Kind dabei mit einzubeziehen. Bei der Aufklärung sollten den Eltern die Erklärungsansätze und erfolgversprechenden Ansätze zur Behandlung der Ausscheidungsstörung erläutert und vor allem die Wichtigkeit ihrer Mithilfe betont werden. Dazu gehört insbesondere, dass ihnen und dem Kind Mut gemacht wird, dass die Störung behebbar ist und der Erfolg maßgeblich davon abhängig ist, wenn von Bestrafungen bei Misserfolgen abgesehen wird. Stattdessen sollten die Eltern motiviert werden, das erwünschte Verhalten zu loben und positiv zu verstärken.

Im Gespräch mit den Eltern werden dann mögliche psychosoziale Stressfaktoren thematisiert. Häufig entsteht dabei ein Teufelskreislauf, den es zu durchbrechen gilt: Das plötzliche Einnässen oder Einkoten führt zu neuen bzw. weiteren Spannungen innerhalb der Eltern-Kind-Beziehung und zu einer Verstärkung der ohnedies schon vorhandenen familiären Belastungssituation. Grundsätzlich sollte die Eltern-Kind-Beziehung unterstützt werden, die sich möglicherweise durch das Störungsbild verändert hat z. B. durch gemeinsame Aktivitäten von Eltern und Kind.

Im Gespräch mit Eltern ist es sinnvoll herauszufinden, wie lange die Symptomatik bereits besteht und ob sie schon einmal unterbrochen war. Auch die Auftretenshäufigkeit sollte abgefragt werden, damit es einen Anhaltspunkt gibt, wie ausgeprägt die Störung ist.

Die Kooperation mit den Eltern spielt eine wichtige Rolle, wenn bei der Durchführung eines Toilettentrainings bestimmte Zeiten festgelegt wurden, zu denen das Kind die Toilette aufsuchen soll. Lehrer oder Erzieherinnen in Schule und Kita können dies unterstützen, indem sie das Kind beispielsweise daran erinnern bzw. den Toilettengang gewähren. Die Weitergabe von Informationen an die Eltern z. B. zum Kita- oder Schultag und welche Erfolge und Misserfolge verzeichnet werden konnten, sollte möglichst stattfinden. Möglicherweise ist es sinnvoll, den Eltern eine kurze schriftliche Notiz mitzugeben, da gerade bei Schulkindern der Elternkontakt doch geringer ist als bei Kitakindern. Auf diesem Weg wissen die Eltern, ob bestimmte Maßnahmen erfolgreich waren (beispielsweise beim Toilettentraining, wo es wichtig ist, 14 trockene Tage und Nächte zählen zu können).

Bei Kindern mit einer Enkopresis ist zudem abzuklären, ob sich das Kind vor der Schultoilette ekelt. Wenn dies der Fall ist, wäre beispielsweise die Benutzung der weniger frequentierten und meist saubereren Toilette für das pädagogische Personal in Erwägung zu ziehen.

10.7 Informationen zum Handeln in pädagogischen Kontexten

Ausscheidungsstörungen, insbesondere die sekundäre Enkopresis sowie die sekundäre Enuresis und Enuresis diurna, sind häufig verbunden mit vorangegangenen psychischen Belastungen, denen das Kind ausgesetzt ist. Das Einnässen oder Einkoten geschieht nicht mit einer böswilligen oder provozierenden Absicht, wenngleich das Verhalten des Kindes nach dem Einnässen oder Einkoten durchaus diesen Anschein erwecken kann. Zwar mag es schwer fallen zu verstehen, weshalb das Kind mit Kot schmiert, doch wichtig ist hier, in einem solchen Verhalten die dahinter stehenden Bedürfnisse des Kindes zu begreifen. Möglicherweise leidet das Kind darunter, dass ein Geschwisterkind geboren wurde. Ein solches Verhalten könnte daher Ausdruck sein, sich die Aufmerksamkeit wieder zu holen, und ist als Lösungsversuch zu verstehen.

Da sich viele Kinder schämen, wenn die Hose wieder nass ist oder Kot in die Hose gegangen ist, ist ein verständnisvoller Umgang damit von großer Bedeutung. Wichtig ist es, das Kind nicht zu bestrafen oder für sein Einnässen bzw. Einkoten auszuschimpfen. Ausreichend Wechselwäsche im Schrank des Klassenzimmers oder der Kitagruppe zu deponieren sowie den Vorfall möglichst diskret gegenüber den anderen Kindern zu handhaben, sind weitere unterstützende Faktoren, dem Kind die unangenehme Situation zu erleichtern und nicht noch weitere zusätzliche Belastungsfaktoren hinzuzufügen. Um einer Stigmatisierung des Kindes in der Kitagruppe, Schulklasse, Heimgruppe etc. vorzubeugen, sollte ein unaufgeregtes und entspanntes Reagieren auf das Einnässen erfolgen, insbesondere dann, wenn es andere Kinder mitbekommen. Hier ist es von zentraler Bedeutung, mit welcher Nachdrücklichkeit und Konsequenz der Pädagoge Sticheleien oder Hänseleien und Tendenzen der Ausgrenzung und Diskriminierung des betroffenen Kindes verhindert.

In diesem Zusammenhang ist bei Landschulaufenthalten auch darauf zu achten, dass das Kind ein Einzelzimmer bekommt oder aber mit einem verständnisvollen Freund das Zimmer teilt. Die Mitnahme von geeigneten Bettunterlagen und Wechselbettwäsche sollte unbedingt mitbedacht werden.

Der Kinderarzt nimmt sich Zeit für ein langes Gespräch mit Florian und seiner Mutter. Es wird deutlich, dass Florian die Trennung und die damit verbundenen Veränderungen als sehr belastend erlebt hat. Gleichzeitig hat er ein schlechtes Gewissen gegenüber seinem Vater und gegenüber seiner Mutter.

Der Kinderarzt schlägt vor, dass die Eltern sich gemeinsam mit der Klärung von Besuchszeiten und zur Erarbeitung grundlegender Erziehungsregeln an einer Erziehungsberatungsstelle besprechen. Florian bekommt den Auftrag, Tagebuch zu führen. Dort werden wichtige Erlebnisse – positive und negative – täglich notiert und festgehalten, ob es eine »trockene« Nacht war oder nicht.

Die gemeinsame Sorge um das Wohlergehen von Florian konnte die Eltern dazu bewegen, Familiengespräche zu beginnen. Florian hat seit Beginn dieser Gespräche keine nasse Nacht mehr erlebt.

Literatur

Blanz, B., Remschmidt, H., Schmidt, M. H., Warnke, A. (2006). *Psychische Störungen im Kindes- und Jugendalter. Ein entwicklungspsychopathologisches Lehrbuch.* Stuttgart: Schattauer, 174 – 178; 179 – 182

Büse-Kastner, M., Dillhoff, K., Held, U. (2010). Leitlinie Enkopresis. *Analytische Kinder- und Jugendpsychotherapie (AKJP), Heft 148,* 133 – 146

Düwell, H., Haar, R., Kalb, G., Neumann, B (2011). Leitlinie Enuresis. *Analytische Kinder- und Jugendpsychotherapie (AKJP), Heft 151,* 399 – 409

Fuhrmann, P., Schreiner-Zink, S. & v. Gontard, A. (2008). Störungen der Ausscheidung: Einnässen und Einkoten. In F. Petermann, F. & U. Petermann, U., *Lehrbuch der Klinischen Kinderpsychologie.* Göttingen: Hogrefe.

von Gontard, A., Lehmkuhl, G. (2002). *Enuresis. Leitfaden Kinder- und Jugendpsychotherapie.* Göttingen: Hogrefe-Verlag.

11

Selbstverletzendes Verhalten

Birte Hoffmann

> **Fallbeispiel**
>
> Mellina ist 14;7 Jahre alt und geht auf das örtliche Gymnasium. Sie lebt zusammen mit ihren Eltern in einem Einfamilienhaus und ist eine gute Schülerin.
> Seit einem Jahr beobachten die Eltern, dass sich Mellina von ihnen mehr und mehr zurückzieht. Sie trifft sich zwar mit ihren Freundinnen, doch vermeidet sie es beispielsweise, mit ihnen im Sommer ins Freibad zu gehen, ebenso wie sie auch bei größter Hitze nur langärmlige Kleidung trägt. Dies führt häufig zu Auseinandersetzungen zwischen Mellina und ihrer Mutter, da diese kein Verständnis dafür hat, dass Melina sich nicht wettergerecht kleidet. Die Auseinandersetzungen enden häufig im handfesten Streit, und sich Mellina in ihr Zimmer zurückzieht und einsperrt. Ihre Mutter berichtet, dass Mellina dann für die nächsten Stunden nicht zu sehen und ansprechbar ist. Sie und ihr Mann würden sie dann in Ruhe lassen, da jeder Versuch der Annäherung nur in einen noch größeren Streit mündet.

In ihrem Zimmer versucht Mellina dann nach eigener Aussage mit ihrer Wut und ihrem Schmerz zurecht zu kommen. Sie äußert, dass sie einen starken inneren Druck empfindet, der sie extrem belastet und den sie nicht herauslassen kann. Im Gespräch mit einer ihrer Freundinnen habe sie vor etwa 1½ Jahren erfahren, dass diese sich dann selbst schlägt oder an ihren Haaren zieht, das sei entlastend. Mellina berichtet im Gespräch, dass sie dies auch ausprobiert hat. Sie fing bald an, sich größere Verletzungen zuzufügen, um ein Ventil für ihren inneren Schmerz zu finden. Mittlerweile ritze sie sich mit Rasierklingen und erlebe das Fließen von Blut als Entlastung für ihren inneren »Seelendruck«.

11.1 Merkmale von selbstverletzendem Verhalten

Viele Eltern oder Pädagogen sind überrascht und erschrocken, wenn sie meist erst nach Monaten oder Jahren erfahren, dass sich ihr Kind bzw. ihr Schüler oder Schützling selbst verletzt oder schon einmal selbst verletzt hat. Da die betroffenen Personen oft darauf bedacht sind, ihre Selbstverletzungen Menschen in ihrem unmittelbaren Lebensumfeld nicht direkt zu präsentieren, sondern eher versuchen, diese zu verstecken, bekommt das Umfeld dieses Verhalten häufig nicht oder erst viel später mit (vgl. Blanz et al., 2006).

Abzugrenzen ist das selbstverletzende Verhalten (SVV) von suizidalen Absichten. Diese werden bei der Selbstverletzung nicht verfolgt. Die Selbstschädigung erfolgt direkt und offen, also im Sinne einer Gewebeschädigung, und wird von indirekten Schädigungen des Körpers oder Organismus (wie z. B. Drogenkonsum oder Nikotinkonsum) unterschieden. Ein weiteres Merkmal selbstverletzenden Verhaltens ist, dass die Verletzung ohne die Absicht erfolgt, eine Krankenrolle einzunehmen. In unserem Kulturkreis ist dieses Verhalten im Gegensatz zu Tätowierungen oder Piercing sozial und kulturell nicht akzeptiert; letztere zählen daher nicht zu selbstverletzenden Verhaltensweisen (vgl. u. a. Petermann und Winkler 2007, Blanz et al. 2006, Petermann 2008). Blanz et al. beschreiben zusätzlich noch eine ausgeprägte Wiederholungstendenz, die diesem Störungsbild zugrunde liegt und die »nur ausnahmsweise als isolierte Handlung vor[kommt]« (Blanz et al. 2006, 58).

Die Erscheinungsformen selbstverletzenden Verhaltens sind vielfältig und reichen von oberflächlichem Ritzen der Haut, über Verbrennungen höheren Grades oder in den Augen bohren bis hin zu selbst zugefügten Knochenbrüchen.

11 Selbstverletzendes Verhalten

Aufgrund der verschiedenen Formen und Ausprägungen selbstverletzenden Verhaltens wurde versucht, die selbstverletzenden Verhaltensweisen in drei Dimensionen zu klassifizieren:

- den Schweregrad der Verletzung
- die Regelmäßigkeit des Auftretens und
- den Grad der Stereotypisierung.

Simeon und Favazza (zit. Nach Petermann, 2008) erweiterten diese Dimensionen in weitere Kategorien. So entstanden die Kategorien *schwere Selbstverletzung*, bei der die Beschädigung des Körpers so gravierend ist, dass es zu Verstümmelungen führen kann oder aber lebensgefährlich ist. *Stereotype Selbstverletzung* mit sehr unterschiedlichem Schweregrad, bei der selbstverletzende Handlungen über mehrere Stunden hinweg gleichförmig wiederholt werden, liegt häufig bei Kindern mit geistiger Beeinträchtigung vor. *Zwanghaftes selbstverletzendes Verhalten* unterscheidet sich von der stereotypen Selbstverletzung darin, dass bei den betroffenen Personen keine geistige Beeinträchtigung oder Entwicklungsstörung vorliegt, sondern das selbstschädigende Verhalten ritualisiert abläuft. *Impulsives selbstverletzendes Verhalten* führt eher zu leichten bis mittelgradigen Verletzungen, findet entweder episodisch oder regelmäßig wiederholend statt und tritt meist im Kontext von starken Belastungen emotionaler oder sozialer Art sowie bei psychischen Störungen auf.

Einige Verhaltensmerkmale können Eltern oder Pädagogen dabei unterstützen, auf selbstverletzendes Verhalten bei Kindern oder Jugendlichen aufmerksam zu werden. Da die Selbstverletzung in der Regel an Körperstellen verübt wird, zu denen das Kind oder der Jugendliche leichten Zugang hat, werden am häufigsten Arme und Beine für die Selbstverletzung herangezogen. Aufgrund des Schweregrades der Verletzungen bleiben oft Narben zurück, die man auch nach Verheilung der Wunden noch sehen kann. Die Verletzungen heilen meist langsam, da durch die Manipulation der Wunden die Wundheilung langsamer vonstatten geht. Um Kritik, Ablehnung oder Rechtfertigung des Verhaltens zu vermeiden, versuchen die betroffenen Personen, ihre Verletzungen zu verstecken. Das Tragen von langer Kleidung beispielsweise auch im Sommer, das Vermeiden von Orten, an denen Kleidung abgelegt wird (z. B. Schwimmbad), oder aber lange Aufenthalte im Badezimmer sowie die Aufbewahrung von Verbandsmaterial können Hinweise darauf geben, dass selbstverletzendes Verhalten beim Kind oder Jugendlichen vorliegt (vgl. Petermann und Winkler, 2007).

11.2 Häufigkeit und Verlauf

Die unterschiedlichen Befunde zur Häufigkeit und zum Verlauf von selbstverletzendem Verhalten lassen sich auf die verschiedenen zugrunde gelegten Definitionen und Untersuchungsmethoden zurückführen (vgl. Petermann und Winkler, 2009). Für die Bundesrepublik Deutschland liegen Ergebnisse aus der Heidelberger Schulstudie vor. Befragt wurden 5.500 Schülerinnen und Schüler der 9. Jahrgangstufe (im Alter von 13–15 Jahren) im Zeitraum von September 2004 bis Januar 2005. Die Ergebnisse zeigen, dass 11% aller Vierzehnjährigen sich mindestens einmal selbstverletzt haben, 4,5% davon mehrfach (vgl. Petermann und Winkler, 2008).

Komorbiditäten zeigen sich insbesondere mit Depressionen, Belastungsreaktionen bei erlebten Traumata, Zwangsstörungen, multipler Persönlichkeit, Borderline-Störung sowie einer Drogen- und Alkoholproblematik und einer vorliegenden Essstörung.

Jugendliche mit einer Borderline-Störung zeigen zu 70–80% selbstverletzendes Verhalten, wobei der Umkehrschluss nicht notwendigerweise gilt (vgl. Petermann und Winkler, 2009).

In der Regel liegt das Eintrittsalter bei selbstverletzendem Verhalten zwischen dem 12. und 14. Lebensjahr, bei Mädchen häufig zwei Jahre früher. Oft sind belastende Ereignisse oder Schulprobleme sowie Konflikte mit Eltern oder Freunden Auslöser für das selbstverletzende Verhalten (vgl. Petermann, 2008). So liegt auch die **Prävalenzrate** bei stationär-psychiatrisch versorgten Jugendlichen bei 4% und bei Jugendlichen mit einer Störung des Sozialverhaltens sogar bei 40% (vgl. Blanz et al, 2006).

Liegt eine geistige Beeinträchtigung (Intelligenzminderung), eine tiefgreifende Entwicklungsstörung oder aber eine hirnorganische Erkrankung vor, so kann das selbstverletzende Verhalten auch schon im Kindesalter auftreten. Selbstverletzendes Verhalten tritt bei Menschen mit tiefgreifenden Entwicklungsstörungen oder einer geistigen Behinderung zudem häufiger auf (vgl. Petermann, 2008).

Plener et al. (2012) zitieren eine **epidemiologische** Studie von Brunner et al. (2007) aus Deutschland, aus der hervorgeht, dass bei Jugendlichen der 9. Jahrgangstufe eine Lebenszeitprävalenz von 25,6% berichtet werden konnte, eine Ein-Jahres-Prävalenz von 14,9% und eine Sechs-Monats-Prävalenz von 14,2%. Insgesamt gehört Deutschland im europäischen Vergleich zu den Ländern mit der höchsten Prävalenz unter Jugendlichen (Kaess et al, 2011 zitiert nach Plener et al., 2012).

Im mittleren Erwachsenenalter scheint sich häufig die Symptomatik des selbstverletzenden Verhaltens abzumildern.

11.3 Erklärungsansätze

Petermann und Winkler (2009) haben ein integratives Modell entwickelt, das verschiedene Erklärungsansätze selbstverletzenden Verhaltens vereint und das Zusammenwirken unterschiedlicher Einflussfaktoren verdeutlicht. Ebenso berücksichtigt es sowohl auslösende Faktoren als auch Bedingungen, die das selbstverletzende Verhalten aufrechterhalten.

An diesem Modell lässt sich nachvollziehbar aufzeigen, dass die Ursache bis in die frühe Kindheit zurückreichen kann. Sowohl biologische als auch soziale Faktoren nehmen Einfluss auf die Entwicklung emotionaler Kompetenzen und der Regulationsstrategien und können diese beeinträchtigen. Mangelnde Impulskontrolle, psychische Störungen und Dissoziationstendenzen können Folge sein. Damit es zu selbstverletzendem Verhalten im späteren Altersverlauf kommen kann, spielen kognitive Risikofaktoren eine weitere große Rolle. Ein geringes Selbstwertgefühl, geringe **internale Kontrollüberzeugungen** und die Tendenz zu negativen Interpretationen von Sachverhalten, die zu negativen Gedanken führen können, verbunden mit einer Beeinträchtigung der emotionalen Regulation und gleichzeitig vorhandenen Impulsivität begünstigen selbstverletzende Verhaltensweisen.

Im Jugendalter können hormonelle Veränderungen und neue Entwicklungsaufgaben zu Belastungen führen, die bei Schwierigkeiten in der Emotionsregulierung nicht zu bewältigen sind. So kann es zur Spannungsreduktion in Form einer selbstverletzenden Handlung kommen.

Dabei kann das selbstverletzende Verhalten beim ersten Mal durchaus zufällig entstehen oder aufgrund sozialen Gruppendrucks ausgelöst werden. Die positiv erlebten Konsequenzen nach der Selbstverletzung wirken dabei verstärkend auf das dauerhafte Fortbestehen der Handlung.

Selbstverletzende Handlungsmuster erfüllen eine Reihe möglicher und wünschenswerter Funktionen. Sie können zunächst das Abbauen eines individuell erlebten Spannungszustands bewirken. Weiterhin kann das selbstverletzende Verhalten zur Reduktion als negativ erlebter emotionaler Zustände wie einem Gefühl von Leere, Einsamkeit, Depressionen oder Traurigkeit dienen. Dabei fügen sich Betroffene Selbstverletzungen zu, um sich wieder spüren zu können und dem inneren Schmerz, der nur schwer greifbar ist, einen erlebbaren und sichtbaren Ausdruck zu verleihen. Betroffene Personen berichten nach der Selbstverletzung sehr oft von einem Gefühl der Erleichterung und Entspannung, wofür die Ausschüttung von Endorphinen verantwortlich sein könnte.

Petermann und Winkler (2009) beschreiben eine Reihe von Risikofaktoren, die selbstverletzendes Verhalten begünstigen. Dazu gehören neben den be-

Erklärungsansätze

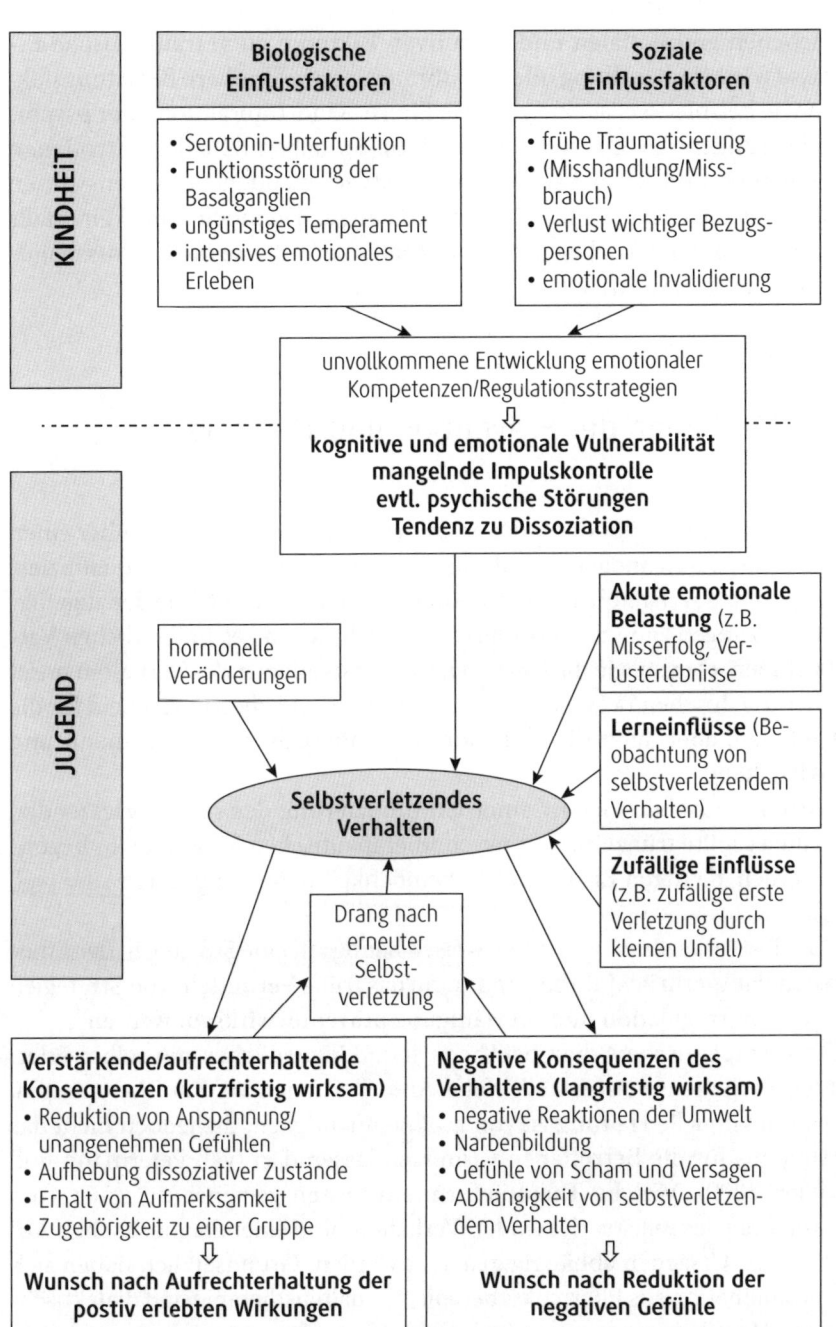

Abb. 6: Integratives Entstehungsmodell selbstverletzenden Verhaltens (Petermann & Winkler, 2009)

schriebenen emotionalen und kognitiven Faktoren auch traumatische Erlebnisse wie Misshandlung oder Missbrauch sowie familiäre Belastungsfaktoren wie beispielsweise eine gestörte Eltern-Kind-Interaktion oder psychische Störungen der Eltern (siehe Abb. 6). So haben 62% der betroffenen Jugendlichen und Erwachsenen mit selbstverletzenden Verhaltensweisen körperliche oder sexuelle Misshandlungen erlebt. Dennoch sollte keinesfalls unmittelbar auf das Vorliegen einer körperlichen oder sexuellen Misshandlung geschlossen werden.

11.4 Methoden der Prävention und Therapie

Wegen der Komplexität des Störungsbildes kann die Behandlung über einen längeren Zeitraum andauern und sollte von psychotherapeutisch qualifizierten Experten durchgeführt werden. Aufgrund der Schweregrade der zugefügten Verletzungen kann die Störung einen gefährlichen gesundheitlichen Verlauf nehmen, ebenso wie die Ursachen für selbstverletzendes Verhalten meist in einer psychischen Belastungsphase zu suchen sind, die mit viel Leid für die Betroffenen, aber auch die Angehörigen einhergeht (vgl. Petermann und Winkler, 2009).

Wegen der hohen Gefahr einer Chronifizierung des selbstverletzenden Verhaltens sollte frühzeitig mit psychotherapeutischen Maßnahmen begonnen werden, da deren Erfolgswahrscheinlichkeit dann am größten sind (vgl. ebd.).

Da selbstverletzende Verhaltensweisen häufig auf eine Störung in der Emotionsregulation zurückführbar sind, kann das frühe Vermitteln von Strategien zur Emotionsregulation und -bewältigung präventiv wirksam werden.

Die therapeutische Arbeit bei Kindern und Jugendlichen mit selbstverletzenden Verhaltensweisen stellt hohe Anforderungen an den Therapeuten. Eine professionelle Haltung ist von großer Wichtigkeit, die jedoch nicht das Verständnis für die Betroffenen vermissen lassen darf (vgl. Petermann und Winkler, 2009). Welche Therapieform am besten geeignet ist, muss vom Schweregrad des selbstverletzenden Verhaltens und einer diagnostischen Abklärung der Ursachen abhängig gemacht werden. Grundsätzlich haben sich eine Kombination aus Pharmakotherapie, Verhaltenstherapie und dialektisch-behavioraler Therapie bewährt (vgl. ebd.).

Bei der Verhaltenstherapie steht die Grundannahme im Vordergrund, dass jedes Verhalten, ob normales oder abweichendes, erlernt ist. Folglich wird versucht, durch verschiedene verhaltenstherapeutische Strategien das problematische Verhalten zu löschen und/oder erwünschtes Verhalten (wieder-) herzustellen. Dazu bedient sich die Verhaltenstherapie verschiedener Methoden: Um dem Jugendlichen weniger Gelegenheiten für sein selbstverletzendes Verhalten zu bieten, das im Sinne der klassischen Konditionierung beim Anblick seiner »Instrumente« (z. B. Rasierklinge) schon automatisiert ablaufen kann, sollten Verabredungen mit dem Jugendlichen getroffen werden, sich beispielsweise mit Freunden zu treffen, anstatt alleine daheim zu sein. Weiterhin sollten die gefährlichen Instrumente entfernt oder an schwer zugänglichen Stellen aufbewahrt werden, damit die Hürde für eine selbstverletzende Handlung höher gesetzt wird und nur mit erheblichen Aufwand möglich ist.

Ein weiteres Ziel in der Verhaltenstherapie ist es, alternative Bewältigungsstrategien aufzubauen und zu erlernen. Dies kann stufenweise geschehen, indem eine ähnliche Wirkung wie bei der Selbstverletzung einsetzt, die jedoch weniger schädlich ist. Als Beispiel nennen Petermann und Winkler (2009) das Eintauchen der Arme in Eiswasser. Der Schmerz kommt hier dem Effekt der sonst gewählten selbstverletzenden Verhaltensweisen nahe und hat eine vergleichbare Wirkung. Nach und nach sollen dann andere Strategien erlernt werden, um mit dem inneren Auslöser des selbstverletzenden Verhaltens einen besseren Umgang zu finden.

Auch Selbstsicherheitstrainings, Kommunikationstrainings und soziale Kompetenztrainings können es Betroffenen ermöglichen, sich besser in seinem sozialen Umfeld zu integrieren und auf anderen Wegen seine Belastung zum Ausdruck zu bringen.

Bei der dialektisch-behavioralen Therapie (DBT) handelt es sich um eine Form der **kognitiven** Verhaltenstherapie, die so genannte achtsamkeitsbasierte Elemente enthält. Ursprünglich entwickelt für Patienten mit Borderline-Störung wurde sie von Miller et al. (1997, zitiert nach Petermann und Winkler, 2009) zur DBT-A für Jugendliche weiterentwickelt und ins Deutsche übertragen. In erster Linie geht es um die bewusste und wertfreie Wahrnehmung von aktuellen Sinneseindrücken, die durch Aufmerksamkeitstraining und bewusste Aufmerksamkeitslenkung wahrgenommen und dann bearbeitet werden. Damit soll impulsiven Reaktionen auf Belastungsmomente vorgebeugt und starke psychische und körperliche Reaktionen reduziert werden.

Die DBT ist ein Stufenprogramm, das kombiniert in Einzel- und Gruppentherapiesitzungen angeordnet ist. Therapeuten sehen hierbei selbstverletzendes Verhalten als eine Problembewältigungsstrategie, ohne es zu loben, und treten Betroffenen aber wertschätzend gegenüber. Am Anfang der DBT steht die Verhaltenskontrolle des Patienten, der, wenn er seinem Drang der Selbstverletzung nachkommt, eine 24-stündige Kontaktsperre zu seinem Therapeuten erhält. Aufgrund der engen Beziehung zum Therapeuten wirkt diese Kontaktsperre als Regulativ und verringert die selbstverletzenden Verhaltensweisen. Um das eigene Verhalten besser kontrollieren zu können, werden Verhaltensprotokolle geschrieben, um auslösende Faktoren des selbstverletzenden Verhaltens zu bestimmen. Auslösende Faktoren werden zu vermeiden versucht, ähnlich, wie es in der klassischen Verhaltenstherapie beschrieben wird. In den weiteren Stufen des Programms geht es um die Verarbeitung von möglichen Traumata sowie den Umgang mit persönlichen Beziehungen, jedoch erst dann, wenn das Verhalten und die Affekte sicher kontrolliert werden können.

Die DBT-A wurde für Jugendliche leicht modifiziert und deren Bedürfnissen angepasst, z. B. werden hier die Bezugspersonen der Jugendlichen in die Therapie mit eingebunden. Ein Modul befasst sich zudem mit der Bearbeitung alterstypischer Konflikte.

Bislang liegen nur wenige Studien zur Wirksamkeit der DBT vor. Jedoch deutet eine Studie von Fleischhaker et al. (2005) auf eine Reduktion des selbstverletzenden Verhaltens vier Wochen nach Therapieende hin.

11.5 Informationen für die Arbeit mit betroffenen Eltern

Bei der Information der Eltern über mögliche Ursachen des selbstverletzenden Verhaltens ist wesentlich, dass keine – auch keine indirekten – Vorwürfe an die Eltern gerichtet werden. Bezugspersonen spielen dennoch oft eine wichtige Rolle bei der Entstehung und Aufrechterhaltung selbstverletzender Verhaltensweisen. Sie können durch das Schenken von Aufmerksamkeit oder durch negative Reaktionen das Verhalten des Kindes oder Jugendlichen verstärken und an einer Chronifizierung mitbeteiligt sein.

Es ist wichtig, die Eltern über die Entstehung und Aufrechterhaltung selbstverletzenden Verhaltens zu informieren und ihnen den Kreislauf zu erläutern, in dem sich manche Jugendliche befinden. Insbesondere die negativen Auswirkungen der selbstverletzenden Handlung mit Scham- und Schuldgefühlen, die nach der Erleichterung einsetzen, sollten erklärt werden. Sie führen zur Vertuschung der Selbstverletzung aus Angst vor der Reaktion der Umwelt. Dies löst oft Traurigkeit und Wut auf sich selbst oder andere aus, und der

Teufelskreis ist geschlossen. Vorwürfe, Drohungen oder Beschuldigungen des Kindes von Seiten der Eltern sollten unbedingt vermieden werden und durch Geduld, Einfühlungsvermögen und Vertrauen ersetzt werden.

Die Eltern sollten darüber informiert werden, wie sie Anzeichen selbstverletzender Verhaltensweisen erkennen können und sensibilisiert werden, dass es sich um eine Störung handelt, die professioneller Hilfe bedarf. Die Eltern sollten darauf vorbereitet werden, dass ihre Unterstützung in Form eines anderen Umgangs mit dem Sohn oder der Tochter von großer Bedeutung für einen erfolgreichen Verlauf der Behandlung darstellt.

Eltern sollten bei der Wahl einer geeigneten Beratungsstelle oder eines geeigneten Therapieplatzes Unterstützung angeboten bekommen.

11.6 Informationen zum Handeln in pädagogischen Kontexten

Verschiedene Studien an amerikanischen Schulen haben gezeigt, dass Lehrkräfte und pädagogische Mitarbeiter im Umgang mit selbstverletzendem Verhalten bei Jugendlichen oft unsicher sind und sich nicht ausreichend darauf vorbereitet fühlen (vgl. Plener et al., 2012).

Insbesondere Lehrkräfte bzw. pädagogische Mitarbeiter an Schulen oder anderen pädagogischen Institutionen (Kinderheime, Jugendvollzugsanstalten, etc.) sind mit dieser Problematik konfrontiert. Eine einschlägige Qualifikation des pädagogischen Personals sollte erfolgen, um sich bei einem Verdacht oder in konkreten Situationen richtig verhalten zu können. Hierzu gehören das Wissen über die verschiedenen Ausprägungen und Formen des selbstverletzenden Verhaltens und adäquates pädagogisches Handeln.

Liebermann et al. (2009, zitiert nach Plener et al. 2012) hat für Pädagogen Warnhinweise aufgelistet, ob selbstverletzendes Verhalten bei einem Jugendlichen vorliegt. Dazu zählen:

- häufig nicht erklärbare Narben, Schnitte, Schrammen oder Verbrennungen,
- unpassende Kleidung, um Narben zu verdecken,
- Schüler verbringen viel Zeit auf der Toilette oder anderen isolierten Orten,
- Schüler zeigen möglicherweise noch weiteres Risikoverhalten,
- Essstörungen oder Substanzmissbrauch,
- Zeichen für Depression oder soziale Isolation,
- Besitz von scharfen Gegenständen,

- Texte oder Zeichnungen, die sich auf selbstverletzendes Verhalten beziehen.

Sollten sich die Hinweise erhärten, sollte mit dem Jugendlichen das Gespräch gesucht werden. Dabei ist darauf zu achten, dass keine Vorwürfe, Unverständnis oder Beschuldigungen formuliert werden, sondern wertneutral das Gespräch mit einer »respektvollen Neugier« (vgl. Plenert et al., 2012) stattfindet. Es sollte dem Jugendlichen vermittelt werden, dass man ihn und sein Verhalten ernst nimmt und sich für die Umstände, weshalb es zum selbstverletzenden Verhalten kommt, wirklich interessiert. Weiterhin sollten dem Jugendlichen Unterstützungsangebote bei der Suche nach professionellen Hilfen gemacht werden.

Gerade selbstverletzendes Verhalten hat ein hohes »Ansteckungspotential« innerhalb der Peer-Group. Ursachen können das Bedürfnis nach Zugehörigkeit sein, ebenso wie das Verstärkerprinzip auf die negative Reaktion der »Erwachsenenwelt«, zu der man sich damit abgrenzen möchte. Plener et al. (2012) empfehlen hier, die betroffenen Schülergruppen zu identifizieren und in Einzelkontakten klare Regeln mit ihnen aufzustellen, wie beispielsweise das Verbot, Verletzungen offen zur Schau zu stellen, oder die Kommunikation über die selbstverletzende Verhaltensweise einzuschränken oder ähnliches (vgl. Plener et al. 2012).

Es kann pädagogisch sinnvoll sein, dass Schulen oder pädagogische Institutionen Personal schulen, das als Ansprechpartner für Kollegen oder Kinder bzw. Jugendliche bei Fragen zu selbstverletzendem Verhalten zur Verfügung steht. Dieser Person obliegt es auch, bei Vorliegen entsprechender Hinweise aktiv das Gespräch oder den Kontakt zum Jugendlichen zu suchen.

Literatur

Petermann, F. & Winkler, S. (2007). Selbstverletzendes Verhalten. Diagnostik und psychotherapeutische Ansätze. *Zeitschrift für Psychiatrie, Psychologie und Psychotherapie, 55 (2)*, 123 – 133

Petermann & Winkler (2008). Selbstverletzendes Verhalten. In F. Petermann, (Hrsg.), *Lehrbuch der klinischen Kinderpsychologie*. Göttingen: Hogrefe.

Blanz, B., Remschmidt, H., Schmidt, M. H. & Warnke, A. (2006). *Psychische Störungen im Kindes- und Jugendalter. Ein entwicklungspsychopathologisches Lehrbuch*. Stuttgart: Schattauer.

Plener, P. L., Kaess, M., Boneberger, M., Blaumer, D., Spröber, N. (2012). Umgang mit nichtsuizidalem selbstverletzendem Verhalten (NSSV) im schulischen Kontext. *Kindheit und Entwicklung 21 (1)*, 16 – 22.

Petermann, F. & Winkler, S. (2009). *Selbstverletzendes Verhalten.* Göttingen: Hogrefe.
Fleischhaker, C., Böhme, R., Sixt, B. & Schulz, E. (2005). Suizidalität, Parasuizidalität und selbstverletzende Verhaltensweisen von Patienten mit Symptomen einer Borderlinestörung – Erste Daten einer Pilotstudie zur dialektisch-behavioralen Therapie für Adoleszente (DBT-A). *Kindheit und Entwicklung, 14,* 112–127

12

Aggressiv-dissoziale Störungen

Steffen Siegemund

> **Fallbeispiel**
>
> Leon ist 9 Jahre alt und besucht die 3. Klasse einer Grundschule. Zum neuen Schuljahr ist er in die Parallelklasse gewechselt. In seiner früheren Klasse gab es immer wieder Streit mit seiner Klassenlehrerin. Er zerstörte Arbeitsmaterialien von Mitschülern oder redete laut, wenn andere versuchten, sich zu konzentrieren. Leon zeigte sich in Gesprächen zwar einsichtig und versprach, sich zu bessern, doch seine Vorsätze schienen schnell vergessen. Das Problem verstärkte sich, als zunehmend Beschwerden von Eltern und Mitschülern kamen. Leon würde sich in der Pause rücksichtslos verhalten, z. B. andere von der Schaukel schubsen. Das Fass zum Überlaufen brachte, als Leon mit seinem Freund Sascha eine Mitschülerin beschimpfte und einschüchterte, die am Tag vorher der Pausenaufsicht »gepetzt« hatte, dass Leon ihr ein Bein gestellt hat.
>
> Jetzt im neuen Schuljahr soll Leon nun einen Neustart machen. Der Klassenraum befindet sich auf der anderen Seite des Schulhofs und Leon hatte bislang keinen Streit mit den Schülern seiner neuen Klasse. Die Schul-

leitung erhofft sich, dass er vielleicht mit einem Mann als Klassenlehrer besser zurechtkommt und nun auch weniger Kontakt zu Sascha haben wird, der, so wird vermutet, einen schlechten Einfluss auf Leon ausübt. Leons Eltern sind entsetzt, als sie bereits nach wenigen Wochen zu einem außerplanmäßigen Elterngespräch eingeladen werden.

Der neue Klassenlehrer wird sehr konkret: Nach einer kurzen Eingewöhnungsphase sei Leon wieder »ganz der Alte« und würde nicht die erhofften Verhaltensänderungen zeigen. Er fordert die Eltern auf, Leon noch mal eindringlich »ins Gewissen zu reden«. Leons Eltern müssen eingestehen, dass es auch zu Hause viele Konflikte gibt. Leon habe bereits im Kindergartenalter häufig nicht auf seine Eltern gehört und beispielsweise Spielzeug von seiner Schwester kaputt gemacht, wenn er nicht damit spielen durfte. Seine Eltern berichten, dass sie Leon streng erzogen hätten und er deutliche Strafen bekäme. So musste er z. B. Geld, das er von den Großeltern zum Geburtstag bekommen hatte, für die Reparatur eines von ihm zerstörten Tretrollers ausgeben. Er hatte sich das Fahrzeug, ohne zu fragen, ausgeliehen und kaputt gemacht. Leons Lehrer fragt, ob dieser vielleicht mehr Bewegung bräuchte. Auch würden ihm die Sozialkontakte in einem Sportverein sicherlich gut tun. Leons Eltern berichten, dass er nur wenige Male beim Fußball gewesen sei, dann wäre den Eltern angeraten worden, es doch vielleicht mit einer anderen Sportart zu probieren. Das Elterngespräch hinterließ bei allen Beteiligten eine gewisse Ratlosigkeit.

12.1 Merkmale aggressiv-dissozialer Störungen

An aggressiv-dissozialen Verhaltensweisen von Kindern und Jugendlichen leiden nicht nur ihr soziales Umfeld, sondern meist auch die Betroffenen selbst. Dies gilt auch, wenn von den im Folgenden genannten Merkmalen einer klinischen **Symptomatik** nur einige zeitweise auftreten.

Das Klassifikationssystem **ICD-10** fasst oppositionelle, aggressive und dissoziale Verhaltensweisen unter dem Oberbegriff »Störungen des Sozialverhaltens« zusammen. Das **DSM-IV** System beschreibt oppositionelles Trotzverhalten als eigenständige und leichtere Störung, da hier keine ausgeprägten körperlich-verletzenden oder andere schwerwiegende Delikte wie Zerstörung von Eigentum oder Raub vorliegen (siehe Tabelle 2). Die Unterscheidung verschiedener Subtypen hat für pädagogische und therapeutische Maßnahmen große Relevanz. Zur Unterscheidung dieser Subtypen bieten sich weitere Kategorien an. Aktuell wird insbesondere die Unterscheidung anhand des Störungsbeginns hervorgehoben, d. h. die Unterscheidung in die Früh- (vor dem 10. Lebensjahr) und die Spätstarter. Weitere wichtige Unterscheidungen bieten sich sowohl hinsichtlich der Motivation für das aggressive Verhalten als auch der begleitenden Emotionen an.

Zunächst aber zu den wichtigsten Symptomen, die entsprechend ihrer Anzahl und Ausprägung die Diagnose und den Schweregrad der Erkrankung (leicht – mittelgradig – schwer) bestimmen. Zwischen DSM-IV und ICD-10 finden sich in Bezug auf die Symptome nur wenige Unterschiede. Schmeck und Stadler (2012) leiten aus den beiden genannten Klassifikationssystemen die folgende Übersicht ab:

Tab. 2: Grundlegende-Symptome von oppositionellem Trotzverhalten und Störungen des Sozialverhaltens

Grundlegende Symptome von oppositionellem Trotzverhalten und Störungen des Sozialverhaltens	
Oppositionelles Trotzverhalten	Aggressives Verhalten gegenüber Menschen und Tieren
Wird schnell ärgerlich	Bedroht andere, schüchtert ein
Streitet sich häufig mit Erwachsenen	Beginnt häufig Schlägereien
Widersetzt sich häufig Anweisungen und Regeln von Erwachsenen	Fügt anderen mit Waffen schwere körperliche Schäden zu
Verärgert andere häufig absichtlich	Körperlich grausam gegenüber Menschen
Gibt anderen Schuld für die eigenen Fehler	Quält Tiere
Häufig empfindlich, leicht verärgert	Erpressung, bewaffneter Raubüberfall
Häufig wütend und beleidigt	Zwingt andere zu sexuellen Handlungen
Häufig boshaft und nachtragend	**Zerstörung von Eigentum:**
	Begeht vorsätzliche Brandstiftung
	Zerstört fremdes Eigentum
	Betrug oder Diebstahl:
	Bricht in Autos oder Gebäude ein
	Lügt zur Erlangung von Vorteilen
	Stiehlt wertvolle Gegenstände

Oppositionelles Trotzverhalten	Aggressives Verhalten gegenüber Menschen und Tieren
	Schwere Regelverstöße:
	Bleibt nachts ohne elterliche Erlaubnis von zu Hause weg (vor dem 13. Lj.)
	Lief schon zweimal über Nacht von zu Hause weg
	Schwänzt häufig Schule (vor dem 13. Lebensjahr)

Gemäß DSM-IV und ICD-10 sollten für eine Diagnose »Störung mit oppositionellem Trotzverhalten« mindestens vier Symptome der linken Spalte vorliegen. Bei einer Störung des Sozialverhaltens entsprechend DSM-IV-Kriterien sollten drei oder mehr Symptome der rechten Spalte über einen Zeitraum von 12 Monaten Bestand haben. Einzelne aggressive Ausbrüche sind somit nicht als Symptom eines klinischen Störungsbilds zu betrachten, wenngleich sie Anzeichen einer möglichen problematischen Entwicklung sein können. Gerade in diesen Fällen ist aber zu beachten, dass auch situative Einflüsse wie Stress, Hitze, Lärm, Alkohol u. a. aggressives Verhalten maßgeblich befördern können.

Weitere Subtypen ergeben sich nach dem vorwiegenden Ort des Auftretens, wobei in pädagogischen Einrichtungen insbesondere die übergreifende (generalisierte, d. h. kontextunabhängige) Form in Erscheinung tritt. Die auf den häuslichen Rahmen beschränkte Variante tritt per Definition für pädagogische Mitarbeiter nicht direkt in Erscheinung. Auch der Unterscheidung in Subtypen mit und ohne soziale Bindungen kommt eine hohe Relevanz zu. Dieses gilt nicht nur für die Klassifikation, sondern auch in der Therapie und in pädagogischen Maßnahmen. Der Begriff **Bindung** bezieht sich hier insbesondere auf den Kontakt zu Gleichaltrigen. Im Jugendalter gilt, dass bestimmte Subkulturen abweichende Maßstäbe von Moral und Recht vertreten, die delinquente Handlungen der Mitglieder relativieren. Dagegen stehen z. B. die besonders schweren Taten von Amokläufern, die meist als Einzelgänger gelten, d. h. keine sozialen Bindungen aufweisen.

Scheithauer und Petermann (2010) weisen auf die besondere Bedeutung der Beachtung von Entwicklungsverläufen gerade bei aggressiv-dissozialen Störungen hin. So äußert sich aggressiv-dissoziales Verhalten nicht nur unterschiedlich in Abhängigkeit vom Alter, sondern der Verlauf der Störung ist in besonderer Weise vom Störungsbeginn abhängig. Wenngleich die beiden Autoren darauf hinweisen, dass diese Kategorien notwendigerweise auf jedes betroffene Kind zutreffen, so weisen doch die frühen Starter (vor dem 10.

Lebensjahr) eine deutlich schlechtere Prognose auf. Die Wahrscheinlichkeit eines chronischen Verlaufs ist erhöht, wie die Wahrscheinlichkeit, künftig auch schwere Delikte zu begehen. Hingegen zeigt sich bei vielen so genannten Spätstartern, dass die problematischen Verhaltensweisen entwicklungstypisch sind und meist nicht chronifizieren.

Schmeck und Stadler (2012) heben aus den weiteren Unterscheidungsformen von aggressiv-dissozialem Verhalten den Unterschied zwischen instrumenteller und impulsiver Aggression hervor. Wie die folgende Gegenüberstellung zeigen wird, liegen trotz gleichermaßen aggressiver Verhaltensweisen unterschiedliche Auslöser, Emotionen und Motivationen zugrunde.

Kinder und Jugendliche, die zu eher *instrumenteller* Aggression neigen, nutzen ihre Aggression als Mittel zum Zweck, um sich persönliche Vorteile zu verschaffen. Sie setzen diese aktiv und gezielt ein und kontrollieren ihre aggressiven Aktionen im Sinne ihrer Interessen. Die begleitenden Emotionen sind eher positiver Art, d. h. von Selbstvertrauen und Machtgefühlen bestimmt. Wenn Kinder und Jugendliche sich aktiv für ihre Interessen einsetzen wollen, benötigen sie ein gewisses Maß an Durchsetzungsvermögen, das auch aggressive Komponenten aufweisen kann. Kinder und Jugendliche, die zu instrumenteller Aggression neigen, zeigen allerdings häufig wenig emotionale Beteiligung, insbesondere wenig Mitgefühl für ihr Gegenüber. Ohne Gewissensbisse werden die Grenzen normaler Auseinandersetzungen hin zu überverhältnismäßig aggressivem und delinquentem, d. h. Normen und Gesetze missachtendem Verhalten überschritten. Nachfolgende Sanktionen des sozialen Umfeldes befördern in erster Linie das eigene Motto »Bloß nicht erwischen lassen«.

Kinder und Jugendliche, die zu *impulsiver* Aggression neigen, sind dagegen emotional hoch beteiligt, zeigen fehlende Kontrolle über ihre Handlungen und handeln somit oft entgegen ihren eigenen Interessen. Sie fühlen sich schnell provoziert, benachteiligt oder bedroht. Sie reagieren auf Konfliktsituationen mit offener Aggression, d. h. insbesondere körperlicher Gewalt, die ihnen in der Folge meist mehr Nachteile als Gewinn einbringt.

12.2 Häufigkeit und Verlauf

In ihrer Übersicht zur Epidemiologie psychischer Störungen im Kindes- und Jugendalter benennen Ihle und Esser (2002) Störungen des Sozialverhaltens als zweithäufigste psychische Störung, die darüber hinaus die ungünstigsten Verläufe aufweist.

Die Frage, ob aggressiv-dissoziale Verhaltensweisen insgesamt zunehmen, lässt sich nicht eindeutig beantworten. Die öffentliche Wahrnehmung einer solchen Entwicklung ist stark durch einige wenige Einzelfälle extremer Gewalt wie z. B. Amokläufe geprägt; es kann auch eine insgesamt gesunkene Toleranz gegenüber körperlicher Aggression für die mediale Präsenz des Themas verantwortlich sein. In den zurückliegenden drei Generationen sind die schweren Formen gewalttätigen Verhaltens gegen Kinder zurückgegangen, gleichzeitig hat eine Sensibilisierung gegenüber indirekten Formen wie übler Nachrede oder dem viel diskutierten Mobbing stattgefunden (Hurrelmann und Bründel 2007, S. 30ff.). Dabei ist die Einstellung zur Gewaltausübung gesellschaftlich-historischen Entwicklungen unterworfen, die immer wieder neue Bewertungsmaßstäbe hervorbringen. Die größten Unterschiede hinsichtlich der Bewertung bestehen im Kontext Schule zwischen Lehrerinnen und männlichen Schülern mit aggressivem Verhalten, die viele Formen von Gewalt eher bagatellisieren (ebd. S. 64).

Insbesondere die offenen Formen aggressiv-dissozialer Verhaltensweisen werden eher von Jungen begangen, so dass aggressive Verhaltensweisen häufig als geschlechtsspezifisches Problem betrachtet werden. Petermann, Döpfner und Schmidt (2007) zitieren verschiedene Studien, die für Jungen durchgehend etwa doppelt so hohe Raten belegen und je nach Subtyp und Altersgruppe zwischen 6 und 16% schwanken. Die höhere **Prävalenz** für Jungen wird aber auch durch die Fokussierung auf eher offene und körperliche Formen von Aggression mitbedingt (Ittel et al., 2008). Gerade im Hinblick auf neue Möglichkeiten, z. B. durch üble Nachrede in sozialen Netzwerken im Internet, andere in erheblicher Weise zu schädigen, sollten Eltern und Pädagogen in gleicherweise aufmerksam für das Verhalten von weiblichen Kindern und Jugendlichen sein. In der nach Petermann, Döpfner und Schmidt (2007) für den deutschen Raum repräsentativen Studie zur Häufigkeit psychischer Störungen im Kindes- und Jugendalter (PAK-KID) sind nach Urteil der Eltern bei Jungen etwa 6% und bei Mädchen 3% betroffen. Im Selbsturteil liegen die Mädchen fast gleichauf mit den Jungen, was auf fehlende Beachtung indirekter Formen aggressiven Verhaltens in der Fremdwahrnehmung hinweisen kann.

Insgesamt nehmen von der Kindheit bis zum Erwachsenenalter die aggressiven Verhaltensweisen eher ab, dagegen zeigen Jugendliche die höchsten Raten an delinquenten Verhaltensweisen wie z. B. Eigentumsdelikte oder Sachbeschädigung. Zu dieser Gruppe gehören auch die bereits benannten Spätstarter, deren problematische Verhaltensweisen bzw. Störung häufig auf diese Altersphase beschränkt bleibt. Innerhalb dieser Zeitspanne zeigen sie aber dennoch Verhaltensweisen, mit denen sie sich selbst und andere massiv schädigen können. Es handelt sich auch in diesen Fällen um eine klinisch relevante Auffälligkeit, die aufgrund der hohen Belastung für den Betroffenen und seine Umwelt therapiebedürftig ist. Die Gefahr der Chronifizierung ist zusätzlich für jeden Einzelnen gegeben.

Für die Frühstarter gilt, dass fast alle Kinder mit der leichteren Form – dem oppositionellen Trotzverhalten – dieses Verhalten vor allem zu Hause zeigen und nur selten in der Kita. Wenngleich der Zusammenhang zur **Entwicklungsaufgabe** des Vorschulalters, relative Unabhängigkeit von den Eltern zu gewinnen, offensichtlich ist, so ist dieser Problematik dennoch Aufmerksamkeit zu schenken, gilt die Störung mit oppositionellem Trotzverhalten doch als Vorläuferstörung aggressiv-dissozialer Verhaltensweisen, die bei frühem Beginn eben eine besonders schlechte Prognose aufweisen.

Mädchen, die in der frühen Adoleszenz (11.–13. Lebensjahr) auffällig werden, haben häufig einen ebenso problematischen Verlauf, der sich auch bis ins Erwachsenenalter erstreckt (Schmeck und Stadler, 2012 S. 919).

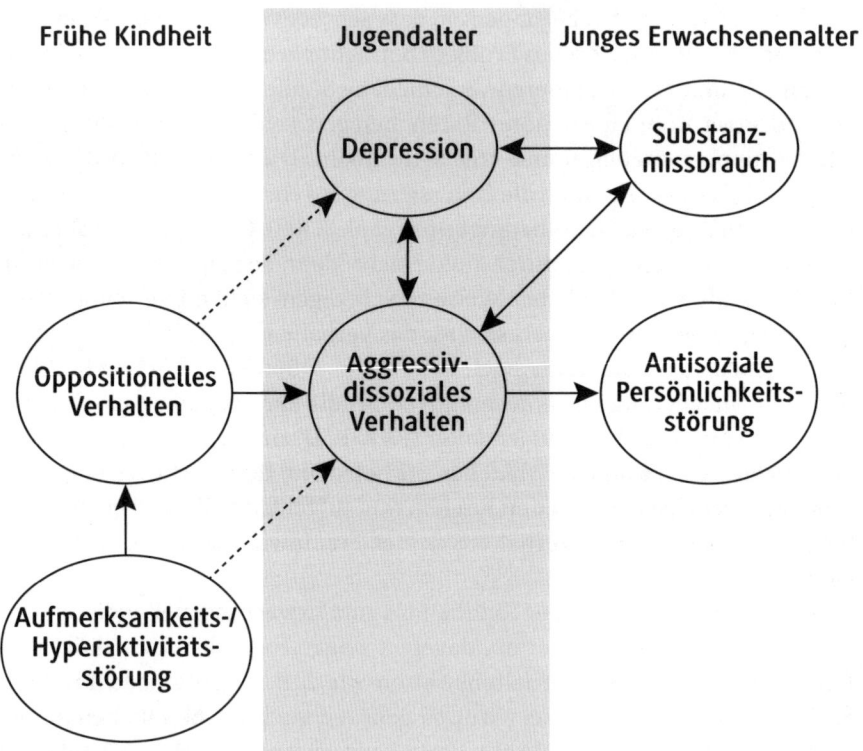

Abb. 7: Komorbiditäten und Entwicklungswege aggressiv-dissozialer Verhaltensweisen (Entnommen aus: Petermann, Döpfner & Schmidt, 2007, S. 14)

Abbildung 7 ergänzt den beschriebenen Entwicklungsweg aggressiv-dissozialen Verhaltens um psychische Störungen, die häufig hinzukommen bzw. im Fall der Aufmerksamkeits-/Hyperaktivitätsstörung (ADHS) teilweise vorrausgehen. Etwa 8% der Kinder mit einer dissozialen Störung weisen zusätzlich eine ADHS auf. Etwa 15% entwickeln außerdem – meist im Jugendalter – Symptome einer Depression (Ihle und Esser 2002, S. 165). Ähnlich hohe Raten bestehen auch für den Drogen-/Substanzmissbrauch. Ergänzend zur Abbildung 7 weisen Schmeck und Stadler (2006, S. 917) auf die hohen Raten für die zusätzliche Entwicklung einer Angststörung hin, die in dieser Kombination häufig einen besonders schweren und chronischen Verlauf nimmt.

12.3 Erklärungsansätze

Unmittelbare genetische Einflüsse auf aggressiv-dissoziale Verhaltensweisen konnten bislang nicht belegt werden, Einflüsse auf das Temperament des Kindes hingegen schon (Schmeck und Stadler, 2012, S. 919). Als biologische Einflüsse sind intrauterine Mangelernährung, Substanzmissbrauch und andere Belastungen wie Infektionen oder Schockerlebnisse in der Schwangerschaft zu nennen. Als psychobiologische Faktoren auf Seiten des Kindes sind hohe Impulsivität, leichte Irritierbarkeit oder bestimmte Temperamentsmerkmale relevant. Diese stellen erhöhte Anforderungen an die Erziehungskompetenzen und die Geduld der Eltern. Als »schwieriges Temperament« gelten beispielsweise Unregelmäßigkeiten im Schlaf-Wach-Rhythmus, motorische Unruhe oder erhöhte Reizbarkeit. Zum Risiko werden die genannten Besonderheiten insbesondere dann, wenn das Verhalten deutlich von den Erwartungen der Eltern an ihr Kind abweicht (Petermann, Döpfner & Schmidt, 2007, S. 19). Dabei gilt, dass je eher das Temperament des Kindes von den Eltern unabhängig von einem externen Beobachter als schwierig eingestuft wird, desto wahrscheinlicher werden aggressiv-dissoziale Verhaltensweisen im weiteren Verlauf.

12 Aggressiv-dissoziale Störungen

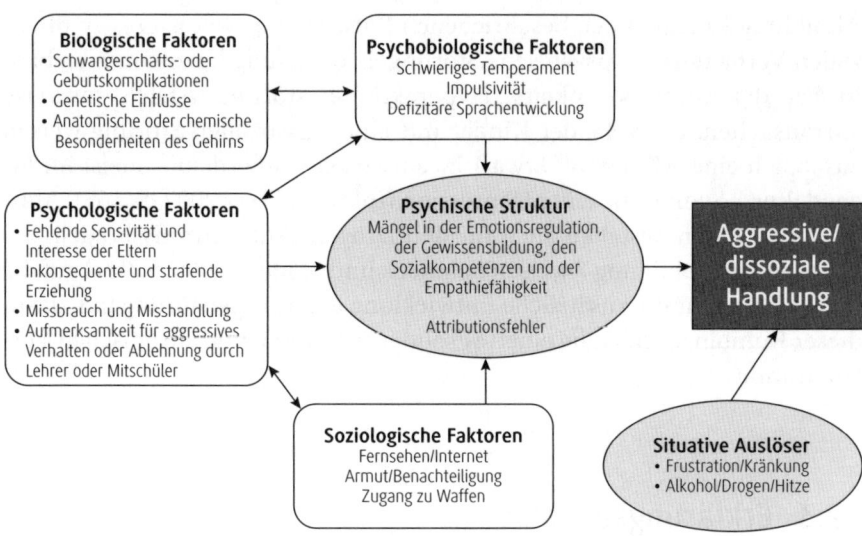

Abb. 8: Risikofaktoren und situative Auslöser aggressiv-dissozialer Verhaltensweisen (Schmeck und Stadler, 2006, S. 928)

Niedrige Intelligenz und unterdurchschnittliche sprachliche Fähigkeiten gelten als weitere **Risikofaktoren**, die an der Entstehung von aggressiv-dissozialen Verhaltensweisen beteiligt sein können. Fehlende sprachliche Fähigkeiten erschweren es dem Kind, seine Wünsche und Bedürfnisse zu artikulieren. Frustration und Konflikte können die Folgen sein, die wiederum aggressives Verhalten begünstigen. Insbesondere körperliche Aggression wird als Alternative zur sprachlichen Konfliktlösung genutzt (Schmeck und Stadler 2012, S. 923). Sprachliche Prozesse spielen auch eine wichtige Rolle bei der **Selbststeuerung** z. B. der Emotionsregulation. Häufig besteht das Problem nicht darin, dass aggressive Verhaltensweisen im Laufe der Kindheit entwickelt werden, sondern darin, dass aggressive Impulse noch nicht reguliert und gehemmt werden können. Die Fähigkeit, Emotionen intern, d. h. selbstständig zu regulieren, bildet sich gewöhnlich im Verlauf des Kindergartenalters (Helmsen & Petermann 2010). Während bei Kleinkindern körperlich-aggressive Verhaltensweisen, z. B. Treten, Beißen oder Schlagen, in einem gewissen Rahmen »normal« sind – beinahe 80% aller Kinder zeigen am Ende des 2. Lebensjahres diese Verhaltensweisen –, sollte ein Schulkind diese Impulse bereits regulieren können und sich in sozial angemessener Weise für seine Interessen einsetzen. Verinnerlichte Normen ermöglichen es, auch unabhängig von unmittelbaren negativen Konsequenzen, aggressives Verhalten zu unterdrücken. Bei aggressiv-dissozialen Jugendlichen sind die Gewissensstrukturen häufig unzureichend ausgebildet (Schmeck & Stadler, 2012, S. 927).

Auf Elternseite bilden übermäßig strafende, inkonsistente Erziehung und fehlende Sensitivität für die Bedürfnisse des Kindes einen wichtigen Risikofaktor für aggressive Verhaltensweisen (Petermann et al. 2008, S. 247). Geringes Interesse für die Belange des Kindes und mangelnde Aufsicht fördern insbesondere instrumentell-aggressives Verhalten, das sich entsprechend auch durch fehlende Empathie auszeichnet. Impulsives, unberechenbares Verhalten der Eltern regt entsprechend impulsiv-aggressives Verhalten beim Kind an, das sich seine Eltern zum Vorbild nimmt. Die Kombination aus Desinteresse und Inkonsequenz mit übermäßig harten Strafen erweist sich dabei als besonders problematisch. Traumatische Erfahrungen von Missbrauch oder Misshandlung sind ein besonderes Risiko. Antisoziales Verhalten der Eltern oder auch der Großeltern ist insgesamt der stärkste Prädikator für eine früh beginnende Störung (Schmeck & Stadler, 2012, S. 924).

Im Schulalter zeigen betroffene Kinder häufig erste Vorformen von Delinquenz, wie z. B. den Unterricht zu schwänzen oder kleinere Eigentumsdelikte. Auch zeigt sich in diesem Alter nun deutlicher eine mögliche Kombination mit einer Aufmerksamkeitsstörung, was die Schulprobleme verstärkt. Die problematischen Verhaltensweisen des Kindes ziehen in der Schule häufig Stress und Ablehnung durch Lehrer und durch andere Schüler nach sich. Fehlende soziale Kompetenzen können auf diesem Weg nicht aufgeholt werden. Letztere umfassen auch, Absichten anderer angemessen zu beurteilen. Fügt jemand unabsichtlich Schaden zu, ist dies anders zu bewerten, als wenn jemand dies absichtlich tut. Aggressiv-dissoziale Kinder neigen dazu, sich von anderen schnell provoziert zu fühlen und anderen feindselige Absichten zu unterstellen (Schmeck und Stadler 2012, S. 927).

Frust und Ablehnung verstärken im Weiteren aggressives Verhalten. Aufmerksamkeit erfährt das betroffene Kind in der Folge vor allem im Hinblick auf seine problematischen Verhaltensweisen, die so ungewollt von der Umwelt weiter verstärkt werden.

Im Jugendalter kommen häufig Substanzmissbrauch und andere auch strafrechtlich relevante Formen von Delinquenz hinzu. Körperlich aggressives Verhalten geht zwar im Jugendalter zurück, die Schwere der Taten nimmt in Einzelfällen aber zu. Einerseits wirken sich impulsive, aggressive Verhaltensweisen entsprechend der körperlichen Entwicklung stärker aus, andererseits nehmen aber auch die schweren Formen gezielter Grausamkeit gegen Mensch oder Tier zu.

Im Jugendalter gewinnt die Peergruppe, d. h. die Gemeinschaft mit anderen Jugendlichen, eine immer stärkere Bedeutung. Viele Jugendliche suchen sich

Jugendgruppen, in denen sie für ihr delinquentes Verhalten Anerkennung erfahren. Insbesondere bei Jugendlichen mit spätem Störungsbeginn ist delinquentes Verhalten wie Diebstähle oder Vandalismus an die Peergruppe gebunden. Wird das Verhalten im Übergang zum Erwachsenenalter nicht mehr vom sozialen Umfeld verstärkt, verliert sich das dissoziale Verhalten häufig.

Bei jungen Erwachsenen mit frühem Störungsbeginn und Tendenzen zu instrumentell-aggressivem Verhalten besteht auch das Risiko des Eintritts in kriminelle Gruppen. Die Anbindung an Schule und Berufsausbildungsstätten bricht dadurch manchmal vollständig ab, z. T. auch zur Familie.

Im Hinblick auf **Präventionsbemühungen** muss auch der Einfluss der Darstellung von Gewalt in Medien, wie Fernsehen oder Computerspiele, berücksichtigt werden. Kurzfristig und langfristig verstärkende Wirkung auf aggressives Verhalten konnte inzwischen in mehreren Studien belegt werden (Schmeck und Stadler, 2012, S. 925). Ein durchschnittliches, zwölfjähriges, amerikanisches Kind hat etwa 8000 Morde und 100.000 weitere Gewalttaten im Fernsehen/Videos gesehen. Etwa 40% dieser Taten werden von Figuren verübt, die für Kinder attraktive Rollenvorbilder sind (Aronson et al., 2008, S. 397).

Im Hinblick auf zeitnahe Interventionen scheinen soziologische Faktoren wie z. B. Armut trotz ihres hohen Risikos für die Entwicklung von Kindern und Jugendlichen keine große Rolle zu spielen. Armut selbst muss kein Risikofaktor sein, sondern wird häufig erst dann zu einem Risiko, wenn das Kind oder der Jugendliche in Folge der Armut beschämenden oder demütigenden Situationen ausgesetzt wird (Schmeck und Stadler, 2012, S. 926). Pädagogen haben Möglichkeiten, solche Situationen zu vermeiden.

12.4 Methoden der Prävention und Therapie

Da ein früher Störungsbeginn häufig mit einem besonders problematischen Störungsverlauf einhergeht, müssen Prävention und Interventionen möglichst frühzeitig einsetzen. Auf das Erziehungsverhalten der Eltern bezogene Maßnahmen sind in der frühen Kindheit zu bevorzugen, wobei häufig die Bereitschaft gerade bei Familien in Risikokonstellationen fehlt.

Prävention sollte in der Kita ebenso wie in der Schule auf drei Ebenen ansetzen:
- Strukturelle und organisatorische Maßnahmen: Kleine Gruppen bzw. ausreichender Betreuungsschlüssel, sichere, freundliche und anregende Gesamtsituation.

- Schulung der pädagogischen Mitarbeiter: Vermittlung von Wissen über die Entwicklung aggressiv-dissozialer Verhaltensweisen, der Empathiefähigkeit, des Sozialverhaltens, Wissen über sinnvolle präventive Maßnahmen bzw. über den Umgang mit aggressiv-dissozialen Verhaltensweisen.
- Auf das Kind bezogene präventive Maßnahmen, wie z. B. Training von Empathie oder Sozialverhalten; dabei sollte im Normalfall auch der Alltag selbst ein Training sozialer Kompetenzen sein.

Als gezielte Trainingsprogramme lassen sich Programme empfehlen wie »Verhaltenstraining im Kindergarten« (Koglin und Petermann, 2006) oder »Faustlos« (Cierpka, 2006a, Cierpka 2006b, Cierpka, 2011).

In der Grundschulzeit tritt oppositionelles und aggressiv-dissoziales Verhalten vermehrt kontextungebunden (in der Institution und nicht allein im häuslichen Rahmen) auf. Es werden höhere Anforderungen an die Selbststeuerung im Bereich der Emotionsregulation gestellt, Schwierigkeiten in diesem Bereich werden dadurch sichtbarer. Auch müssen die Kinder in einer neuen sozialen Situation ihren Platz finden, sie hierbei zu unterstützen ist Aufgabe der Lehrkräfte.

In der Schule kann ebenfalls präventiv auf den drei genannten Ebenen gearbeitet werden. Dies ist auch sinnvoll, da unspezifische Programme gewöhnlich nur geringe Effekte aufweisen. Schulen, die langfristig eine Verbesserung der Gesamtsituation herbeiführen wollen, müssen auf allen drei Ebenen ihre Ressourcen mobilisieren.

Im Bereich struktureller Veränderungen sind z. B. Projekte zu nennen, in denen Schüler und Lehrer gemeinsam Verantwortung für die »wohnliche« Gestaltung von Aufenthaltsbereichen übernehmen. Wichtig ist auch, dass Lehrer sich grundsätzlich für das friedliche Miteinander einsetzen und sich bei gewalttätigen Handlungen auch auf Fluren oder Parkplätzen und nicht nur im Klassenraum verantwortlich fühlen. Die meisten gewalttätigen Handlungen von Schülern an Schülern werden an solchen Orten ohne Aufsicht und ohne klare Verantwortung der Lehrkräfte begangen. Einen Überblick zu strukturellen Einflüssen – wie insgesamt zur Problematik Gewalt an Schulen – bieten Hurrelmann und Bründel (2007).

Im zweiten Bereich (Förderung gewaltpräventiver Kompetenzen der Lehrkräfte) existieren diverse Ansätze, deren Wirksamkeit nach Schick und Ott (2002) noch nicht belegt ist, was aber nicht bedeutet, dass sie unwirksam sind. Natürlich müssen Lehrkräfte sich mit dieser Problematik auseinandersetzten, sich über Risikofaktoren und Entstehungsbedingungen informieren, ihr Handeln reflektieren und ihre Kompetenzen weiterentwickeln. Entsprechende Angebote werden z. B. von den Landesinstituten für die Lehrerfortbildung bereitgestellt. Diverse weitere Angebote befinden sich auf dem Markt. Wichtig ist dabei, eine langfristige Perspektive zu entwickeln, d. h. sich zunächst über verschiedene Programme zu informieren, möglichst viele Kollegen in die Auswahl einzubeziehen und dann nachhaltig ein Programm zu implementieren.

Dass strukturelle Probleme wie erhöhter Leistungsdruck, Erhöhung der Verwaltungsaufgaben etc. diese Arbeit erschweren, sollte nicht den einzelnen Lehrkräften angelastet werden, aber erst recht nicht den Schülern, denen notwendige Unterstützung nicht zukommt.

Als dritter Bereich sind auf den Schüler zugeschnittene Maßnahmen zu nennen. Zunächst ist festzustellen, dass Schule immer auch einen Erziehungsauftrag hat, somit Gewaltprävention nicht auf einzelne Maßnahmen beschränkt sein kann. Erziehung zu demokratischen Grundwerten und sozialen Kompetenzen ist Teil dieses Erziehungsauftrags und kein Störfaktor, der eine bessere Platzierung im PISA-Ranking verhindert.

Universelle Präventionsprogramme in der Schule können den allgemeinen Erziehungsauftrag gezielt im Hinblick auf spezifische Probleme ergänzen. Sie erreichen dabei jedes Kind, ohne einzelne zu stigmatisieren. Die meisten spezifischen Programme zur Gewaltprävention beziehen sich auf die in Abbildung 8 aufgeführten Problembereiche z. B. Emotionsregulation oder Empathiefähigkeit. Das Programm »Faustlos« liegt auch in einer Fassung für die ersten drei Grundschuljahre vor. Bereits in der Pilotphase 1996/97 zeigten sich an elf Göttinger Grundschulen nach vier Monaten schon eine deutliche Steigerung sozialer Kompetenzen und eine verstärkte Ablehnung aggressiver Verhaltensweisen (Schick und Ott, 2002, S. 778). Petermann und Natzke (2008, S. 537) bewerten das Programm allerdings im Hinblick auf langfristige Effekte kritisch. Insbesondere die einmalige und isolierte Durchführung eines solchen universellen Präventionsprogramms verspricht wenig Erfolg. Für eine nachhaltige Wirkung empfehlen Petermann und Natzke (2008, S. 538) Multikomponentenprogramme, die auch die Fortbildung von Lehrkräften oder auch Elterntraining beinhalten. Sowohl Faustlos[19] als auch die Programme des Bremer Präventionsforums[20] bieten entsprechende Trainings für das Jugendalter. Beides bietet inzwischen auch das Faustlosprogramm an. Als weiteres Mehrkomponentenmodell ist das Programm »Effekt« (Lösel et al., 2006) zu nennen. Auch hier werden verschiedene Altersgruppen und der Unterstützungsbedarf in mehreren Lebensbereichen berücksichtigt.

---

19 www.faustlos.de
20 www.zrf.uni-bremen.de/zkpr/BPF/index.html

Die einzelnen Trainingsprogramme bestehen meist aus 25 bis 30 Einheiten und werden oft zweimal wöchentlich durchgeführt. Übersichtliche Manuale ermöglichen die Durchführung für Pädagogen. Fortbildung und eigene Erfahrungen unterstützen das Training und steigern die Effektivität.

Der Übergang von präventiven Maßnahmen zur Intervention ist oft fließend, dieses gilt insbesondere für pädagogische Maßnahmen innerhalb der Institution. Therapeutische Maßnahmen sind durch das Setting und die behandelnde Berufsgruppe der Psychotherapeuten relativ klar von der pädagogischen Arbeit abgegrenzt. Inhaltlich überschneiden sich aber viele Präventionsprogramme mit Therapieprogrammen. Ebenso wie in der Prävention ist hier **Elterntraining** unerlässlich und sollte kindbezogene Maßnahmen ergänzen. Inhalte sind meist die Förderung einer positiven Eltern-Kind-Beziehung, gemeinsamer Spielzeiten und der Einsatz von Lob und anderen Verstärkern, um erwünschtes Sozialverhalten zu fördern (Bachmann et al. 2010, S. 246). Die Notwendigkeit, ebenso wie in der Prävention multimodal, d. h. auf verschiedenen Ebenen, zu intervenieren, ergibt sich einerseits aus der multimodalen Verursachung, andererseits aus dem Umstand, dass Störungen des Sozialverhaltens besonders schwer zu behandeln sind. Aggressive Verhaltensweisen sind nach einer Metaanalyse von Weisz et al. (zitiert nach Döpfner und Lemkuhl 2002, S. 188) die am schlechtesten zu therapierende psychische Auffälligkeit bei Kindern. Grundlage wirksamer therapeutischer Interventionen im Jugendalter sind das Einbeziehen der Familie und des weiteren sozialen Umfelds (Bachmann et al., 2010, S. 249).

Innerhalb der Familie sollten die Maßnahmen nicht allein auf die Erziehungskompetenz der Eltern zielen, sondern auch die Verantwortung für die Mitgestaltung der familiären Situation durch den Jugendlichen. Inhalte einer Intervention sind daher u. a. das Aufstellen von Familienregeln, Verbesserung des Familienklimas und der Kommunikation. Einzelne Therapieprogramme zeigen dabei beachtliche Erfolge. Bachmann et al. nennen hier das Programm MST (Multisystemic Therapy), in dem jeweils ein Therapeuten-Team für eine Familie zuständig und während der Behandlungsphase von 4 bis 5 Monaten 24 Stunden am Tag erreichbar ist. Individuelle therapeutische Elemente für den Jugendlichen selbst können hinzukommen.

Schmeck und Stadler (2012, S. 929f.) weisen neben der Notwendigkeit einer multi-modalen Therapie auf die Bedeutung der Unterscheidung der verschiedenen genannten Unterformen aggressiver Verhaltensweisen hin. Sie unterscheiden Behandlungsmaßnahmen bei instrumentell-aggressivem, bei impulsiv-aggressivem und bei ängstlich-aggressivem Verhalten.

So sollten individuelle therapeutische Ziele beim instrumentell aggressiven Typ insbesondere die Defizite in der Gewissensbildung und der Empathie angehen. Hierfür halten sie langfristig angelegte Jugendhilfemaßahmen mit begleitender ambulanter Therapie für geeignet. Stationäre kinderpsychiatrische Behandlung empfehlen sie nicht, da durch das antisoziale Verhalten Mitpatienten in ihrer therapeutischen Entwicklung geschädigt werden.

Kinder und Jugendliche mit impulsiv-aggressivem Verhalten entwickeln häufig ein negatives Selbstbild, weil sie mit ihrem Verhalten Nachteile und Ablehnung provozieren. Einerseits muss diesen Kindern und Jugendlichen Gelegenheit gegeben werden, fehlende Kompetenzen in der Wahrnehmung und Regulation von Spannungs- und Erregungszuständen zu erlernen, andererseits muss ein Umfeld geschaffen werden, das dem Kind oder Jugendlichen trotz seines Verhaltens Erfahrungen von Ablehnung und Benachteiligung erspart. Dafür sollten geeignete Maßnahmen in Kita oder Schule ergriffen werden oder auch die stationäre Unterbringung in einer Kinder- und Jugendpsychiatrie angeraten sein. Schmeck und Stadler (2012, S. 930) halten eine ergänzende medikamentöse Behandlung im Fall impulsiv-aggressiver Verhaltensweisen teilweise für sinnvoll.

12.5 Informationen für die Arbeit mit betroffenen Familien

Die Erziehungskompetenzen von Eltern werden bei auffälligem Sozialverhalten eines Kindes häufig in den Fokus der pädagogischen Aufmerksamkeit gerückt. Dabei ist sicherlich richtig, dass betroffene Kinder und Jugendliche besondere Anforderungen an die Erziehungskompetenzen ihrer Eltern und Lehrer stellen. Daher gilt es, zunächst bei solchen Elterngesprächen den »richtigen Ton« zu treffen und die beobachteten Verhaltensweisen eines Kindes oder Jugendlichen beschreibend, neutral und ohne Schuldzuweisungen darzustellen. Beide Parteien haben ein gemeinsames Interesse an einem gelingenden Familien- bzw. Schulalltag. Diese Gemeinsamkeiten sollten in einem Elterngespräch auch explizit benannt werden, so dass eine kooperative Gesprächsatmosphäre auf dieser Basis realisierbar wird. In der Praxis sind gegenseitige Schuldzuweisungen leider aber noch häufig vorzufinden.

In einer ersten Gesprächsphase sollten Eltern ausgiebig die Möglichkeit erhalten, ihre subjektive Sicht zum Verhalten ihres Kindes zu artikulieren. Erst hierüber wird verständlich, über welchen Informationsstand sie verfügen, wie sie das Verhalten ihres Kindes auch zu Hause bewerten, welche Annahmen sie zu den Ursachen haben und welche Initiativen sie bereits selbst unternommen haben. Bei Unklarheiten sollte nachgefragt werden, gerade auch wenn es darum geht, das Wissen der Eltern über die schulische Situation zu erheben. Auf diese Weise kann ein Bild zu den häuslichen Gesprächen bzw. zur Informiertheit der Eltern entstehen. Besonders bedeutsam ist es, ob sich Eltern und Kind zu Hause unterhalten, welche Informationen nicht weitergegeben werden und ob sich die Eltern an schulischen Fragen aktiv beteiligen.

Der Gesprächsverlauf kann sich an der in Kapitel »Pädagogische Gesprächsangebote« dargestellten Form orientieren. Ergänzend können Informationen hilfreich sein, die sich auf die elterliche Einschätzung beziehen zu

- sozialen Kompetenzen ihres Kindes (bspw. Vereine, Freundschaften)
- Entwicklung des Problemverhaltens (bspw. besondere Ereignisse im familiären Kontext)
- Bewertung des Ausmaßes des Problemverhaltens
- subjektiven Einschätzung von Ursachenbedingungen.

Wenn in der ersten Gesprächsphase eine gemeinsame Einschätzung der Problematik erreicht wurde, sollte auch zur Sprache kommen, was der Einzelne zu einer positiven Entwicklung beitragen kann. Wenn die beteiligten Mitarbeiter der jeweiligen Einrichtung zunächst schildern, welche Veränderungen sie umsetzen wollen, z. B. mehr Aufsicht in der Pause oder im freien Spiel, dann wird es auch für die Eltern leichter, Verantwortung zu übernehmen. Ob dieser Beitrag der Eltern darin besteht, sich im Alltag mehr Zeit für das Kind zu nehmen oder externe Hilfen z. B. eine Familientherapie oder Unterstützung durch die Kinder- und Jugendhilfe anzunehmen, muss im Einzelfall entschieden werden. Ist eine besonders vertrauensvolle Situation entstanden, könnten Eltern auch bereit sein, einige der im folgenden Abschnitt gegebenen Hinweise für förderliches Erziehungsverhalten zu berücksichtigen, die in gleicher Weise auf das Verhalten von Lehrern und Eltern zutreffen.

12.6 Informationen zum Handeln in pädagogischen Kontexten

Viele Schüler mit einem »schweren Verlauf« werden als in der Regelschule nicht beschulbar eingestuft und in Förderschulen, der Kinder- und Jugendpsychiatrie oder anderen Einrichtungen unterrichtet. Im Jugendalter besteht zudem die Möglichkeit, dass die Betroffenen sich bereits im Jugendstrafvollzug befinden oder an erlebnispädagogischen Maßnahmen im Ausland teilnehmen. Etwa 0,6% der Schüler in Deutschland wurden 2011 offiziell der Förderbedarf im Bereich emotionale und soziale Entwicklung zugesprochen, im Verglich zur Prävalenz einer Störung des Sozialverhaltens bei Kindern und Jugendlichen eine relativ geringe Zahl. Dies liegt zum Teil auch daran, dass in einigen Bundesländern dieser Förderbedarf nicht mehr diagnostisch erhoben wird. Von den Schülern, denen offiziell dieser Förderbedarf zugesprochen wurde, werden künftig immer mehr in integrativen Schulformen und eine sinkende Anzahl in Förderschulen unterrichtet (Kultusministerkonferenz, 2011).

Insbesondere Schüler mit impulsiv-aggressivem Verhalten fallen bereits frühzeitig auf, handeln sich damit frühzeitig pädagogische Verweise ein, oft verbunden mit Schulwechseln. Schülern mit instrumentellem-aggressivem Verhalten gelingt es möglicherweise eher, ihre aggressiven Handlungen vor Lehrkräften zu verbergen und den Sanktionen zu entgehen. Gleiches gilt häufig für Mädchen, die insgesamt eher indirekte/unkörperliche Aggressionen bevorzugen.

Pädagogische Interventionen sollten ebenfalls auf drei Ebenen ansetzen: im Bereich struktureller Maßnahmen, in der Professionalisierung der pädagogischen Mitarbeiter und Interventionen, die auf das Kind oder Jugendlichen abzielen. Das Interventionsprogramm von Olweus (2006) »Gewalt in der Schule – Was Lehrer und Eltern wissen sollten – und tun können« gibt einen breiten Überblick zu möglichen Interventionen in der Schule. Im Ergebnis der dort geschilderten Interventionen an 42 norwegischen Schulen sank die Anzahl der Gewaltvorfälle um 50% auch langfristig über einen Zeitraum von mehreren Jahren hinweg (Olweus 2006, S. 110).

Auf Schulebene werden diese Maßnahmen genannt:
- Fragebogenerhebung zu den Problemen in der Schule
- Pädagogischer Tag »Gewalt und Gewaltprävention in unserer Schule«, um ausgehend von der Fragebogenerhebung einen langfristigen Handlungsplan zu entwickeln
- Schulkonferenz »Verabschiedung des Schulprogramms Gewaltprävention«
- Bessere Aufsicht während der Pause und des Essens. Dieses betrifft nicht nur die Anwesenheit, sondern auch die Bereitschaft, schnell und entschlossen einzugreifen und zwar auch in zweideutigen Situationen, wenn z. B. das vermeintliche Opfer versichert, dass es sich nur um einen Spaß handelt
- Schönerer Schulhof mit Möglichkeiten zur sinnvollen Beschäftigung
- Ein mit einem Beratungslehrer oder Schulpsychologen mehrere Stunden die Woche besetztes Kontakttelefon, das die Möglichkeit bietet, sich auch anonym beraten zu lassen

* Kooperation Lehrkräfte-Eltern
* Lehrergruppen zur Entwicklung des sozialen Milieus an der Schule. Diese Gruppen können entweder eher an der Gesamtsituation oder als kollegiale Unterstützungsgruppe an konkreten Problemen arbeiten
* Arbeitsgruppen der Elternbeiräte (Klassen- und Schulelternbeiräte).

Im Weiteren benennt Olweus (2006, S. 83ff.) eine Reihe von Veränderungen auf Klassenebene. Zunächst sollten in Ergänzung zu den häufig sehr allgemein gehaltenen Schulregeln konkrete Regeln für das Verhalten im Klassenverband aufgestellt werden. Am Verständnis der Regeln muss danach gearbeitet werden, z. B. kann mit Hilfe von Jugendliteratur oder Filmen das Bewusstsein für inakzeptable Verhaltensweisen und Mitgefühl für Opfer gestärkt werden. Die Klassenregeln sollten positiv formulierte Aussagen wie z. B. »Wir geben uns Mühe, alle Schülerinnen und Schüler einzubeziehen« beinhalten. Später werden in der Klasse auch »Freundschaften« und »die Klassengemeinschaft« thematisiert. Neben regelmäßigen Klassengesprächen wird auch der Unterricht kooperative Lernformen beinhalten. Soziales, regelkonformes Verhalten wird regelmäßig gelobt und nicht als Selbstverständlichkeit übergangen.

Im Weiteren sollten im Umgang mit dem einzelnen Kind allgemeine Grundsätze der Erziehung besonders berücksichtigt werden. Auf drei Aspekte sollte bei der Erziehung von Kindern mit aggressiv-dissozialen Verhaltensweisen besonders geachtet werden (vgl. Petermann, Döpfner & Schmidt, 2008).

Es gilt, besonders aufmerksam zu sein für positive Verhaltensweisen und diese durch entsprechende Aufmerksamkeit, kleine Privilegien oder Belohnungen zu bestärken. Darüber hinaus sollte möglichst bewusst auch im Alltag der Kontakt gesucht und gepflegt werden. Dies kann durch Lächeln, Zuhören, Fragenstellen, Ankündigung einer Belohnung oder auch angemessenen Köperkontakt geschehen. In gleicher Weise ist es auch wichtig, Anforderungen so zu stellen, dass es möglichst gar nicht erst zu einer Krise kommt. Dafür ist es förderlich, nur eine Aufforderung zu geben, die vom Kind/Jugendlichen auch bewältigt werden kann. Die Aufforderung ist deutlich zu formulieren und zwar in einer Situation, in der das Kind oder der Jugendliche auch aufmerksam ist.

Weiterhin besteht die Gefahr, dass ungewollt negative Verhaltensweisen bestärkt werden, weil das Kind/der Schüler hier besonders viel Aufmerksamkeit erfährt. Tadeln, Ermahnen, Schimpfen, streng Anblicken u. a. Verhaltensweisen stärken – für sich allein genommen – das Verhalten, das unterbunden werden soll. Um der Gefahr einer ungewollten positiven Verstärkung zu begegnen, müssen Konsequenzen vom Kind selbst als negativ empfunden und mit dem Fehlverhalten in Beziehung gebracht werden, d. h. sie sollten zeitnah erfolgen und sich möglichst aus dem Problemverhalten ergeben. Wichtig ist hier immer, die Regel und das erwartete Verhalten erneut klar zu formulieren und die Abweichung zu beschreiben, dann auch dem Kind oder Jugendlichen die Möglichkeit zu geben, sich zu äußern. Ungünstig ist es über das konkrete Fehlverhalten hinaus, die Person selbst zu bewerten bzw. abzuwerten.

Und schließlich soll noch auf die Gefahr hingewiesen werden, dass Kinder ihren Frust und ihre Probleme kompensieren, indem sie Macht über Erwachsene gewinnen, wenn z. B. Pädagogen aus Angst vor Eskalation kleinere »Vergehen« bewusst übersehen bzw. implizit tolerieren.

> Die Ratlosigkeit von Leons Eltern und der Schule machen es notwendig, externe Hilfe in Anspruch zu nehmen. Nach einer klinisch-diagnostischen Untersuchung wird er über einen Zeitraum von vier Wochen stationär psychiatrisch behandelt. Die Eltern vereinbaren danach in einem Gespräch mit dem Therapeuten, gemeinsam eine Familientherapie zu beginnen. Eine erneute Veränderung an der Beschulung ist nicht geplant, um Leon ein weiteres Misserfolgserlebnis und die damit verbundenen Beziehungsabbrüche zu ersparen. Leons Lehrer will diese Situation zum Anlass nehmen, soziales Lernen stärker in den Unterricht einzubeziehen. Leons Verhaltensprobleme haben sich aktuell erfreulicherweise stabilisiert.

Literatur

Aronson, E., Wilson, T. D. & Akert, R. M. (2008). *Sozialpsychologie* (6. Auflage). München: Pearson
Bachmann, C. J., Lehmkuhl, G., Petermann, F. & Scott, S. (2010). Evidenzbasierte psychotherapeutische Interventionen für Kinder und Jugendliche mit aggressivem Verhalten. *Kindheit und Entwicklung, 19*, 245–254.
Cierpka, M. (2006a): Faustlos für Kinderkarten und Schule. In W. von Suchodoletz (Hrsg.), *Prävention von Entwicklungsstörungen* (S. 203–214). Göttingen: Hogrefe.
Cierpka, M. (2006b): Das Fördern der Empathie bei Kindern mit FAUSTLOS. *Gruppendynamik und Organisationsberatung, 35. Jg., Heft 1*, S. 37–50
Cierpka, M. (2011): Faustlos. *Wie Kinder Konflikte gewaltfrei lösen.* Freiburg: Herder.
Döpfner M. & Lehmkuhl G. (2002): Die Wirksamkeit von Kinder- und Jugendlichenpsychotherapie. *Psychologische Rundschau, 53 (4)*, 184–193
Helmsen, J. & Petermann, F. (2010b). Emotionsregulationsstrategien und aggressives Verhalten im Kindergartenalter. *Praxis der Kinderpsychologie und Kinderpsychiatrie, 59*, 775–791.

Hurrelmann, K. & Bründel, H. (2007). *Gewalt an Schulen –Pädagogische Antworten auf eine soziale Krise.* Weinheim: Beltz

Ihle W. & Esser G. (2002). Epidemiologie psychischer Störungen im Kindes- und Jugendalter: Prävalenz, Verlauf, Komorbidität und Geschlechtsunterschiede. *Psychologische Rundschau, 53 (4),* 159–169

Ittel, A., Bergann, S. & Scheithauer, H. (2008). Aggressives und gewalttätiges Verhalten von Mädchen. In H. Scheithauer, T. Hayer & K. Niebank, (Hrsg.), *Problemverhalten und Gewalt im Jugendalter.* Stuttgart: Kohlhammer

Koglin, U. & Petermann, F. (2006). *Verhaltenstraining im Kindergarten: Ein Programm zur Förderung sozial-emotionaler Kompetenz.* Göttingen: Hogrefe.

Kultusministerkonferenz (2011). Statistiken zur Sonderpädagogischen Förderung in Schulen. http://www.kmk.org/statistik/schule/statistische-veroeffentlichungen/sonderpaedagogische-foerderung-in-schulen.html. Zugegriffen am 7.11.2012

Lösel, F., Beelmann A., Stemmler M. und Stefanie J. (2006). Prävention von Problemen des Sozialverhaltens im Vorschulalter – Evaluation des Eltern- und Kindertrainings EFFEKT. *Zeitschrift für Klinische Psychologie und Psychotherapie, 35 (2),* 127–139

Meier, U. & Tillmann, K.-J (2000). Gewalt in der Schule – importiert oder selbstproduziert? *Praxis der Kinderpsychologie und Kinderpsychiatrie 49.* 1, S. 36–52

Olweus, D. (2006). Gewalt in der Schule – Was Lehrer und Eltern wissen sollten – und tun können. Bern: Huber

Petermann, F., Döpfner, M. & Schmidt, M. H. (2007). *Aggressiv-dissoziale Störungen.* Göttingen: Hogrefe.

Petermann, F., Döpfner, M. & Schmidt, M. H. (2008). *Aggressives Verhalten.* Göttingen: Hogrefe.

Petermann U., Petermann F. & Damm, F. (2008). Themenschwerpunkt: Entwicklungspsychopathologie der ersten Lebensjahre. *Zeitschrift für Psychiatrie, Psychologie und Psychotherapie, 56 (4),* 243–253

Petermann F. & Natzke, H. (2008). Aggressives Verhalten in der Schule. Ausdrucksformen, Verlaufsmuster und Möglichkeiten entwicklungsorientierter Prävention. *Zeitschrift für Pädagogik 54, 4,* 532–554

Scheithauer, H. & Petermann, F. (2010). Entwicklungsmodelle aggressiv-dissozialen Verhaltens und ihr Nutzen für die Prävention und Behandlung. *Kindheit und Entwicklung,* 4, 209–217.

Schick, A., & Ott, I. (2002). Gewaltprävention an Schulen. Ansätze und Ergebnisse. *Praxis der Kinderpsychologie und Kinderpsychiatrie, 51 (10),* 766–791.

Schmeck, K. & Stadler, C. (2011). Störungen des Sozialverhaltens. In J.M Fegert, C. Eggers & F. Resch (Hrsg.), *Psychiatrie und Psychotherapie des Kindes- und Jugendalters* (2. Aufl.). Heidelberg: Springer.

13

Aufmerksamkeitsdefizit-/Hyperaktivitätsstörung

Simone Gebhard

Fallbeispiel

Mario ist sieben Jahre alt und besucht die erste Klasse der örtlichen Grundschule. Jeden Tag zwischen 12 und 13 Uhr kommt Mario nach Hause, wo seine Mutter und seine Großmutter schon mit dem Mittagessen auf ihn warten. Nach dem Mittagessen beginnt für Mario und seine Mutter eine unerfreuliche Zeit, weil nun das Erledigen der Hausaufgaben ansteht.

Nachdem er gegessen hat, soll er in seinem Zimmer mit den Hausaufgaben beginnen, während die Mutter sich um den Abwasch kümmert. Auf dem Weg in sein Zimmer beschließt Mario, kurz im Zimmer seiner Großmutter vorbeizugehen und ihr von einem Streit mit seinem Sitznachbarn aus der Schule zu berichten. Nachdem die Mutter mit dem Abwasch fertig ist, will sie sehen, wie weit Mario mit seinen Hausaufgaben gekommen ist und findet ihn vertieft im Gespräch mit der Großmutter vor. Genervt fordert sie Mario auf, nun endlich mit den Hausaufgaben zu beginnen, woraufhin Mario sein Zimmer aufsucht und seine Hausaufgaben aus seiner Schultasche holt. Beim Auspacken der Bücher fallen ihm die Steine in die

Hände, die er auf dem Nachhauseweg gesammelt hat, und er beginnt, sie eingehend zu betrachten, bis die Mutter ein weiteres Mal zu ihm kommt. Marios Mutter ist nun sehr ärgerlich, nimmt ihm unfreundlich die Steine weg und fordert ihn auf, sofort mit den Aufgaben zu beginnen. Mario möchte die Aufgaben erledigen, aber er weiß nicht mehr, welche Aufgaben er machen muss. Auch die farbigen Abbildungen im Deutschbuch ziehen seine Aufmerksamkeit schnell auf sich, sodass er nach kurzer Zeit das Buch durchblättert, ohne mit seiner Arbeit weiter zu kommen.

Ähnlich verlaufen das morgendliche Anziehen und das abendliche Zubettgehen. Beim Zubettgehen kann die Situation ebenso schnell eskalieren, da Marios Mutter diese Situation gerne in die Hände ihres Mannes gibt. Sie handelt so, da ihre Nerven bereits bloß liegen und sie der Meinung ist, dass Marios Vater auch seinen Teil zur gemeinsamen Erziehung des Sohnes beitragen soll. Wenn auch dem Vater die Situation außer Kontrolle gerät, endet der Tag mit gegenseitigen Schuldzuweisungen der Eltern.

Da in der Schule die gleichen Probleme im Unterricht auftreten, möchte Marios Klassenlehrerin mit den Eltern sprechen. Hinzu kommt, dass Mario nicht nur oft vom Unterrichtsgegenstand abgelenkt ist, sondern der Lehrerin Marios unorganisierte Art auffällt. Seinen Arbeitsplatz kann er nicht selbst strukturieren, ständig fehlen ihm Arbeitsmaterialien und seine Aufgaben bringt er auch in der Schule nie zu Ende. Beim Schreiben macht Mario ständig Flüchtigkeitsfehler und seine Handschrift ist kaum leserlich. Seine Noten in der Schule sind von Anfang an schlecht. Der Klassenlehrerin geht es ähnlich wie Marios Mutter. Sie fühlt sich überfordert, da sie ihre Aufmerksamkeit weiteren 23 Kindern widmen muss und sich nicht den ganzen Tag mit Mario beschäftigen kann. Die Lehrerin fordert Marios Eltern auf, dringend etwas zu unternehmen, da »es so mit Mario nicht weiter gehen kann«.

13.1 Merkmale einer Aufmerksamkeitsdefizit-/ Hyperaktivitätsstörung (ADHS)

Was sich im Fallbeispiel bei Mario in Aufmerksamkeits- und Konzentrationsschwäche äußert, tritt bei anderen Kindern aufgrund ihrer körperlichen Unruhe und ihres impulsiven Verhaltens in den Hintergrund. In der Entwicklung jeden Kindes finden sich diese unterschiedlichen Verhaltensmuster wieder. Bei jüngeren Kindern ist die Konzentrationsspanne kleiner als bei älteren Kindern und einige Kinder wiederum sind generell lebhafter als andere.

Eine einheitliche Beschreibung der ADHS-Symptomatik ist auf Grund der unterschiedlichen Erscheinungsformen nicht möglich. Allerdings lassen sich Auffälligkeiten in drei Kernbereichen ausmachen, die sich in Ausmaß und Stärke von der altersgemäßen Entwicklung unterscheiden. Wegen der unterschiedlichen Erscheinungsformen werden bei der Diagnose einer ADHS wiederum drei Subtypen unterschieden. Müller et. al. (2011) und Döpfner, Frölich und Metternich (2007) fassen diese drei Unterformen nach **DSM-IV** jeweils wie folgt zusammen:

- ADHS mit Auffälligkeiten in den drei Kernbereichen Unaufmerksamkeit, Hyperaktivität und Impulsivität (s. u.): »gemischter Subtyp«, ca. 30% aller Fälle (Häßler, 2011)
- ADHS, die, wie im Fallbeispiel, vorwiegend durch Aufmerksamkeitsschwäche und weniger durch Impulsivität und motorische Unruhe gekennzeichnet ist: »vorwiegend unaufmerksamer Subtyp«, ca. 10% aller Fälle (ebd.)
- ADHS, die hauptsächlich durch motorische Unruhe und Impulsivität und weniger durch Aufmerksamkeits- und Konzentrationsprobleme gekennzeichnet ist: »vorwiegend hyperaktiv-impulsiver Subtyp«, ca. 60% aller Fälle (ebd.)

Neben diesen Bezeichnungen finden sich im Kriterienkatalog der **ICD-10** andere Bezeichnungen:

- Einfache Aktivitäts- und Aufmerksamkeitsstörung (F90.0)
- Die hyperkinetische Störung des Sozialverhaltens (F90.1)
- Andere hyperkinetische Störungen (F90.8)
- Die Restkategorie der nicht näher bezeichneten Störungen (F90.0)

Eine Diagnose der ADHS kann nur von einem Fachmann gestellt werden. Kinderärzte sind häufig die ersten Ansprechpartner, viele verweisen dann zu einem Spezialisten aus dem Bereich Kinder- und Jugendpsychiatrie und -psychotherapie.

Folgende Symptomkriterien gelten für die hyperkinetische Störung nach ICD-10 und der Aufmerksamkeitsdefizit-/Hyperaktivitätsstörung nach DSM-IV, die bei Döpfner, Frölich und Lehmkuhl (2000, S. 2) aufgeführt sind:

A. *Unaufmerksamkeit*
1. Beachtet häufig Einzelheiten nicht oder macht Flüchtigkeitsfehler bei den Schularbeiten, bei der Arbeit oder bei anderen Tätigkeiten.

2. Hat oft Schwierigkeiten, längere Zeit die Aufmerksamkeit bei Aufgaben oder Spielen aufrechtzuerhalten.
3. Scheint häufig nicht zuzuhören, wenn andere ihn ansprechen.
4. Führt häufig Anweisungen anderer nicht durch und kann Schularbeiten, andere Arbeiten oder Pflichten am Arbeitsplatz nicht zu Ende bringen (nicht auf Grund von oppositionellem Verhalten oder Verhaltensschwierigkeiten).
5. Hat häufig Schwierigkeiten, Aufgaben und Aktivitäten zu organisieren.
6. Vermeidet häufig, hat eine Abneigung gegen oder beschäftigt sich häufig nur widerwillig mit Aufgaben, die länger andauernde geistige Anstrengung erfordern (wie Mitarbeit im Unterricht oder Hausaufgaben).
7. Verliert häufig Gegenstände, die er/sie für Aufgaben oder Aktivitäten benötigt (z. B. Spielsachen, Hausaufgabenhefte, Stifte, Bücher oder Werkzeug).
8. Lässt sich oft durch äußere Reize ablenken.
9. Ist bei Alltagstätigkeiten oft vergesslich.

B. *Hyperaktivität*
1. Zappelt häufig mit Händen oder Füßen oder rutscht auf dem Stuhl herum.
2. Steht {häufig} in der Klasse oder in anderen Situationen auf, in denen Sitzenbleiben erwartet wird.
3. Läuft häufig herum oder klettert exzessiv in Situationen, in denen dies unpassend ist (bei Jugendlichen oder Erwachsenen kann dies auf ein subjektives Unruhegefühl beschränkt bleiben).
4. Hat häufig Schwierigkeiten, ruhig zu spielen oder sich mit Freizeitaktivitäten ruhig zu beschäftigen.
5. *(*Ist häufig »auf Achse« oder handelt oftmals, als wäre er »getrieben«.*)*
6. (Zeigt ein anhaltendes Muster exzessiver motorischer Aktivität, das durch die soziale Umgebung oder durch Aufforderungen nicht durchgreifend beeinflussbar ist.)

C. *Impulsivität*
1. Platzt häufig mit der Antwort heraus, bevor die Frage zu Ende gestellt ist.
2. Kann häufig nur schwer warten, bis er/sie an der Reihe ist (bei Spielen oder in Gruppensituationen).
3. Unterbricht und stört andere häufig (platzt z. B. in Gespräch oder in Spiele anderer hinein).
4. Redet häufig übermäßig viel (ohne angemessen auf soziale Beschränkung zu reagieren). {Im DSM-IV unter Hyperaktivität subsumiert.}
{ } = nur DSM-IV; ( ) = ICD-10

Der entsprechende Subtypus wird auf der Basis des vorherrschenden Symptommusters während des vergangenen Halbjahres bestimmt und wird dann vergeben, wenn aus der jeweiligen Kategorie mindestens sechs Symptome vorhanden sind (APA, 2000).[21]

Die unterschiedlichen Verhaltensweisen in den drei Kernbereichen haben oft negative Folgen für die Kinder, die über häufige Konflikte oder Kontaktschwierigkeiten bis zur sozialen Isoliertheit führen. Am häufigsten treten diese Probleme beim vorwiegend hyperaktiv-impulsiven Subtypus auf (ebd.). Auch Lern- und Leistungsprobleme sind häufig mit der ADHS-Symptomatik verknüpft, besonders mit dem unaufmerksamen Typus (ebd.). Die beschriebenen Probleme treten nicht nur in der Schule auf. Üblicherweise lassen sich die Auffälligkeiten auch in anderen Lebensbereichen beobachten, besonders in Situationen, in denen von den Kindern eine vermehrte Ausdauer und strukturiertes Vorgehen erwartet wird. In der Familie ist dies bspw. beim Zubettgehen, bei den Mahlzeiten oder Erledigen der Hausaufgaben der Fall. Typischerweise treten die beschriebenen Symptome kaum auf, wenn sich das Kind seiner Lieblingsbeschäftigung widmen kann, die alleinige Aufmerksamkeit von einer Person bekommt oder sich in einer ihm unbekannten Situation befindet.

Die Diagnose ADHS wird dann gestellt, wenn die Symptome schon im frühen Kindesalter aufgetreten sind (vor dem sechsten Lebensjahr) und die Beeinträchtigung in zwei oder mehreren Bereichen, z. B. zu Hause und in der Schule, auftreten. Die soziale und schulische Funktionsfähigkeit muss deutlich eingeschränkt sein. Das Vorliegen einer anderen Erkrankung muss ausgeschlossen werden (Müller, Candrian und Kropotov, 2011).

Bei Kindern und Jugendlichen mit ADHS zeigen sich aber nicht nur negative Auswirkungen der Symptomatik. So berichtet Neuhaus (2007, S. 50), dass die Reizoffenheit oft dazu führt, dass betroffene Kinder und Jugendliche erstaunliche Leistungen im Bereich Merkfähigkeit und Orientierungssinn aufweisen. Außerdem weist sie darauf hin, dass Betroffene auch besonders

---

21 Momentan wird im DSM-V, das voraussichtlich 2013 erscheint, diskutiert, keine Subtypen mehr zu bezeichnen, sondern von »Erscheinungsformen« (freie Übersetzung des Begriffs »presentation« aus der aktuell diskutierten englischsprachigen DSM-V-Vorversion, da die genaue deutsche Bezeichnung noch nicht bekannt ist) zu sprechen. Befunde in Längsschnittstudien haben gezeigt, dass die Subtypen im Laufe der Zeit nicht stabil sind, d. h. es können unterschiedliche Erscheinungsformen über die Lebensspanne auftreten. Eine vierte Erscheinungsform, der restriktiv unaufmerksame Typ (die momentane Bezeichnung lautet »restrictive inattentive«), soll außerdem hinzukommen. Weiterhin wird die Altersgrenze des Beginns der Störung von 7 auf 12 Jahre verschoben werden und einige Kriterien durch konkrete Beispiele spezifiziert (APA, 2012).

schnell reagieren, wenn sie glauben, dass jemand in akuter Gefahr ist und Hilfe bedarf.

Wie die Angaben zur **Prävalenz** zeigen, müssen bei der Diagnosestellung verschiedene Informationsquellen herangezogen werden, da die Beurteilungen der Problematik aus unterschiedlichen Blickwinkeln stark variieren. Es liegt auf der Hand, dass die Einschätzungen von Eltern, Lehrern und Ärzten auf Grund der unterschiedlichen Involviertheit und damit einhergehenden subjektiven Empfindens und Fachwissens auseinander gehen, wenn es darum geht zu beurteilen, ob die Symptome bei einem Kind behandlungsbedürftig sind oder nicht (Lauth & Schlottke, 2009).

Die Berichte der Eltern liefern aber grundlegende Informationen im Rahmen des diagnostischen Vorgehens. An die Exploration von Eltern und Pädagogen können sich gezielte Verhaltensbeobachtungen in beiden Settings anschließen. Hierbei sind die Ärzte und Therapeuten auf die Mitarbeit der Pädagogen angewiesen.

Bei der Diagnosestellung zu beachten ist, dass unaufmerksame oder impulsive Verhaltensweisen auch bei Kindern auftreten, ohne dass notwendigerweise eine ADHS vorliegt. Döpfner et al. (2011) weisen darauf hin, dass bei Kindern mit Entwicklungsauffälligkeiten (bspw. mit einer Lernbehinderung oder einer geistigen Behinderung) überprüft werden muss, ob das beschriebene Verhalten im Rahmen einer allgemeinen Intelligenzminderung auftritt. Auch schulische Unter- bzw. Überforderung muss als Ursache ausgeschlossen werden sowie Medikamente oder schwere psychiatrische Erkrankungen (ebd.). Häßler (2011, S. 56) erachtet es als wichtig, dass Kinder mit einer Intelligenzminderung mit »etablierten diagnostischen Verfahren« untersucht werden, um eine effektive Therapie einzuleiten, falls sich herausstellt, dass eine ADHS vorliegt.

13.2 Häufigkeit und Verlauf

Schlack, Hölling, Kurth und Huss (2007, S. 831) fassen die Zahlen aus der **KIGGS-Studie** zusammen und berichten von einer Lebenszeitprävalenz von 7,1% bei 11–13-Jährigen und 5,6% bei Kindern und Jugendlichen im Alter von 14–17 Jahren. Bei Befragungen von Eltern und Lehrern auf der Basis von Fragebögen liegen die Angaben noch deutlich höher.

ADHS äußert sich in verschiedenen Entwicklungsstadien sehr unterschiedlich. Bereits im Säuglingsalter können auf Grund ungünstiger Temperamentsmerkmale und einer Übererregbarkeit Interaktionsstörungen zwischen Mutter und Kind entstehen, die von Schlaf- und Regulationsstörungen begleitet werden und so einen Risikofaktor für die weitere kindliche Entwicklung darstellen (Ettrich und Ettrich, 2006).

Im Vorschulalter wirken betroffene Kinder oft rast- und ruhelos. Sie beschäftigen sich nur kurz und nicht sehr intensiv mit ihren Spielsachen. Auffällig ist auch eine Häufung von Unfällen, da diese Kinder sich oft in Gefahr begeben, ohne aus diesen Situationen zu lernen. Eine typische Reaktion auf Frustration sind Wutanfälle und oppositionelles Verhalten. Immer wieder berichten Eltern von betroffenen Kindern von nicht enden wollenden Auseinandersetzungen mit dem Kind. Für die Eltern bedeutet das Auftreten dieser Symptome eine hohe Anforderung an ihre Erziehungskompetenzen, der sie auf Grund von andauernden und eskalierenden Verhaltensschwierigkeiten immer weniger nachkommen können. Positive Verstärkung und fürsorgliches Verhalten treten häufig zu Ungunsten von vermehrter Kontrolle und Bestrafung in den Hintergrund, was zur Aufrechterhaltung der Störung beiträgt.

Im Schulalter nimmt das impulsive Verhalten der Kinder nicht ab, da jetzt noch häufige Konflikte mit Gleichaltrigen hinzukommen und im Kontext der veränderten Anforderungen die Schwierigkeiten der Kinder sichtbarer werden. Hohe Ablenkbarkeit und motorische Unruhe in Verbindung mit der beschriebenen Impulsivität kennzeichnen die Hauptproblematik im Schulalter und sind oft verbunden mit anderen Verhaltensauffälligkeiten wie Aggressivität und Disziplinschwierigkeiten, die die Kinder häufig in eine Außenseiterposition drängen. Kinder mit Aufmerksamkeitsstörungen erzielen in der Schule häufig schlechtere Leistungen als ihre Mitschüler. Diese Lernschwierigkeiten sind nicht nur auf das problematische Sozialverhalten und eine ungünstige Arbeitshaltung zurückzuführen, sondern können auch im Zusammenhang mit Entwicklungsrückständen sowie Lernstörungen und Teilleistungsdefiziten stehen (Petermann und Ruhl, 2011). Die Diagnosestellung erfolgt häufig in diesem Alter, da die Anforderungen an das Kind, die in der Schule gestellt werden, die Problematik deutlich verschärfen. (Döpfner et al., 2000).

Lernstörungen und Teilleistungsdefizite sind zwei der Begleit- und Folgesymptome, die bei ADHS im Kindesalter auftreten können. Petermann und Ruhl (2011, S. 681) geben die **Komorbiditäten** im Kindesalter wie folgt an und machen teilweise Angaben zur Auftretenswahrscheinlichkeit:

- Oppositionelle Verhaltensstörungen (30–50%)
- Aggressiv-dissoziale Störungen (30–50%)
- Lernstörungen und Teilleistungsdefizite (20–30%)

- Emotionale Störungen: Angststörungen (20%), depressive Störungen (15%), soziale Unsicherheit
- Ticstörungen
- Sprech- und Sprachstörungen
- Schulleistungsdefizite
- Erhöhte Konflikt- und Stresslevels in den Familien Betroffener

Im späten Jugendalter vermindert sich die motorische Unruhe bei den meisten Betroffenen, die Aufmerksamkeitsstörung hingegen dauert an. Bei betroffenen Jugendlichen können aggressives Verhalten und in 30% der Fälle auch dissoziale Verhaltensweisen bis hin zur Delinquenz und Schulabsentismus dominieren. Hinzukommen können Alkohol- und Drogenmissbrauch im Sinne einer versuchten Selbstmedikation (Döpfner et al., 2000).

ADHS wächst sich im Erwachsenenalter nicht aus. 70–75% der Kinder, bei denen ADHS diagnostiziert wurde, zeigen weiterhin Symptome im Erwachsenenalter, wobei die motorische Unruhe nicht so stark in Erscheinung tritt, weil die betroffenen Erwachsenen gelernt haben, diese zu kontrollieren. Genau wie im Jugendalter bleiben aber die Suchtproblematik und die Neigung zu delinquentem Verhalten erhalten. Hinzu kommen häufig Angstsyndrome und Depressionen (Ettrich und Ettrich, 2006).

13.3 Erklärungsansätze zur Entstehung und Aufrechterhaltung der ADHS-Symptomatik

Die Forschungsbestrebungen zur Erklärung von ADHS haben in den letzten Jahren vielfältige Erkenntnisse hervorgebracht und viele Einflussfaktoren sind mittlerweile gut belegt.

Zur Ausbildung einer erhöhten Gefährdung (**Vulnerabilität**) tragen genetische und organische Faktoren (hier sind frühkindliche Hirnschädigungen prä-, peri- und postnataler Art z. B. durch mütterlichen Nikotinkonsums während der Schwangerschaft zu nennen) bei, die für eine Beeinträchtigung der Aktivierungssteuerung, eine unzureichenden Hemmung von Impulsen (Inhibitionskontrolle) und eine Beeinträchtigung der Reizverarbeitung ursächlich zu sein scheinen (vgl. dazu auch Häßler und Fegert, 2012). Häßler (2011) zitiert mehrere Studien, die belegen, dass genetische Faktoren eine nicht unerhebliche Rolle spielen und auch der Einfluss von perinatalem Stress gut belegt sind.

Um zu erklären, welche Auswirkungen die ADHS auf Betroffene hat, zählt Neuhaus (2007) die unterschiedlichen Aspekte von Aufmerksamkeit auf. Zur Aufmerksamkeit gehört die Bereitschaft des Gehirns, Reize aufzunehmen und zu verarbeiten, in der Literatur auch unter dem Begriff der allgemeinen Wachheit (Vigilanz) zu finden. Neben der Bereitschaft des Gehirns, auf Reize zu reagieren, muss es auch wichtige Reize von unwichtigen unterscheiden, um die Aufmerksamkeit schnell von einem auf einen anderen Aspekt zu verschieben. Unter der »geteilten Aufmerksamkeit« (ebd. S. 43) versteht man die Fähigkeit, zwei oder mehr Aufgaben gleichzeitig zu bewältigen, was von der Automatisierung und dem Schweregrad einer Aufgabe abhängig ist. Ein letzter Aspekt ist »Achtsamkeit« (ebd. S. 43), womit die bewusste Ausführung einer Aufgabe gemeint ist, z. B. die Fähigkeit, sich zu merken, wo man einen Gegenstand abgelegt hat. Von ADHS betroffene Menschen haben mit allen genannten Aspekten Probleme.

Zur Aufmerksamkeit kommen die Bereiche der Erregungssteuerung und Impulskontrolle hinzu. Im Laufe der Entwicklung lernen Menschen ihr Erregungsniveau zu kontrollieren, das bedeutet bspw. zu warten, bis man an der Reihe ist, oder Wut und Frustration auszuhalten und zu kontrollieren. Menschen lernen sich selbst zu steuern. Bei der Beeinträchtigung der Steuerung der Aufmerksamkeit geht man davon aus, dass durch inadäquate Reizübertragung solche Hirnareale, die für die Steuerung der zentralnervösen Erregung verantwortlich sind, nur unzureichend vernetzt sind. Mit diesen Problemen in der Aktivierungsregulation geht eine unzureichende Hemmung von Impulsen einher, die es den betroffenen Kindern schwer macht, unangemessene Reaktionen gezielt zu unterdrücken. Barkley (2011) spricht in diesem Zusammenhang von einer fehlenden Kontrolle über Prozesse zur Hemmung von Verhalten (Inhibitionskontrolle). Da diese Prozesse nur eingeschränkt stattfinden, wirken sie auch nur eingeschränkt auf eine Reihe von Funktionen, die Barkley als *exekutive Funktionen* bezeichnet. Diese exekutiven Funktionen regulieren Handlungen im Hinblick auf die Zukunft. Zu den exekutiven Funktionen zählen neben der zentralen Fähigkeit zur Verhaltenshemmung die kognitive Flexibilität, das Arbeitsgedächtnis, das Planen und Problemlösen und die Fähigkeit, eine bestimmtes Ziel zu fokussieren und zeitgleich andere Dinge ausblenden zu können (Interferenzkontrolle) (Drechsler, 2010).

In diesem Zusammenhang weisen Müller et al. (2011) auf einen veränderten Dopaminhaushalt hin und die damit verbundene Abneigung gegenüber Bedürfnisaufschub. Betroffene Kinder brauchen oft eine unmittelbare und nachdrückliche Belohnung bzw. Bestrafung, um sich angemessen verhalten zu können. Mit zunehmendem Alter ziehen Kinder normalerweise Aktivitäten vor, die sich erst nach längerer Zeit auszahlen. Kinder mit ADHS hingegen bevorzugen Tätigkeiten, die sofort Belohnung versprechen. Das Aufteilen von längeren Tätigkeiten in mehrere kürzere Sequenzen erleichtert bei diesen Kindern daher eine positive Bewältigung von Anforderungen.

Zusammenfassend kann man sagen, dass der beschriebene Mangel in der zentralnervösen Aktivitätsregulation eine eingeschränkte Selbststeuerung zur Folge hat. Ungenügende Verhaltensregulation und -organisation machen sich besonders in Situationen bemerkbar, in denen geplantes und gut strukturiertes Vorgehen erforderlich ist. Betroffenen Kindern fehlt es vor allem an Selbststeuerung, verinnerlichten Selbstanweisungen und der Fähigkeit zur Verallgemeinerung von Regeln. Das weiter oben beschriebene auffällige Verhalten, wie hohe Ablenkbarkeit, Impulsivität, Hyperaktivität und Trödeln, sind die Folge. Barkley (2011) beschäftigt sich im Rahmen seiner Forschung schon seit vielen Jahren mit der Frage, »ob das Befolgen von Regeln an den Impulsen scheitert, etwas anderes zu machen, oder ob die Impulsivität ihrerseits auf einem eingeschränkten sprachlichen Vermögen beruht, das eigene Verhalten zu lenken und zu kontrollieren« (S. 82). Offen ist derzeit noch die Form der Interaktion zwischen Verhaltenshemmung und sprachlicher Verhaltenssteuerung.

Das problematische und auffällige Verhalten des Kindes provoziert Umweltreaktionen, die in einem Teufelskreis münden, weil sie zu einer Problemverschärfung durch Aufrechterhalten des unerwünschten Verhaltens führen. Bezugspersonen finden häufig keinen Ausweg aus diesem Teufelskreis und Erziehungsfertigkeiten werden immer weiter eingeschränkt. Weiter unten wird das Interaktionsmodell von Döpfner, Schürmann und Frölich (2007) beschrieben, das die negativen Interaktionen zwischen Kind und Bezugspersonen darstellt. Die negativen Interaktionsmuster wirken sich ungünstig auf den Störungsverlauf aus und tragen so auch zur Entstehung von Folgeerkrankungen bspw. die Entstehung einer Lernstörung bei. Sie spielen auch eine wichtige Rolle als aufrechterhaltender Faktor im Verlauf der Störung (Petermann und Ruhl, 2011).

Ettrich und Ettrich (2006, S. 87) nennen als Risikofaktoren für eine besonders ausgeprägte Symptomatik und einen chronifizierenden Verlauf neben niedriger Intelligenz frühe und schwerwiegende oppositionell-aggressive Verhaltensstörungen und soziale Faktoren, wie familiäre Instabilität, ungünstiger Erziehungsstil, Beziehungsstörungen innerhalb und außerhalb der Familie, niedriger sozioökonomischer Status und psychische Störungen der Eltern.

Zusammenfassend hält Barkley (2011) fest, dass noch Ursachenforschung betrieben werden muss, das Wissen über die Störung aber dennoch umfangreich genug ist, um gute Behandlungserfolge zu erzielen.

13.4 Methoden der Prävention und Therapie

Wenn eine Aufmerksamkeitsdefizit-/Hyperaktivitätsstörung diagnostisch festgestellt wurde, wird auf Grundlage der gewonnenen Informationen im Rahmen der Diagnosestellung in der Regel mit einer multimodalen ambulanten Therapie begonnen. Eine stationäre Behandlung wird von einem erfahrenen Psychiater meist nur in Betracht gezogen, wenn die begleitenden Störungen besonders ausgeprägt sind, ineffektive ambulante Therapien vorausgegangen sind, das Störungsbild besonders schwer ausgeprägt ist und im sozialen Umfeld nur mangelnde Ressourcen zur Verfügung stehen (Häßler und Fegert, 2012).

Die Therapie ist individualisiert und störungsspezifisch ausgerichtet. Zu Beginn der Therapie steht eine ausführliche Beratung von Kind und Eltern, in der die Ergebnisse der Diagnostik für alle Beteiligten dargestellt werden. Je nach Alter des Kindes werden dann unter Beteiligung der Eltern grundlegende Strategien zur Unterstützung des Kindes und zum Umgang mit dem Kind dargestellt und eine Empfehlung für therapeutische Maßnahmen erarbeitet. Eine zusätzliche Beratung der Pädagogen ist bei deutlicher Beeinträchtigung des Kindes in Schule oder Kita dringend notwendig. Neben der Beratung kommen für die Intervention auch Elterntraining, Familientherapie, kognitive Verhaltenstherapie, **Selbstinstruktions- und Selbstmanagementtechniken** und Pharmakotherapie in Betracht. Im Einzelfall können weniger evidenzbasierte Alternativtherapien zum Einsatz kommen, allerdings sollten keinem betroffenen Kind evidenzbasierte wirksame Behandlungsmethoden vorenthalten werden. (ebd.)

Im Vorschulalter werden bei betroffenen Kindern meist Elterntraining und Familientherapie in Betracht bezogen, da in diesem Alter bei Pharmakotherapie Zurückhaltung geboten zu sein scheint und kognitive Therapien altersbedingt noch nicht durchführbar sind. Auch im Schulalter haben vor allem Elterntrainings noch ihren festen Platz im Therapiekonzept, weil die Eltern-Kind-Interaktionen, wie oben bereits dargestellt, häufig streitbelastet sind und dysfunktionale Erziehungspraktiken als aufrechterhaltender Faktor ausgemacht wurden. Beispielhaft sei hier auf das Elterntraining verwiesen, das im Therapieprogramm »THOP« zu finden ist. Das »Therapieprogramm für Kinder mit hyperkinetischem und oppositionellem Problemverhalten« von Döpfner, Schürmann und Frölich wurde 2007 bei PVU zum vierten Mal aufgelegt. Im Mittelpunkt steht die Förderung positiver Eltern-Kind-Beziehungen durch die Entwicklung und Festlegung von Familienregeln, das Darbieten von effektiven Aufforderungen und eine systematische Belohnung von angemessenem Verhalten, auch unter Einbezug von Kontingenzmanagement.

Im Schulalter und darüber hinaus gewinnen Selbstinstruktions- und Selbstmanagementtrainings an Bedeutung, auch wenn die empirischen Befunde zur Wirksamkeit nicht sehr überzeugend sind (Häßler, 2011). Ziel beim Selbstinstruktionstraining ist es, schwierige Situationen leichter zu meistern, indem handlungsbegleitendes Sprechen geübt wird, um immer wieder abrufbereit zur Verfügung zu stehen. Studien haben allerdings belegt, dass auch hier der Lerntransfer ins Umfeld des Kindes schwer fällt (Döpfner et. all, 2000). Beim Selbstmanagement werden Selbstbeobachtung und anschließende Selbstbelohnung kombiniert. Einige Elemente finden sich auch im Training von Lauth und Schlottke (2009) wieder. Die Therapiebausteine »Basistraining«, »Strategietraining«, »Elternanleitung«, »Wissensvermittlung« und »Vermittlung sozialer Kompetenzen« müssen allerdings durch eine Anleitung von Eltern und Lehrern unterstützt werden, um die positiven Effekte auch auf den Alltag zu übertragen (ebd.).

In den letzten Jahren findet die Methode des Neurofeedbacks immer mehr Beachtung. Müller et al. (2011) führen mehrere Studien auf, die die Wirksamkeit dieser Methode belegen konnten. Hierbei versucht man, die Hirnwellen des Übenden bildlich an einem Monitor darzustellen, z. B. durch die Höhe eines Balkens. Durch Veränderung seines mentalen Zustands versucht der Übende dann, die Höhe des Balkens in die gewünschte Richtung zu verändern. Mit einiger Übung gelingt es den Probanden dann tatsächlich, die Steuerung der Hirnaktivität zu erlernen. Positive Veränderungen konnten im schulischen Bereich und im Sozialverhalten erzielt werden (Petermann und Ruhl, 2011).

Die Pharmakotherapie bei ADHS (allein oder kombiniert mit anderen Therapiebausteinen) ist trotz anhaltender Diskussion ein wichtiger Bestandteil der Therapie. Häßler und Fegert (2011) geben an, dass laut **KiGGS**- (Kinder- und Jugendgesundheitsuntersuchung) und eigenen Studien ungefähr 50% der 7–13-jährigen und ein Drittel der 14–17-jährigen Betroffenen Medikamente verordnet bekommen. Besonders häufig erfolgt eine Behandlung mit Methylphenidat, auch bekannt unter den Markennamen Ritalin, Concerta oder Medikinet. Auf die Behandlung mit Methylphenidat sprechen ca. 70% der Kinder mit ADHS-Symptomatik an (Döpfner, Banaschewski und Sonuga-Barke, 2008). Die Behandlung mit Medikamenten ist immer dann angezeigt, wenn die Symptomatik besonders ausgeprägt ist und mit einer krisenhaften Zuspitzung (bspw. drohende Schulsuspendierung, delinquente Tendenzen, Substanzmissbrauch, extreme Belastung der Eltern-Kind-Beziehung) zu rechnen ist (Häßler und Fegert, 2011) und andere Maßnahmen sich als nicht wirksam erwiesen haben. Oft schafft die Pharmakotherapie auch die Voraussetzungen dafür, dass andere Behandlungsformen überhaupt erst erfolgreich eingesetzt werden können. Zugelassen sind die meisten Medikamente ab einem Alter von sechs Jahren. Die Wirksamkeit der Medikation endet mit dem Absetzen des Medikaments, weshalb die Behandlung meist über mehrere Jahre andauert. Als Nebenwirkungen können Kopf- und Bauchschmerzen, Appetitverlust und Schlaflosigkeit auftreten. Meist lassen sich die Nebenwirkungen mit einer Verminderung der Dosierung abschwächen (Döpfner et al., 2007). Wenige Studien haben die langfristigen Auswirkungen der Medikation zum Thema. Häßler und Fegert (2011) verweisen u. a. auf die MTA-Studie, die einen deutlichen Effekt auf das Wachstum (Wachstumsminderung) über einen Zeitraum von drei Jahren aufzeigt.

Bei der Überprüfung der Wirksamkeit des Medikamenteneinsatzes und bei der Ermittlung der richtigen Dosierung spielen die Beobachtungen der Pädagogen eine wichtige Rolle. Bei einer Einnahme von Methylphenidat ist mit einer Wirksamkeit von bis zu vier Stunden ungefähr 45 Minuten nach der Einnahme zu rechnen. Durch die Einnahme des Medikaments sollte sich die Konzentrationsfähigkeit verbessern und das hyperaktive und impulsive Verhalten vermindert werden. Pädagogen werden in der Regel mittels eines Frage- oder Beobachtungsbogens um eine Stellungnahme gebeten (ebd.).

Jans, Kreiker und Warnke (2008) geben an, dass die maximale Dosis von 1mg/kg Körpergewicht oder 60mg/Tag nicht überschritten werden darf. Bei Kindern mit Epilepsie sollte zuerst die Anfallsfreiheit durch eine entsprechende Medikation gegeben sein, bevor mit Methylphenidat behandelt wird.

Im *präventiven Kontext* spielen Aufmerksamkeits- und Konzentrationstrainings eine Rolle, die sich von den Wirkmechanismen her nicht von den therapeutischen Maßnahmen unterscheiden und weiter oben aufgeführt und erklärt sind. Beispielhaft kann hier das Marburger Konzentrationstraining (MKT) genannt werden, das bisher für drei Altersgruppen vorliegt und mit dem MKT für Kindergarten, Vorschule und Eingangsstufe bereits für jüngere Kinder einsetzbar ist. Innerhalb einer kleinen Gruppe trainieren Kinder die Selbst- und Aufmerksamkeitssteuerung auf dem Hintergrund der verbalen Selbstinstruktion. Die Selbstständigkeit der Kinder soll im schulnahen Kontext gefördert werden. Als eine »relativ kurze, niederschwellige und ökonomische Intervention« (Hahnefeld und Heuschen, 2009, S. 32) eignet sich das MKT auch für die schulische Förderung.

13.5 Informationen für die Arbeit mit betroffenen Familien

In Familien mit von ADHS betroffenen Kindern muss davon ausgegangen werden, dass auch ein oder beide Elternteile selbst betroffen sein können. Ist ein Elternteil mitbetroffen, liegt die Erziehungsarbeit oft beim anderen Elternteil, was nicht selten zu Überforderung und Erschöpfung der Person führen kann, die diesen Part übernimmt. Ein Elternteil fühlt sich stärker in die Verantwortung genommen, weil diese Person spürt, dass der oder die andere die Erziehungsverantwortung nicht mitträgt bzw. mittragen kann. Auch das Kind spürt das Entstehen dieser »erzieherischen Ohnmacht« (Müller et al., 2011, S. 220), was sich wiederum ungünstig auf die Eltern-Kind-Interaktion auswirkt. Vielfach erleben Eltern subtile Vorwürfe dahingehend, dass sie aufgrund ihres Erziehungshandelns ADHS-Symptomatik größtenteils mitverursachen.

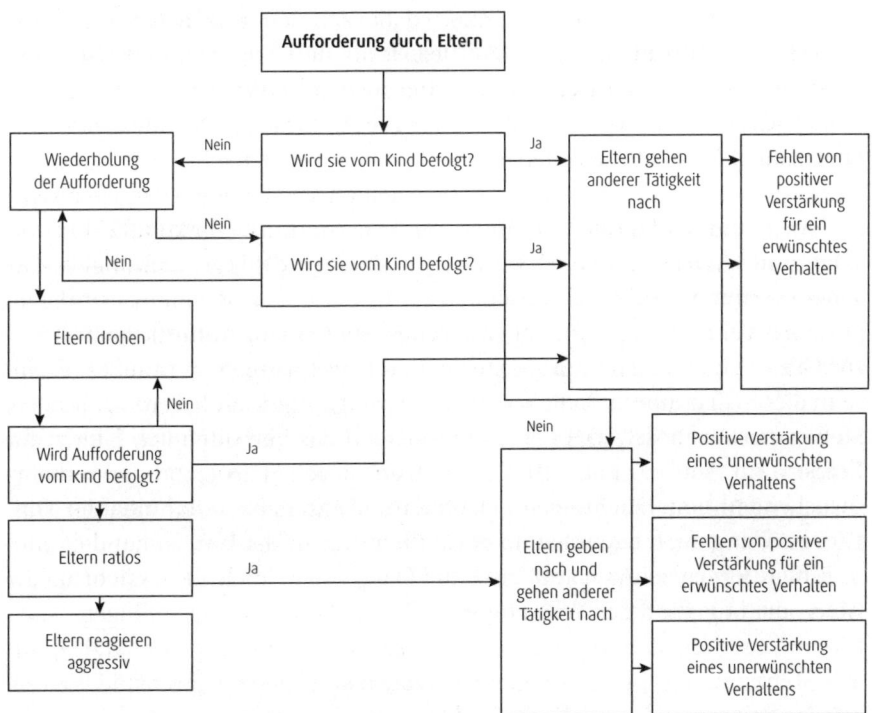

Abb. 9: Teufelskreis negativer Interaktionen zwischen Kind und Bezugsperson, modifiziert nach Döpfner, Schürmann und Lehmkuhl (2006)

Bei der Arbeit mit Eltern steht daher immer das Anbahnen von positiven Interaktionsmustern zwischen Eltern und Kind und damit einhergehend das Wiederherstellen von positivem Erziehungsverhalten der Eltern im Vordergrund. In Abbildung 9 wird der Teufelskreis negativer Interaktionen zwischen Kind und Bezugsperson von Döpfner, Schürmann und Lehmkuhl (2006) modifiziert dargestellt und erklärt. Im Interaktionsmodell ist zu sehen, dass positive Verhaltensweisen des Kindes weniger Beachtung finden als negative, wenn Eltern einer anderen Tätigkeit nachgehen, sobald das Kind die Aufforderung befolgt hat. Das Hervorheben des positiven Verhaltens unterbleibt meist. Die stattfindende negative Verstärkung von auffälligem Verhalten führt zu einer Stabilisation und trägt somit zur Aufrechterhaltung der Störung bei. Diesen Zusammenhang gilt es zu erkennen und Eltern und anderen Bezugspersonen Möglichkeiten an die Hand zu geben, den Teufelskreis zu unterbrechen.

Müller et al. (2011) sprechen in diesem Zusammenhang vom Wiederherstellen einer funktionalen Hierarchie, in der die Eltern den Alltag des Kindes strukturieren, es anleiten und wertschätzend und engagiert führen. Im Rahmen einer Therapie wird versucht, die Eltern dabei zu unterstützen, eine erzieherische Haltung einzunehmen, die auf Beziehung und Kooperation beruht und ihnen helfen soll, dem Kind standhaft und ausdauernd zu vermitteln, was von ihm erwartet wird. In verschiedenen Ratgebern finden sich Anleitungen für Eltern, die diese Haltung widerspiegeln und konkrete Ratschläge an Hand von ausführlichen Beispielen vermitteln. Beispielhaft seien hier die Ratgeber »Wackelpeter und Trotzkopf« (Döpfner, Schürmann und Lehmkuhl, 2011) und »Das große ADHS-Handbuch für Eltern« (Barkley, 2011) genannt. Beide Ratgeber enthalten Strukturierungshilfen für den Alltag, z. B. eine Anleitung zu positiver Verstärkung, zum angemessenen Stellen von Aufforderungen und zur Grenzsetzung oder zum Aufstellen und Durchhalten von Familienregeln.

In diesem Zusammenhang muss auch darauf hingewiesen werden, dass das Stellen der Diagnose ADHS einen Einfluss auf das Verhalten von Eltern und Kindern hat. Müller et al. (2011) thematisieren den Halo-Effekt, der mit entsprechenden Untersuchungen belegt, dass Menschen im Rahmen der Diagnosestellung auch beginnen, in diese Richtung zu denken, zu handeln und zu fühlen. Eltern nehmen auf Grund der Diagnose vermehrt Rücksicht auf ihr Kind oder beginnen das Verhalten des Kindes damit zu entschuldigen. Auch Kinder beziehen sich unter Umständen selbst auf die Diagnose ADHS, um der Grenzsetzung von Eltern oder Pädagogen entgegenzuwirken und ihr Verhalten zu entschuldigen. Dieses Verhalten trägt nicht zu einer Verringerung der ADHS-Symptomatik und zur Entlastung der negativen Interaktionen zwischen Kind und Bezugspersonen bei.

Die Vorschläge zum Umgang mit dem Kind mit ADHS-Symptomatik sind größtenteils auch im pädagogischen Kontext umsetzbar, wenn Eltern, Therapeuten und Pädagogen in regelmäßigem Austausch bleiben und ihr Handeln koordinieren.

13.6 Informationen zum Handeln in pädagogischen Kontexten

Die problematische Interaktion zwischen Erwachsenen und Kind kann auch auf den pädagogischen Kontext übertragen werden. Meist ist die Problematik in der Schule besonders gravierend, weil dort vom Kind ständig gefordert wird, was ihm am schwersten fällt, wie z. B. sich auf Aufgaben zu konzentrieren und sie möglichst zügig und selbstständig zu lösen und dabei ruhig auf dem Platz zu sitzen und sich nicht durch andere Dinge ablenken zu lassen. Dem Kind dabei zu helfen, diese Aufgaben zu bewältigen, erscheint vielen Pädagogen zunächst häufig wie eine unlösbare Aufgabe. Ulbricht (2005) führt eine Umfrage an, die ergab, dass sich 77% von 536 befragten Lehrern nur teilweise oder schlecht mit dem Thema ADHS auskennen. Das Eingehen von Pädagogen auf die vorliegende Problematik des Kindes und die Erklärung der Bereitschaft zur Zusammenarbeit mit Eltern und Ärzten stellt den wichtigsten Schritt im Rahmen einer adäquaten Beschulung dar.

Wie oben dargestellt, wird der Pädagoge bereits in die Diagnosestellung mit einbezogen, und hier bietet sich die Möglichkeit, ebenfalls Beratung zum Umgang mit Kindern mit ADHS einzuholen, falls dieses nötig sein sollte. Oft ist es auch erst das Gespräch mit den Eltern und das Schildern des problematischen Verhaltens ihres Kindes im Unterricht, das zur Diagnosestellung beiträgt. Auch hier sei darauf verwiesen, dass auch für Pädagogen gilt, was bereits im vorhergehenden Abschnitt beschrieben wurde: Kinder verhalten sich in verschiedenen Lebensbereichen unterschiedlich und die Probleme in der Schule müssen nicht zwangsläufig mit denen zu Hause übereinstimmen. Hierzu ist anzumerken, dass beim Gespräch mit den Eltern kultursensibles Verhalten von Seiten des Pädagogen auch deshalb notwendig ist, weil Unterschiede häufig zu Unverständnis bei der Beurteilung von auffälligem Verhalten führen. Eltern aus anderen Kulturkreisen mögen das Verhalten ihres Kindes vielleicht nur als lebhaft empfinden und haben vielleicht kein Verständnis dafür, dass dieses Verhalten zu Problemen im Unterricht führen kann (Müller et al., 2011).

Ist die Diagnose ADHS bei einem Kind gestellt, gibt es neben der Zusammenarbeit mit Eltern und Ärzten einige Grundprinzipien für die Beschulung. Eine wesentliche Voraussetzung ist die innere Haltung der Lehrperson, die dem Kind mit ADHS entgegengebracht wird. Barkley (2011, S. 355) fasst die Prinzipien, die die Haltung des Pädagogen prägen sollten, wie folgt zusammen: »Seien sie konsequent, nehmen Sie die Probleme des Kindes nicht persönlich, vergessen sie nicht, dass das Kind eine Behinderung hat und lernen Sie, zu verzeihen.« Müller et al. (2011, S. 214) gehen noch weiter und stellen fest, dass es drei Variablen gibt, die eine gute Lehrperson ausmachen, nämlich »Wertschätzung, Engagement und soziale Belastungsfähigkeit«. Im Rahmen ihrer Berufserfahrung konnten sie feststellen, dass es vor allem die soziale Belastungsfähigkeit ist, die es den Lehrern leichter macht, sich an den positiven Eigenschaften des Schülers zu orientieren und schwieriges Verhalten des Schülers nicht sofort als Provokation zu empfinden. Das bedeutet nicht, dass jedes Verhalten erduldet werden muss, sondern lediglich, dass eine engagierte und wertschätzende Haltung es erleichtert, Kinder auf ihrem Weg zum erfolgreichen Lernen zu begleiten. Die eingeschränkten *exekutiven Funktionen*[22] des Kindes müssen vom Pädagogen teilweise kompensiert werden. Die Autoren erwähnen in diesem Zusammenhang auch, dass Pädagogen oft das »Gleichbehandlungsideal« aller Schüler anführen (S. 215), was allerdings im Gegensatz zur individuellen und ressourcenorientierten Förderung eines jeden Kindes steht, die Pädagogen ein Anliegen sein muss.

Das Unterstützen der beeinträchtigten exekutiven Funktionen stellt jeden Pädagogen vor eine Herausforderung, deren Annahme hoch anzuerkennen ist. Folgende Faktoren gilt es nach Müller et al. (2011) bei der Schaffung von günstigen Schulstrukturen zu bedenken:

- *Innere Klarheit und einfache Orientierung:* Regelmäßig wiederkehrende Abläufe und gute Orientierung bieten dem beeinträchtigten Schüler Sicherheit. Ergänzend kann erwähnt werden, dass auch das Aufteilen von größeren Arbeiten in kleinere Arbeitsaufträge zur Orientierung beiträgt.
- *Integrierende Unterstützungsangebote:* Im Rahmen von inklusiver Beschulung ist das Bereitstellen von Unterstützungsangeboten für Schüler mit

---

22 Unter den exekutiven Funktionen versteht man die Fähigkeit zur Selbstregulation. Dazu zählen die Fähigkeit zur Verhaltenshemmung, die kognitive Flexibilität, das Arbeitszeitgedächtnis, das Planen und Problemlösen und die Fähigkeit, ein bestimmtes Ziel zu fokussieren und zeitgleich andere Dinge ausblenden zu können (Interferenzkontrolle) (Drechsler, 2010).

ADHS vielerorts einfacher geworden. Manchmal ist es nötig, den Kindern mit ADHS außerhalb der Klasse kurze Ruhezeiten anzubieten, damit sie einen Weg finden, zur Ruhe zu kommen, und wieder im Unterricht mitarbeiten können. Vielleicht gibt man dem Kind im Rahmen eines kurzen Gesprächs die Möglichkeit, diesen Prozess einzuleiten. Ergänzend ist anzumerken, dass auch die soziale Integration Unterstützung durch engagiertes pädagogisches Handeln bedarf.

- *Klassengröße:* Aussagen zur Klassengröße lassen sich schlecht treffen. Sicherlich ist dabei aber zu bedenken, dass ein Kind besser in einer großen Klasse, die sich sozial und kooperativ verhält, aufgehoben ist als in einer kleinen Klasse, in der viele Schüler problematische Verhaltensweisen zeigen.
- *Unterstützungsangebote:* Besonders wenn begleitende Lernschwierigkeiten auftreten, muss dem Kind entsprechende Unterstützung angeboten werden. Getrenntes Unterrichten sollte aber höchstens stundenweise stattfinden, um die Integration des Kindes in die Klassengemeinschaft nicht noch zu erschweren.
- *Hausaufgabenstunden:* Die Hausaufgaben belasten oft die Eltern-Kind-Beziehung. Eine große Erleichterung kann man Eltern und Kind verschaffen, wenn das Kind die Hausaufgaben (evtl. im Rahmen von Ganztagsschulen o. ä. Angeboten) in der Schule erledigen kann oder der Lehrer zumindest gewährleisten kann, dass die Hausaufgaben vollständig notiert wurden.
- *Führungsstrukturen in der Schule:* Die Autoren weisen ausdrücklich darauf hin, dass die Kompetenzen der Schulleitung einen großen Einfluss auf eine positive Interaktion zwischen allen Beteiligten haben. Auch das Aufnehmen von entsprechenden Fortbildungsmaßnahmen ins schulinterne Fortbildungscurriculum ist hier hervorzuheben
- *Kontrollmechanismen durch Präsenz und Absprache:* Die verminderte Selbstkontrolle von Kindern mit ADHS fordert den Lehrer ständig auf, durch Präsenz die vermehrte Kontrollfunktion zu übernehmen und notwendige Maßnahmen einzuleiten. Z. B. ist es sinnvoll, betroffene Kinder in der Nähe der Lehrer sitzen zu lassen, sodass ein Blick oder ein kurzes Berühren durch die Lehrperson das Kind an seine Aufgabe erinnert. Im Zusammenhang mit klaren Absprachen ist es ratsam, das Kind daran zu erinnern, dass es z. B. nur einer anderen Tätigkeit nachgehen darf, wenn es seine Aufgabe erledigt hat. Die konsequente Einhaltung von Absprachen hilft dem Kind, sich zu orientieren.

Besondere Erwähnung verdient in diesem Zusammenhang das Übungsprogramm »ADHS in der Schule« (Lauth und Naumann, 2009), das in manualisierter Form vorliegt und Lehrern einen Überblick über die Thematik ADHS gibt und Sicherheit im Umgang mit Kindern, die von ADHS betroffen sind, vermitteln soll. Das Programm kann von Schulen in Eigenregie durchgeführt werden oder in Zusammenarbeit mit einem Psychologen im Kollegium angeboten werden. Es greift die erwähnten Prinzipien auf und bietet den Teilnehmern die Möglichkeit, die Integration der Prinzipien in den Arbeitsalltag zu realisieren. Zusätzlich hält das Programm Materialien bereit, die sofort in den Unterrichtsalltag übernommen werden können.

Das Gespräch mit der Lehrerin hatte »Signalwirkung« für Marios Mutter. Nachdem sie feststellen musste, dass die Probleme ihres Kindes nicht nur zu Hause zu Tage treten, hat Sie gemeinsam mit ihrem Mann einen Termin in der ADHS-Ambulanz des nahegelegenen Universitätsklinikums wahrgenommen, den ihnen ihr Kinderarzt nahe gelegt hat.

Nach eingehender Diagnostik wurde bei Mario eine ADHS (vorwiegend unaufmerksamer Subtyp) festgestellt. Die anschließende Elternberatung hat den Eltern gezeigt, dass es genau der oben beschriebene Teufelskreis ist, in dem sie sich häufig im Umgang mit ihrem Kind verlieren. Bereits die Tatsache, dass Sie durch entsprechendes Handeln ihrem Kind eine Orientierung und Hilfestellung bieten können, stellt eine Erleichterung für beide Elternteile dar. Die familiäre Situation ist auch weiterhin schwierig, entspannt sich aber zusehends. Durch Absprachen mit der Lehrerin gelingt es Marios Mutter, auch die Hausaufgabensituation besser zu handhaben. Die Lehrerin sieht davon ab, Mario zusätzlich Aufgaben für zu Hause zu geben, die er in der Schule nicht geschafft hat. Sie achtet darauf, dass Mario seine Aufgaben in der Schule zu Ende bringt und die Hausaufgaben am Ende des Tages in seinem Hausaufgabenbuch vollständig notiert sind. Weiterhin denkt die Lehrerin über die Einführung eines altersangemessenen **Tokensystems** für Mario nach. Im nächsten Elterngespräch möchte Sie das gerne besprechen.

Mario nimmt im Rahmen der Therapie an einem Aufmerksamkeitstraining in einer kleinen Gruppe teil, wo Selbstinstruktions- und Selbstmanagementtechniken altersgerecht geübt werden. Die **Pharmakotherapie** zieht der Kinder- und Jugendpsychiater auf Grund der noch wenig fortgeschrittenen Schwere des Störungsbildes nicht in Betracht. Das Training spricht bei Mario gut an und die neu etablierten Strukturen in der Schule und zu Hause helfen ihm dabei Situationen, die für ihn immer schwierig gewesen sind, besser zu bewältigen, sodass er seit langem auch wieder Lob und Bestätigung für seine Leistungen bekommt.

Weiterführende Informationen

www.zentrales-adhs-netz.de
www.adhs.info
www.adsev.de
www.adhs-deutschland.de

Literatur

American Psychiatric Association (APA) (2000). *Diagnostisches und Statistisches Manual Psychischer Störungen – Textrevision – DSM-IV-TR, dt. Bearbeitung und Einführung von Saß, H., Wittchen, H.-U., Zaudig, M. & Houben, I. (2003)*. Göttingen: Hogrefe.

Döpfner, M., Banaschewski, T. & Sonuga-Barke, E. (2008). Aufmerksamkeits-/Hyperaktivitätsstörung (ADHS). In F. Petermann (Hrsg.), *Lehrbuch der Klinischen Kinderpsychologie* (6. Aufl.). Göttingen: Hogrefe.

Döpfner, M., Frölich, J. & Lehmkuhl, G. (2000). *Hyperkinetische Störungen*. Göttingen: Hogrefe.

Döpfner, M., Frölich, J. & Metternich, W. (2007). *Ratgeber ADHS* (2. Aufl.). Göttingen: Hogrefe.

Döpfner, M, Schürmann, S. & Frölich, J. (2007). *Therapieprogramm für Kinder mit hyperkinetischem und oppositionellem Problemverhalten THOP* (4. Aufl.). Weinheim: PVU.

Döpfner, M, Schürmann, S. & Lehmkuhl, G. (2011). *Wackelpeter und Trotzkopf. Hilfe bei hyperkinetischem und oppositionellem Verhalten* (4. Aufl.). Weinheim: PVU.

Drechser, H. (2010). Neuropsychologie. In H.-J. Steinhausen, A. Rothenberger & M. Döpfner (Hrsg.), *Handbuch ADHS-Grundlagen, Klinik, Therapie und Verlauf der Aufmerksamkeitsdefizit- Hyperaktivitätsstörung*. Stuttgart: Kohlhammer.

Ettrich, C. & Ettrich, K.-U. (2006). *Verhaltensauffällige Kinder und Jugendliche*. Heidelberg: Springer.

Hahnefeld, A. & Heuschen, U. (2009). Versorgungsstudie zum Marburger Konzentrationstraining (MKT) bei Grundschulkindern mit Symptomen einer Aktivitäts- und Aufmerksamkeitsstörung. *Kindheit und Entwicklung, 1*, 30–38.

Häßler, F. (2011). *Intelligenzminderung. Eine ärztliche Herausforderung*. Heidelberg: Springer.

Häßler, F. & Fegert, J. M. (2012). Hyperkinetische Störungen. In J. M. Fegert, C. Eggers & F. Resch (Hrsg.), *Psychiatrie und Psychotherapie des Kindes- und Jugendalters* (2. Aufl.). Göttingen: Hogrefe.

Jans, T., Kreiker, S. & Warnke, A. (2008). Multimodale Therapie der Aufmerksamkeitsdefizit-/Hyperaktivitätsstörung im Kindesalter. *Der Nervenarzt, 79*, 791–800.

Krowatschek, D., Albrecht, S. & Krowatschek, G. (2010). *Marburger Konzentrationstraining (MKT) für Kindergarten, Vorschule und Eingangsstufe* (3. Aufl.). Basel: Borgmann.

Lauth, G. W. & Naumann, K. (2009). *ADHS in der Schule. Übungsprogramm für Lehrer*. Weinheim: Beltz.

Lauth, G. W. & Schlottke, P. F. (2009). *Training mit aufmerksamkeitsgestörten Kindern* (6. Aufl.). Weinheim: Beltz.

Müller, A., Candrian, G. & Kropotov, J. (2011). *ADHS Neurodiagnostik in der Praxis*. Heidelberg: Springer.
Neuhaus, C. (2007). *ADHS bei Kindern, Jugendlichen und Erwachsenen. Symptome, Ursachen und Behandlung* (2. Aufl.). Stuttgart: Kohlhammer.
Petermann, F. & Ruhl, U. (2011). Aufmerksamkeitsdefizit-/Hyperaktivitätsstörungen (ADHS). In H.-U. Wittchen, J. Hoyer (Hrsg.), *Klinische Psychologie und Psychotherapie* (2. Aufl.). Heidelberg: Springer.
Schlack, R., Hölling, H., Kurth, B. M. & Huss, M. (2007). Die Prävalenz der Aufmerksamkeitsdefizit-/Hyperaktivitätsstörung (ADHS) bei Kindern und Jugendlichen in Deutschland. *Bundesgesundheitsblatt, 50,* 827–835.

Verzeichnis der Internetquellen

American Psychiatric Association (APA) (2012). *Rationale for Changes in ADHD in DSM-5*. Zugriff am 13.11.2012 unter
http://www.dsm5.org/ProposedRevision/Pages/proposedrevision.aspx?rid=383#

14

Schlafstörungen

Birte Hoffmann

> **Fallbeispiel**
>
> Marc ist 5;9 Jahre alt und insgesamt altersgemäß entwickelt. Doch nahezu jeden Abend kommt es zu Konflikten, wenn er ins Bett gehen soll.
> Die Eltern von Marc sind mittlerweile erschöpft und verzweifelt. Sie berichten, dass Marc verschiedene »Strategien« anwendet, um das »Zu-Bett-Gehen« hinauszuzögern. Anfangs müsse er mehrfach aufgefordert werden, sich die Zähne zu putzen und sich bettfertig zu machen, wobei er die Aufforderungen der Eltern ignoriert, indem er einfach weiterspielt. Bereits hier kommt es regelmäßig zu Konflikten zwischen seinen Eltern und ihm. Marcs Eltern beschreiben, dass die Zubettgehsituation gleich sehr angespannt ist und meist mit Drohungen, Geschrei und »Kämpfen« vonstatten gehe.
> Liegt Marc endlich im Bett, steht er noch mehrfach wieder auf und begründet dies damit, noch einmal auf die Toilette zu müssen, noch Durst zu haben oder nicht schlafen zu können. Bis er eingeschlafen ist, vergehen vielfach zwei Stunden.

In den meisten Nächten wacht er auf und kann dann nicht wieder alleine einschlafen. Er wechselt meist nachts ins Bett der Eltern und findet nach einiger Zeit wieder in den Schlaf.

Da Marc keinen Mittagsschlaf macht, hat er oft nur 7–8 Stunden Schlaf in der Nacht und ist nachmittags müde. Vormittags hingegen wirkt Marc wie »aufgezogen« und man merkt ihm seinen wenigen Schlaf nicht an.

14.1 Merkmale von Schlafstörungen

In pädagogischen Kontexten wird üblicherweise nicht an Schlafstörungen gedacht, wenn ein Kind oder Jugendlicher unaufmerksam oder unkonzentriert ist. Das Thema Schlafen kommt oft erst dann zur Sprache, wenn Kinder oder Jugendliche übermüdet und schläfrig wirken oder die Eltern besorgt von andauernden Ein- oder Durchschlafproblemen ihrer Kinder berichten. Schlafstörungen werden häufig übersehen oder nicht in Betracht gezogen, Schlafhygiene erhält vielfach nicht die Aufmerksamkeit, die sie verdient hätte.

Es werden drei verschiedene Formen von Schlafstörungen unterschieden (vgl. Fricke-Oerkermann et al., 2007a und 2007b; Fricke-Oerkermann und Lehmkuhl, 2008; Hagenah, 2002):

1. Ein- oder Durchschlafstörungen (Insomnien),
2. das Auftreten besonderer Ereignisse in der Nacht, wie z. B. Albträume, Nachtschreck oder Schlafwandeln (Parasomnien),
3. das Kind oder der Jugendliche schläft mehr als andere Kinder und Jugendliche in seinem Alter (Störungen des Schlaf-Wach-Rhythmus oder Tagschläfrigkeit).

Insbesondere die ersten beiden Punkte können zur Folge haben, dass sich die Schlafprobleme in hyperaktivem oder anderen Formen auffälligen Verhaltens äußern (Fricke-Oerkermann und Lehmkuhl, 2008). Wichtig zu beachten bei der psychologischen Abklärung von Schlafstörungen ist, ob sie als Begleiterscheinung eines anderen Krankheitsbildes auftreten. So führen chronische Krankheiten, wie zum Beispiel Asthma oder Neurodermitis, die sich insbesondere nachts verstärken, zu Ein- oder Durchschlafproblemen. Ebenfalls konnte ein Zusammenhang zwischen psychischen Störungen, wie zum Beispiel Angststörungen, hyperkinetische Störungen oder Depressionen, und Schlafstörungen nachgewiesen werden (vgl. Fricke-Oerkermann und Lehmkuhl, 2008; Hagenah, 2002). Hagenah (2002) stellt verschiedene Studien vor, die belegen, dass viele von Anorexia nervosa (Magersucht) betroffene Jugendliche von Schlafstörungen berichten (Nobili et al., 1999) sowie bis zu 60% der Kinder und Jugendlichen, die am Tourette-Syndrom (Tic-Störung) leiden (Allen et al., 1992). Studien zu Schlafstörungen infolge eines Aufmerksamkeits-Defizit-Hyperaktivitäts-Syndroms (ADHS) sind widersprüchlich. Hier findet sich eine Diskrepanz zwischen Elterneinschätzungen und tatsächlichen medizinisch gewonnen objektiven Daten. Diese wird so erklärt, dass die Schlafstörung offenbar häufig als Begleitsymptom einer komorbiden Störung, wie z. B. Angststörungen, oder als Nebenwirkung der medikamentösen Therapie zu verstehen ist (vgl. Hagenah, 2002).

Von chronischen Ein- und Durchschlafstörungen wird in der **ICD-10** dann gesprochen, wenn sie mindestens drei Mal die Woche über einen Zeitraum von mindestens einem Monat konstant auftreten. Kinder zeigen tagsüber meist keine Müdigkeitserscheinungen und fühlen sich subjektiv kaum beeinträchtigt. In vielen Fällen ist ein »überdrehtes« oder hyperaktives Verhalten beobachtbar. Jugendliche hingegen berichten häufiger von einer Einschränkung der Aktivität, da sie sich tagsüber schlapp und unausgeschlafen fühlten (vgl. Fricke-Oerkermann und Lehmkuhl, 2008).

Einschlafprobleme sind dadurch gekennzeichnet, dass die Kinder und Jugendlichen Schwierigkeiten haben, in den Schlaf zu finden und versuchen, das Zubettgehen hinauszuzögern. So trödeln Kinder beispielsweise beim Zähneputzen oder beim Ausziehen, versuchen, die Eltern so lange wie möglich nach dem »Gute-Nacht-Sagen« im Zimmer zu halten, oder finden Gründe, um noch einmal aufzustehen bspw. weil sie Durst haben oder ihr Stofftier suchen müssen. Ältere Kinder und Jugendliche hingegen lesen vor dem Einschlafen noch lange oder hören Musik. Sind sie dann schließlich eingeschlafen, kommt es wie im Fallbeispiel häufig vor, dass sie nachts aufwachen und nicht wieder alleine in den Schlaf finden. Sie suchen dann oft die Nähe ihrer Eltern und können nur in deren Bett wieder in den Schlaf finden.

Durchschlafprobleme können auch von besonderen Ereignissen in der Nacht verursacht sein, wie Alpträume, der Pavor nocturnus (Nachtschreck) oder Schlafwandeln. Aus Alpträumen wachen Kinder und Jugendliche meist schreckhaft hoch. Die Träume beinhalten in vielen Fällen eine Bedrohung des eigenen Lebens oder der eigenen Sicherheit. Überwiegend treten sie in der zweiten Nachthälfte auf und finden während der so genannten REM-Schlafphase[23] statt. Beim Schlafwandeln und beim Nachtschreck sind die Kinder desorientiert und haben anschließend keine Erinnerung daran.

---

23 REM-Schlaf Rapid Eye Movement: Rasche Augenbewegungen; häufig verbunden mit Träumen. Ein Entzug des REM-Schlafs ist oft mit psychischen Reaktionen verbunden.

Der Nachtschreck ist ein ein- oder mehrmaliges Erwachen aus dem Schlaf und beginnt mit einem Panikschrei, ist durch starke Angst des Kindes, unkontrollierte Körperbewegungen und Übererregbarkeit (z. B. schnelle Atmung) gekennzeichnet. Die Kinder reagieren nicht auf Ansprache, es erscheint so, als verharren sie in einem »Schockzustand« und können nur sehr schwer aufgeweckt werden. Dieser Zustand hält zwischen einer und 15 Minuten an.

Schlafwandeln wird in der ICD-10 als das ein- oder mehrmalige Verlassen des Bettes und Umhergehen beschrieben. Betroffene Kinder und Jugendliche reagieren meist nicht auf Ansprache und sind nach dem Erwachen desorientiert. Sowohl der Nachtschreck als auch das Schlafwandeln treten vermehrt in der ersten Nachthälfte auf.

Weiterhin können Zähneknirschen, Sprechen im Schlaf oder ruckartige rhythmische Bewegungen Durchschlafprobleme verursachen (vgl. Fricke-Oerkermann et al., 2007a).

14.2 Häufigkeit und Verlauf

Die Befunde zur Häufigkeit und Verbreitung von Schlafstörungen variieren. Pitzer und Schmidt (2011) zitieren eine Studie von Meltzer und Mindell (2006), nach der die Häufigkeit aller Schlafstörungen im Kindes- und Jugendalter zwischen 25–40% liegen. In der Kölner Kinderschlafstudie (Kraenz et al., 2003) wurden rund 6.500 Elternfragebögen zum kindlichen Schlafverhalten ausgewertet. Die Drei-Monats-**Prävalenzen** der Kinder im Einschulalter lagen bei bis zu 23%. So wurden Ein- und Durchschlafprobleme von ca. 18% der Eltern angegeben, weiterhin erwachten nach Aussage der Eltern ca. 23% der Kinder in der Nacht. 14% der Kinder hatten in den letzten drei Monaten Alpträume. Signifikante Unterschiede zwischen Mädchen und Jungen ließen sich dabei nicht finden.

Paavonen et al. (2000, zitiert nach Fricke und Lehmkuhl 2006) führte eine Studie mit 5.813 Grundschulkindern im Alter von 8 bis 9 Jahren durch. Nach Elternangaben hatten hier 22% der Kinder Schlafprobleme. Mit 11% wurden insbesondere Einschlafprobleme am häufigsten berichtet. Bei der Befragung der Kinder gaben 18% im Selbsturteil Schlafprobleme an. Owens et al. (2000, zitiert nach Fricke und Lehmkuhl, 2006) hat in diesem Zusammenhang festgestellt, dass sich häufig eine Diskrepanz zwischen der Wahrnehmung der Eltern und der Kinder bzw. Jugendlichen finden lässt. Dies wird damit begründet, dass das Belastungsempfinden der Eltern bei Kindern im Grundschulalter bezüglich der Schlafprobleme deutlich geringer zu sein scheint als bei Kindern im Säuglingsalter. Fricke-Oerkermann und Lehmkuhl (2006) erklären dies damit, dass die Schlafstörungen der Kinder im höheren Alter »weniger bemerkt werden« und sich die Eltern dadurch »weniger gestört fühlen« (S. 15).

Eine vermeintliche Reduktion von Schlafstörungen beschreiben auch Wolke et al. (1994) in einer Studie mit 432 Kleinkindern (vgl. Kraenz et al, 2003; Fricke und Lehmkuhl, 2006). Während im Alter von 5 Monaten sowie im Alter von 20 Monaten ca. 22% der Kinder unter Durchschlafproblemen litten, sind es im Alter von 56 Monaten nur noch 13%. Einschlafprobleme wurden bei 12% dieser Altersgruppe festgestellt. Dies würde zunächst bedeuten, dass Schlafprobleme mit zunehmendem Alter abnehmen. Jedoch belegt die Studie auch, dass für Kinder mit Durchschlafproblemen ein erhöhtes Risiko besteht, dass die Schlafstörungen anhalten. So kam die Kölner Kinderschlafstudie zu dem Ergebnis, dass bei einem hohen Anteil der Viertklässler mit Ein- und Durchschlafstörungen diese andauernd sind und über mehrere Jahre bestehen bleiben.

Insgesamt lässt sich sagen, dass viele Schlafprobleme entwicklungsbedingt und daher auch altersabhängig sind und bei einem großen Teil der Kinder im Laufe der Entwicklung zurückgehen (vgl. Fricke-Oerkermann und Lehmkuhl (2008). Dennoch klagen 17% der 17-jährigen Jugendlichen über eine mangelnde Erholung im Schlaf und weiterhin 6% über Einschlafprobleme. Hingegen bilden sich das Schlafwandeln und der Nachtschreck bis spätestens zur Pubertät meist völlig zurück (vgl. Fricke-Oerckermann et al, 2007a).

Eine Störung des Schlaf-Wach-Rhythmus bzw. Tagschläfrigkeit ist die am häufigsten verbreitete Störung im Jugendalter. Sie ist dadurch gekennzeichnet, dass Jugendliche in der Woche häufig unter einem Schlafdefizit leiden, das am Wochenende durch verhältnismäßig lange Schlafperioden kompensiert werden soll. Die Häufigkeit dieser Schlafstörung liegt bei 5–10% (vgl. Esser, 2008).

14.3 Erklärungsansätze

Für Schlafstörungen finden sich verschiedene Erklärungsansätze. Meist sind es wieder mehrere Einflussfaktoren, die zusammenspielen.

Insbesondere psychosoziale Faktoren spielen eine große Rolle bei Ein- und Durchschlafproblemen und Alpträumen. Dies können abendliche Aktivitäten sein, die sich negativ auf den Schlaf auswirken und/oder Ängste vor dem Zubettgehen schüren. Zu nennen sind hier externe Auslöser wie Fernsehen – mit möglicherweise nicht altersgerechten Sendungen –, stimulierende Getränke wie Cola, Kaffee oder Tee, die vor der Zubettgehzeit eingenommen werden, eine körperlich anstrengende oder anregende Tätigkeit kurz vor der Zubettgehzeit oder motorische Anspannungen. Psychische Faktoren wie schlafbezogene Ängste z. B. vor der Dunkelheit, der Stille oder des Alleinseins sowie abendliche Konflikte, die sich um das Zubettgehen drehen, beeinträchtigen ebenfalls das Ein- oder Durchschlafen, insbesondere bei Kindern (vgl. u. a.: Fricke-Oerkemann et al., 2007a, Fricke-Oerkemann und Lehmkuhl, 2008).

Auch das Verhalten der Eltern nimmt großen Einfluss auf den Ein- und Durchschlafprozess der Kinder. Hier spielt der Umgang der Eltern mit dem kindlichen und jugendlichen Schlaf eine große Rolle, so zum Beispiel das Wissen um Faktoren, die den Schlafrhythmus beeinflussen, die eigene Einstellung zum Schlaf oder aber kulturelle Faktoren (vgl. Fricke und Lehmkuhl, 2006). In der Internationalen Klassifikation der Schlafstörungen (ICSD-2) werden dabei zwei Typen von verhaltensbedingten Ein- und Durchschlafstörungen unterschieden (vgl. Pitzer und Schmidt, 2011):

- Sleep-Onset-Association-Typ
  Häufig haben sich beim Einschlafen Rituale oder Abläufe zwischen Eltern und Kindern eingespielt, die sich insofern problematisch auswirken, als dass das Kind nur unter genau diesen speziellen Bedingungen einschlafen kann. Eine solche Bedingung kann beispielsweise die Anwesenheit bestimmter Personen wie Vater oder Mutter sein oder aber das Vorlesen einer Geschichte. Liegen diese Bedingungen aus bestimmten Gründen oder Umständen nicht vor, so kommt es zu einer Verzögerung des Einschlafens oder aber der Schlaf ist in anderer Form gestört.
- Limit-Setting-Typ
  Wie im Fallbeispiel dargestellt, geht es hierbei darum, wie Eltern auf die Hinauszögerungsprozesse oder die Verweigerung des Zubettgehens des Kindes reagieren. Es passiert nur zu schnell, dass sich Eltern auf diese Versuche des Kindes einlassen und mit ungeeigneter Grenzsetzung und mangelnder Konsequenz auf dieses Verhalten reagieren. Manchmal hängt die Weigerung einer adäquaten Zubettgehzeit auch von mangelnder Schlafdisziplin ab, wenn die Eltern ansonsten unregelmäßige und insbesondere inadäquate Zeiten des Zubettgehens festgelegt haben (vgl. Fricke und Lehmkuhl, 2006).
  Die sogenannten verhaltensbedingten Ein- und Durchschlafstörungen treten häufig im Zusammenhang mit Autismus oder anderen tiefgreifenden Entwicklungsstörungen auf, so dass eine Abklärung im Vorfeld erforderlich

ist (vgl. Pitzer und Schmidt, 2011). Zu den verhaltensbedingten Schlafstörungen zählen auch die durch nächtliches Essen und Trinken bedingten Schlafstörungen. Diese wirken sich so aus, dass das Kind oder der Jugendliche nachts erwacht und ohne Essen und/oder Trinken nicht wieder einschlafen kann. In diesem Fall können Gewohnheiten als Grund genannt werden, die sich im Laufe der Zeit eingeschlichen haben und nachts vom Kind eingefordert werden.

Weiterhin lassen sich Umgebungsbedingungen als Erklärung für Schlafstörungen heranziehen. Kraenz et al. (2004) haben in der Kölner Kinderschlafstudie nachweisen können, dass sich Ein- und Durchschlafstörungen sowie die Tagesmüdigkeit, die sich insbesondere bei Jugendlichen häufig zeigt, auf untersuchte Umgebungsfaktoren wie Lärm, Licht, zu hohe oder niedrige Temperatur oder schlafbeeinträchtigende Medikamente zurückführen lassen (vgl. Kraenz et al., 2004).

Liegen Krankheiten wie Asthma, Neurodermitis oder eine Nahrungsmittelallergie vor, so kann auch dadurch der nächtliche Schlaf oder das Einschlafen beeinträchtigt und gestört sein.

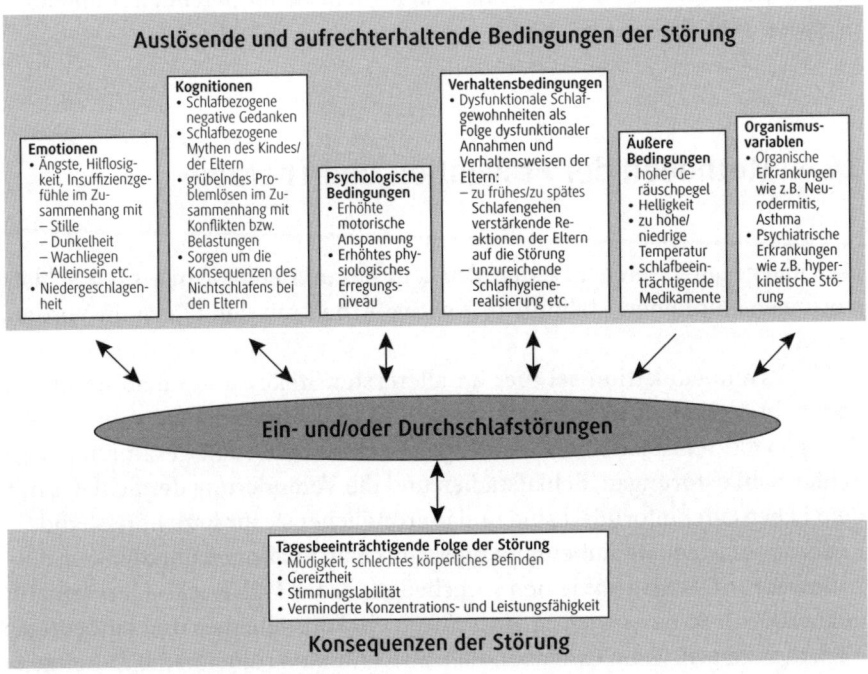

Abb. 10: Bedingungen zur Entstehung und Aufrechterhaltung von Ein- und Durchschlafstörungen (Fricke-Oerkermann und Lehmkuhl, 2008)

Das Modell von Fricke-Oerkermann und Lehmkuhl (2008) stellt die Bedingungen zur Entstehung und Aufrechterhaltung von Ein- und Durchschlafstörungen übersichtlich dar: Parasomnien wie Schlafwandeln, Nachtschreck oder Alpträume sind in der Regel reifungsbedingte Schlafstörungen, die bis zur Pubertät verschwinden. Beim Schlafwandeln und beim Nachtschreck konnte auch eine genetische Komponente nachgewiesen werden, während bei Alpträumen im Kindesalter ein Zusammenhang mit Stress und belastenden Ereignissen festgestellt wurde, ebenso wie bestimmte Medikamente Alpträume auslösen können (vgl. Fricke-Oerkermann und Lehmkuhl, 2008).

Bei einer weiteren Gruppe von Schlafstörungen, bei der Kinder und Jugendliche mehr als andere Altersgenossen schlafen, liegt häufig eine Verschiebung des eigenen empfundenen Schlaf-Wach-Rhythmus im Verhältnis zum Schlaf-Wach-Rhythmus der Umgebung vor. Möglicherweise besteht hier auch ein unregelmäßiger 24-Stunden-Schlaf-Wach-Rhythmus. Dies hat zur Folge, dass sich Abläufe im Körper verschieben, beispielsweise die Körpertemperatur und der Cortisolspiegel, so dass das Einschlafen zu regulären Zeiten immer schwieriger wird (vgl. Pitzer und Schmidt, 2011). Insgesamt wird der Schlaf-Wach-Rhythmus im Jugendalter häufig zugunsten anderer Aktivitäten verändert, ebenso wie die elterliche Einflussmöglichkeit im Jugendalter ebenfalls nachlässt (vgl. Blanz et al., 2006).

14.4 Methoden der Prävention und Therapie

Da Kinder häufig weniger Leidensdruck in Zusammenhang mit ihren Schlafstörungen empfinden, steht die präventive Arbeit mit den Eltern im Vordergrund.

Die Psychoedukation sei hier an allererster Stelle zu nennen, da Eltern durch ihr Verhalten häufig unbewusst und unbeabsichtigt dazu beitragen, dass sich die Schlafprobleme verfestigen. Je besser Eltern insgesamt über den Schlaf, Schlafstörungen, Schlafstadien und die Veränderung des Schlafes mit dem Lebensalter informiert sind und je gründlicher sie ihr Erziehungshandeln in Bezug auf adäquate Zubettgeh- oder Einschlafsituationen überdenken, desto besser kann Schlafproblemen vorgebeugt werden (vgl. Fricke-Oerkermann et al., 2007a). So ist es wichtig, dass Eltern ein konsequentes und eindeutiges Verhalten zeigen, wenn es allabendlich zu Konflikten rund um die Zubettgehsituation kommt. Hier sind klare Regeln, die mit dem Kind besprochen werden, hilfreich. Der Einsatz eines Token-Systems, in dem sich Kinder bei Einhaltung der Regeln eine Belohnung erarbeiten können, kann als unterstützende Maßnahme zum – vorübergehenden – Einsatz kommen (vgl. Fricke-Oerkermann und Lehmkuhl, 2007a).

Für das Kindes- und Jugendalter liegen nur wenige Studien zur Evaluation von Therapien vor. In einer Metaanalyse (ebd.) zu Studien, die sich mit der Effektivität der Behandlungen bei Kindern von 0–5 Jahren beschäftigen, bei denen das Zubettgehen konflikthaft abläuft und bei denen Ein- und Durchschlafprobleme bestehen, zeigte sich, dass verhaltenstherapeutische Methoden wie die kognitive Umstrukturierung, die **graduierte Exposition** oder Schlafrituale sehr wirksam sind – sie werden weiter unten genauer erörtert.

Allen therapeutischen Verfahren voraus geht das Führen eines Schlafprotokolls, das bei Kindern von den Eltern, bei Jugendlichen selbst geführt wird, in dem Zubettgehzeit, Einschlafritual, die Dauer bis zum Einschlafen, die Häufigkeit des Aufwachens nebst Zeiten, kindliche Verhaltensweisen und die erzieherischen Maßnahmen der Eltern auf dieses Verhalten des Kindes festgehalten werden (vgl. Blanz et al., 2006).

In der Arbeit mit dem Kind oder Jugendlichen haben Fricke und Lehmkuhl (2006) ein Therapiemanual für die Altersgruppe von 4–13 Jahren entwickelt. Es richtet sich an Kinder und Jugendliche, die an Ein- und Durchschlafstörungen sowie an Parasomnien (Alpträume, Nachtschreck, Schlafwandeln) leiden. In sieben Sitzungen werden vier Schwerpunktthemen mit den Kindern erarbeitet, wie zum Beispiel die Schlafedukation und Schlafhygiene oder der Umgang mit Konflikten, die rund um die Schlafsituation zu Tage treten, ebenso wie die Reduzierung schlafbezogener Ängste. Das Programm ist sowohl für Einzel- als auch Gruppensettings geeignet. Es wurde allerdings bisher nur an einer kleinen Stichprobe auf seine Wirksamkeit hin untersucht (Fricke-Oerkermann und Lehmkuhl, 2007a).

Ferber hat in den 1990er Jahren eine Checking-up Methode für Kleinkinder mit hartnäckigen Einschlafstörungen entwickelt. Diese Vorgehensweise hat mittlerweile in immer wieder abgewandelten Formen Einzug in Elternratgeber gefunden und seinen Bekanntheitsgrad zum Beispiel dem Buch »Jedes Kind kann schlafen lernen« zu verdanken. Während in solchen Elternratgebern diese Methode vermittelt wird, räumt Ferber ein, dass sie nur nach reiflicher Überlegung der Eltern bei Kindern, die mindestens 12 Monate alt sowie körperlich und seelisch gesund sind, eingesetzt werden soll und auch nur dann, wenn keine andere Methode vorher erfolgreich war.

Fricke-Oerkermann und Lehmkuhl (2007b) zeigen auf, dass Schlaf nur mit körperlicher Entspannung einhergehen kann. Es gilt also, die Zubettgeh- und Einschlafsituation so zu gestalten, dass das Kind sich entspannen kann. Einzelne Methoden, die zumeist verhaltenstherapeutisch fundiert sind, haben sich dabei gut bewährt (vgl. Fricke-Oerkermann et al., 2007a):

Die **kognitive Umstrukturierung** soll dem Kind oder Jugendlichen helfen, negative Gedanken, die zum Beispiel Ängste auslösen und das Zubettgehen schwerfallen lassen, oder aber Einschlafprobleme durch zu vieles Grübeln und Nachdenken in positive Gedanken umzuwandeln. Dies können Eltern zusammen mit ihrem Kind einüben, bis diese die positive Umdeutung selbst umsetzen.

Sich aktiv mit seinen Ängsten auseinanderzusetzen und kontrolliert mit ihnen konfrontiert zu werden, ist eine weitere Möglichkeit, die insbesondere bei angstbezogenen Schlafstörungen eingesetzt werden kann. Diese Vorgehensweise wird in Form einer **graduierten Exposition** durchgeführt und hat zum Ziel, dass sich langfristig realitätsgerechte Gedanken beim Kind oder Jugendlichen ausbilden, wie zum Beispiel: »Die Angst ist zwar noch da, aber ich kann es schaffen, damit umzugehen und sie auszuhalten. Ich weiß, dass mir nichts passieren wird«.

Geregeltes Wecken ist insbesondere geeignet bei Kindern, die häufig zu einer bestimmten Uhrzeit nachts aufwachen oder aber bei Parasomnien (Albträume, Nachtschreck oder Schlafwandeln). Das Kind soll dabei über einen Zeitraum von einem Monat jeweils 15 Minuten vor dem Zeitpunkt aufgeweckt werden, zu dem es für gewöhnlich spontan wach wird. Es hat sich gezeigt, dass es den Kindern in der Regel danach wesentlich leichter fällt, wieder einzuschlafen, als wenn sie spontan wach werden. Die Durchschlafprobleme oder aber Parasomnien werden dadurch gemindert und sollen allmählich ganz verschwinden.

Auch Entspannungsverfahren haben sich bewährt. Wichtig dabei ist, dass die Übungen zunächst nicht in der Bettsituation eingeübt werden sollen, sondern unabhängig davon, damit sie dann in der Einschlafsituation durchgeführt und nicht mehr geübt werden müssen.

Häufig sind es einfache Schlafrituale, die dem Kind bei der Bewältigung der Schlafprobleme behilflich sein können. Regelmäßige Zubettgehzeiten, die Zeit vor dem Zubettgehen strukturieren und ritualisieren (z. B. gemeinsam eine Geschichte lesen) oder Übergangsobjekte wie Schnuffeltuch, Puppe oder Teddybär können hier hilfreiche Unterstützer sein. Mögliche Lärm- und Lichtquellen, die das Ein- und Durchschlafen stören können, sollten möglichst reduziert werden.

14.5 Informationen für die Arbeit mit betroffenen Eltern

Da Schlafstörungen eines Kindes insbesondere im Säuglings- und Kindesalter die Eltern in ihrer nächtlichen Erholung massiv beeinträchtigen können, wirkt sich die Schlafproblematik insgesamt belastend auf die Familie aus. Täglich wiederkehrende Konflikte im Rahmen der Zubettgehsituation, wie sie im Beispiel beschrieben wurden, fördern weder eine Verbesserung der Schlafstörung noch die Eltern-Kind-Beziehung. Viel mehr wird dadurch die Problematik weiter verstärkt. Schlafbezogene Ängste sind der häufigste Grund, weshalb Kinder das Zubettgehen hinauszögern. Die Angst vor einem Monster unterm Bett, Trennungsängste, Angst vor der Dunkelheit, aber auch das Nachgrübeln über als belastend erlebte Situationen am Tag, Streitigkeiten mit nahestehenden Menschen oder Ähnliches können Kinder überfordern, wenn Bewältigungsstrategien nicht hinreichend zur Verfügung stehen.

Eltern stehen solchen Zubettgehsituation häufig hilflos gegenüber und hoffen, das allabendliche Drama vermindern zu können, indem sie sich auf die Hinauszögerungstaktiken des Kindes einlassen, um größere Konflikte und Auseinandersetzungen zu vermeiden. Es ist verständlich, dass Eltern auch bei nächtlichen Durchschlafstörungen ihr Kind nicht alleine lassen und Schreien lassen wollen. So liegt es für viele Eltern nahe, das Kind ins elterliche Bett zu holen, nicht zuletzt auch deshalb, um selbst im nächtlichen Schlaf weniger beeinträchtigt zu sein. Eltern fühlen sich oft in ihrer Belastung und ihrem Problem mit den Schlafstörungen ihres Kindes nicht ernst genommen. Meist wird es von Außenstehenden nicht als gravierendes Problem wahrgenommen, da nahezu alle Eltern von zeitweiligen Ein- und Durchschlafproblemen ihrer Kinder berichten können.

Im Kontakt zwischen Eltern und Pädagoge sollte daher genügend Zeit zur Verfügung stehen und die Belastung der Eltern sollte ernst genommen werden.

Es ist wichtig, im Gespräch mit den Eltern in Erfahrung zu bringen, was sie schon alles in Bezug auf die Schlafstörungen ihres Kindes unternommen haben. Lösungsversuche der Eltern sollten zunächst besprochen und als solche explizit gewürdigt werden. Eventuell konnten andere Erkrankungen schon ausgeschlossen werden und möglicherweise hat eine Aufklärung der Eltern zum Schlaf, zur Schlafhygiene und zu Erklärungsansätzen von Schlafstörungen bereits an anderer Stelle stattgefunden. Da auch schulische Probleme Schlafprobleme mitbegünstigen können, ist im Gespräch mit den Eltern genau zu erfragen, in wie weit diese Komponenten reduziert werden können. So kann beispielsweise mit den Eltern ein vorübergehendes Aussetzen von Leistungsbewertungen in einem bestimmten Schulfach verhandelt werden, falls sich diese im Gespräch als ein Verstärker der Schlafprobleme des Kindes herausstellen sollten.

Eine besonders wirksame Möglichkeit zur Arbeit mit betroffenen Eltern ist das Vermitteln von Wissen über die Wirksamkeit von Schlafhygiene. Besonders zu nennen sind hier

- altersadäquate und regelmäßige Einschlafzeiten
- angemessene Schlafumgebung: Bett sollte ausschließlich zum Schlafen genutzt werden
- gezielte Unterstützung der Selbstregulation durch eine beruhigende Atmosphäre (z. B. keine emotional belastenden Themen vor dem Zubettgehen, Schlaf nicht als Strafe verwenden)
- zuverlässig wiederkehrende Einschlafrituale
- Vermeiden von Essen kurz vor dem Zu-Bett-Gehen

14.6 Informationen zum Handeln in pädagogischen Kontexten

Schlafstörungen werden im pädagogischen Kontext häufig nicht in Betracht gezogen, da sie vielfach als solche nicht unmittelbar zu erkennen sind. Die Auswirkungen von Schlafstörungen im Kindesalter zeigen sich nur in wenigen Fällen durch überdauernde Müdigkeit im Unterricht oder in der vorschulischen Spielsituation. Viel häufiger ist hyperaktives oder überdrehtes Verhalten beobachtbar und veranlasst Pädagogen dazu, voreilig ein falsches Urteil zu fällen und dem Kind eine Neigung zu Merkmalen einer Aufmerksamkeitsstörung zu unterstellen.

Gezielte pädagogische Interventionen könnten beispielsweise sein:
- Gemeinsame Übernachtung mit einem Themenabend »Schlafen«
- Thematisieren von Zu-Bett-Geh-Ritualen.
- ein eigenes Einschlafhilfebuch entwerfen
- gemeinsame Problemlösung der Gruppe: was macht ihr bei Alpträumen
- ein Schlaftagebuch, in dem Einschlafzeiten und -schwierigkeiten, Träume und Alpträume gesammelt werden
- Besprechen von Schlafhygieneregeln

Weiterführende Informationen

www.schlafgestoert.de – Homepage rund um Schlafstörungen mit Forum für Betroffene
http://www.schlaf-portal.de – Webseite der Selbsthilfegruppe Großhansdorf
www.dgsm.de – Homepage der Deutschen Gesellschaft für Schlafforschung und Schlafmedizin, diverse Infos

Literatur

Blanz, B., Remschmidt, H., Schmidt, M. H., Warnke, A. (2006). *Psychische Störungen im Kindes- und Jugendalter. Ein entwicklungspsychopathologisches Lehrbuch.* Stuttgart: Schattauer.

Fricke-Oerkemann, L., Frölich, J., Lehmkuhl, G., Wiater, A. (2007a). Schlafstörungen. In M. Döpfner, G. Lehmkuhl, & F. Petermann, *Leitfaden Kinder- und Jugendpsychotherapie.* Band 8. Göttingen: Hogrefe.

Fricke-Oerkemann, L., Frölich, J., Lehmkuhl, G., Wiater, A. (2007b): Ratgeber. Schlafstörungen. Informationen für Betroffene, Eltern, Lehrer und Erzieher. In: Döpfner, M., Lehmkuhl, G., Petermann, F.: *Ratgeber Kinder- und Jugendpsychotherapie.* Band 8. Göttingen: Hogrefe

Fricke-Oerkermann, L., Lehmkuhl, G. (2008). Schlafstörungen. In F. Petermann (Hrsg.), *Lehrbuch der Klinischen Kinderpsychologie (6. Aufl.).* Göttingen: Hogrefe.

Hagenah, U. (2002). Schlafstörungen bei kinder- und jugendpsychiatrischen Erkrankungen. *Zeitschrift für Kinder- und Jugendpsychiatrie und Psychotherapie, 30 (3),* 185 – 198.

Pitzer, M., Schmidt, M. H.: Schlafstörungen. In: Esser, G. (Hrsg.) (2011). *Lehrbuch der Klinischen Psychologie und Psychotherapie bei Kindern und Jugendlichen.* 3. aktualisierte und erweiterte Auflage. Stuttgart: Thieme, S. 429–442

Kraenz, S. , Fricke, L., Wiater, A., Mitschke, A., Breuer, U., & Lehmkuhl, G. (2003). Schlafprobleme bei Schulanfängern – Erste Ergebnisse der Studie »Gesunder Schlaf für Kölner Kinder«. *Kinder- und Jugendarzt, 34,* 562–569.

Kraenz, S. , Fricke, L., Wiater, A., Mitschke, A., Breuer, U., & Lehmkuhl, G. (2004). Häufigkeit und Belastungsfaktoren bei Schlafstörungen im Einschulalter. *Praxis der Kinderpsychologie und Kinderpsychiatrie, 53-1,* 3–18.

Fricke-Oerkermann, L., Frölich, J., Lehmkuhl, G., Wiater, A. (2007a): Schlafstörungen. Göttingen: Hogrefe.

Ferber, R. (1996). *Schlaf, Kindlein, schlaf – Schlafprobleme bei Kindern.* Kehl: Editions Trobisch.

15

Pädagogische Gesprächsangebote

Armin Castello

Die Qualität und Quantität pädagogischer Elternkontakte variiert, je nach konzeptionellen, kapazitären und personellen Unterschieden zwischen den pädagogischen Institutionen. Die Pflege einer kooperativen Beziehung zwischen Pädagogen und Familien, insbesondere den Eltern der Kinder und Jugendlichen, spielt eine zentrale Rolle im erfolgreichen Umgang mit klinischen Auffälligkeiten, die in der pädagogischen Praxis sichtbar werden. Auf der Basis regelmäßig stattfindender Kontakte zu Eltern ist es einfacher, im Bedarfsfall kurzfristig Klärungsgespräche zu führen und dabei eine vertrauensvolle Atmosphäre zu ermöglichen, die bei Krisengesprächen und der Planung des gemeinsamen Vorgehens von grundlegender Bedeutung ist.

Für die Durchführung eines solchen Elterngesprächs werden in den folgenden Abschnitten einige Hinweise gegeben, die sich auf die Vereinbarung, die Vorbereitung und den Ablauf des Gesprächs beziehen.

15.1 Der erste Schritt

Werden bei Kindern oder Jugendlichen psychische Auffälligkeiten vermutet, sollten zunächst die eigenen Beobachtungen noch einmal überprüft werden, bspw. indem das Gespräch im Kollegenkreis gesucht wird. Auf diesem Weg können die eigenen Wahrnehmungen mit denen Dritter abgeglichen und die weitere Vorgehensweise besprochen werden. Bestätigen sich die Hinweise nach diesem Klärungsprozess, sollten zügig Kontaktgespräche geführt werden. Pädagogen bewegen sich hier allerdings in einem schwierigen Spannungsfeld, das hier anhand eines Fallbeispiels verdeutlicht werden soll.

> Rike (12) hat einen sehr guten Kontakt zu ihrer Lehrerin Frau Topsnik. Das Verhältnis zwischen Rikes Eltern und Frau Topsnik kann ebenso als außerordentlich positiv bezeichnet werden. Frau Topsnik kennt Rike nun seit einigen Jahren, verfolgt ihre Entwicklung in jüngster Zeit aber mit immer größerer Sorge. Rike zieht sich in der Schule zunehmend zurück und hat in den letzten drei Monaten erheblich an Gewicht verloren. Ihre schriftlichen Leistungen und ihre Mitarbeit verschlechterten sich im gleichen Zeitraum dramatisch. Die Lehrerin ist zur Einsicht gelangt, dass eine psychodiagnostische Abklärung durch einen Facharzt oder Psychologen und damit ein klärendes Elterngespräch nun sinnvoll sein könnte.
>
> Sie befürchtet aber, dass die Beziehung zu Rike leidet, wenn sie ein Gespräch mit Rikes Eltern führt. Gleichzeitig hält sie es für sehr problematisch, ohne Elternwissen ein Gespräch mit Rike zu führen.
>
> Frau Topsnik entscheidet schließlich in Absprache mit einer Kollegin, Rike darüber zu informieren, dass sie ein gemeinsames Gespräch wünscht und beabsichtigt, ihre Eltern anzurufen. Sie setzt dies sofort um. Mit den Eltern vereinbart sie telefonisch, dass Rike bei dem Gespräch dabei sein soll.
>
> Rike reagiert zwar zunächst zurückhaltend auf die Information von Frau Topsnik, zeigt sich aber während des später stattfindenden Gesprächs erleichtert. Die Eltern sind ebenso dankbar, dass Frau Topsnik den raschen Austausch sucht und unterstützen die Teilnahme Rikes.

Ergeben sich Hinweise auf eine klinische Auffälligkeit eines Kindes oder Jugendlichen, so haben Eltern ein berechtigtes Interesse daran, hierüber informiert zu werden. Gleichzeitig besteht die Gefahr, den vertrauensvollen Kontakt zu Kindern oder Jugendlichen zu gefährden, wenn ein Austausch zwischen Eltern und Pädagogen angestrebt wird. Die schwierige zu lösende Aufgabe besteht darin, einen Ausgleich zu finden. Frau Topsnik hat dies im Fallbeispiel versucht, indem Rike zuerst informiert wird, die Eltern aber sehr zeitnah eingeladen werden.

15.2 Kontaktaufnahme

Zunächst wird es darum gehen, Eltern einen Gesprächstermin anzubieten, dabei in geeigneter Weise deutlich zu machen, weshalb es wichtig ist, diesen Termin zeitnah wahrzunehmen und zu klären, wer am Gespräch teilnehmen soll. Vorbereitend können diese Leitfragen dienen:

- Was weiß ich über die Qualität der Eltern-Kind-Beziehung?
- In welcher familiären, sozialen, finanziellen, emotionalen Situation lebt das Kind/die oder der Jugendliche meines Wissens?
- Was könnte es für die Eltern bedeuten, ein solches Gespräch zu führen?

Im ersten Kontaktaufnahmegespräch, das vielfach telefonisch stattfinden wird, sollte dann auf dieser Grundlage

- der Anlass der Kontaktaufnahme angemessen anhand von aussagekräftigen Beobachtungen begründet werden
- geklärt werden, wer an dem Gespräch teilnimmt
- Ort und Zeit vereinbart werden.

15.3 Vorbereitung des Elterngesprächs

Sinnvollerweise sollte die Vorbereitung zunächst darin bestehen, die eigene Zielsetzung eines Eltern- oder Familiengesprächs explizit zu benennen. Zu berücksichtigen ist dabei, welche Reaktionen der Eltern zu erwarten sind. Ein vorbereitendes Gespräch mit (erfahrenen) Kollegen erleichtert es manchmal, sich in die Situation der Eltern zu versetzen und den Umgang mit möglichen Gesprächsproblemen zu durchdenken.

Da es wesentlich einfacher ist, auf der konkreten Verhaltensebene zu beschreiben, worin der Anlass des Elterngesprächs bestand, empfiehlt es sich frühzeitig Notizen zu auffälligem Verhalten eines Kindes anzufertigen. Sie sollen die eigenen Beobachtungen dokumentieren, das auffällige Verhalten des Kindes oder Jugendlichen beschreiben und wann und wo dies geschah.

Um den Eltern in der Gesprächssituation ggf. Fakten zu einem vermuteten Störungsbild zur Verfügung stellen und die wichtigsten Fragen der Eltern beantworten zu können, sollten im Vorfeld grundlegende Informationen zusammengestellt werden (siehe jeweilige Kapitel zu den Störungsbildern).

Die eigenen Fragen an die Eltern sollten als Merkhilfe notiert, aber letztlich im Gespräch nicht abgelesen werden. Zur Vorbereitung des Gesprächs kann hierfür eine Checkliste nützlich sein, die die wichtigsten geplanten Gesprächsinhalte umfasst.

Schließlich sollte im Vorfeld eine adäquate Umgebung sichergestellt werden, in der das Gespräch ungestört verlaufen kann und mögliche Materialien bereit liegen.

15.4 Gesprächsablauf

Im Gespräch muss immer die aktuelle Situation in der Familie Berücksichtigung finden. Sich vorher über die Situation der Familie zu informieren ist daher eine wichtige Voraussetzung für ein gelingendes Gespräch.

Hier werden nun prototypisch nützliche Bestandteile des Gesprächs skizziert und Hinweise zur Durchführung gegeben.

- *Warm-up*
  Je nachdem, wie intensiv der Kontakt mit den Eltern bereits ist, werden die ersten Minuten des Gesprächs (Warm-up, Vorstellungsrunde) ausführlicher oder kürzer ausfallen.
- *Vorschläge zum Gesprächsablauf machen*
  Für die Anwesenden (Pädagoge, Familie, Kind/Jugendliche/r) ist es entlastend, wenn seitens des Pädagogen nun ganz konkrete Vorschläge zum Gesprächsablauf und zu formalen Aspekten (Dauer des Gesprächs, Vertraulichkeit) gemacht werden. Sie dienen zur Orientierung und können natürlich noch durch die Anwesenden ergänzt werden.
- *Wertschätzung aussprechen*
  Das Gespräch wird geleitet durch den Pädagogen und er sollte den ersten inhaltlichen Teil nutzen, um positive Seiten des Kindes ausführlich zu beschreiben. Eltern, die erkennen, dass es im Gespräch um das Wohl des

Kindes gehen soll und dass ein gemeinsames Interesse am Wohlergehen des Kindes deutlich wird, sind viel eher bereit, sich auf eine Kooperation einzulassen.

Eltern dokumentieren bereits durch ihre Anwesenheit ihr Interesse an einer Kooperation. Dies sollte in jedem Fall benannt und explizit durch wertschätzende Äußerungen betont werden.

- *Informieren: Klar und empathisch*
Auf der Grundlage eigener Beobachtungen bzw. aufgrund der Informationen aus Gesprächen mit Kollegen sollten die Eltern nun informiert werden, welche Verhaltensweisen oder Merkmale des Kindes oder Jugendlichen als auffällig empfunden werden. Dabei muss eine Balance aus Klarheit der Information und Empathie gegenüber den Anwesenden und Betroffenen erreicht werden. Hilfreich ist wieder der Perspektivenwechsel, um sich darüber klar zu werden, wie die Situation durch Eltern und Kind/Jugendlichen empfunden werden könnte. Die Darstellung sollte so erfolgen, dass deutlich wird, wer wo was beobachtet hat. Sie sollte sich auch auf das Verhalten beschränken (Bsp. »Er hat sich in dieser Situation ängstlich verhalten«, »Ich habe nicht gesehen, dass sie etwas gegessen hat«) und Eigenschaftszuweisungen vermeiden (wie z. B. »Er ist ein ängstlicher Junge«, »Sie ist depressiv«).

- *Sichtweise der anderen erfragen*
Im nächsten Schritt sollte nun die Sicht der Eltern und Kinder/Jugendlichen erfragt werden. Es kann hier nützlich sein, auf bereits vorbereitete Fragen zurückgreifen zu können. Es muss dabei darum gehen zu klären, ob es Unterschiede in den Beobachtungen zwischen Pädagogen einerseits und Eltern bzw. deren Kind andererseits gibt. Sie sollen hier die Möglichkeit erhalten nachzufragen und zum Äußern ihrer eigenen Sicht motiviert werden.

- *Diskussion von Unterschieden*
Mögliche Unterschiede in der Sichtweise sollten diskutiert, Divergenzen und Konvergenzen sichtbar gemacht werden. Ggf. ergeben sich Hinweise, aus welchem Grund sich die Einschätzungen unterscheiden. Im Verlauf sollte deutlich werden, welchen Stellenwert die Eltern den pädagogischen Beobachtungen beimessen.

Danach können einige Minuten Gesprächspause eingelegt werden.

- *Planung der weiteren Vorgehensweise*
Aufgrund des bislang geführten Gesprächs sollte nun seitens des Pädagogen ein Vorschlag für die weitere Vorgehensweise gemacht werden. Der Vorschlag – es wird sich ggf. darum handeln, eine klinisch-psychologische Abklärung zu initiieren – muss konkretisiert werden, d. h. mögliche externe Ansprechpartner sollten benannt und das Prozedere beschrieben werden (Terminvereinbarung, Erstgespräch, Anamnese).

Das Gespräch sollte möglichst eine Entscheidung beinhalten, ob der Vorschlag durch die Eltern umgesetzt wird. Es sollte außerdem geklärt werden, ob es weiteren Gesprächsbedarf zwischen Eltern und Pädagogen gibt.

Das Recht der Eltern, sich anders oder später zu entscheiden, als es pädagogisch sinnvoll erscheint, muss in jedem Fall respektiert werden. Eltern sollten sich darauf verlassen können, dass die Wertschätzung hierdurch nicht berührt wird. Sollten die Eltern auf der Basis einer angemessenen Information zu dem Schluss gelangen, dem Vorschlag des Pädagogen nicht folgen zu wollen, liegt die Verantwortung hierfür bei den Eltern. Dies sollte aber auch für die Eltern ggf. schriftlich dokumentiert werden.

Für den Fall, dass es nicht möglich ist, einen Konsens zu finden und die Eltern die weitere Kooperation verweigern, sollte ihnen das Angebot gemacht werden, telefonisch Kontakt zu halten. Bei Fällen, in denen die weitere Entwicklung des Kindes möglicherweise betroffen sein könnte, sollten die Eltern über diese möglichen Konsequenzen ihrer Entscheidung zumindest informiert werden.

In einer Arbeitshilfe zur Umsetzung des Kinderschutzes in der Schule (Bathke, 2008) (siehe »Nützliche Webseiten«) wurden hilfreiche Empfehlungen zum Umgang dem Verdacht auf Kindeswohlgefährdung für Lehrkräfte und pädagogische Fachkräfte übersichtlich und praxisnah zusammengestellt. Hier werden u. a. auch Materialien zur Beobachtung und Dokumentationshilfen zur Verfügung gestellt sowie Hinweise zum Austausch mit Kollegen und wichtige juristische Informationen gegeben.

- *Beenden des Gesprächs*
Zum Gesprächsende sollten die Ergebnisse durch den Pädagogen noch einmal zusammengefasst werden. Die Gesprächspartner erhalten dabei noch einmal Gelegenheit zur Stellungnahme. Es liegt im pädagogischen Ermessen, ob das Gespräch (im Konsens) gemeinsam mit externen Personen fortgesetzt werden sollte (bspw. Mitarbeiter der Schulpsychologischen Dienste, Kollegen).

Die Vertraulichkeit des Gesprächs ist – bis auf wenige Ausnahmen – immer zu gewährleisten. Ergänzende Gespräche mit einzelnen Personen (Elternteilen oder Kind/Jugendlicher) bergen immer die Gefahr, dass sich die jeweils nicht mit Einbezogenen ausgeschlossen bzw. nicht informiert fühlen. Dies muss im Einzelfall berücksichtigt werden.

Das Gespräch zu protokollieren macht insbesondere dann Sinn, wenn eine größere Anzahl von Aktivitäten geplant und eine Reihe von Vereinbarungen geschlossen wurde. Es kann den Eltern schriftlich zugesandt werden.

Nützliche Webseiten

www.bptk.de
Infoseite der Bundespsychotherapeutenkammer. Viele Infos rund um das Thema »Psychotherapie« z. B. Broschüre »Wege zur Psychotherapie«

www.bkjpp.de
Kinder- und jugendpsychiatrische Behandlungsangebote (Kliniken und Praxen) sowie Informationen für Eltern des Berufsverbandes für Kinder- und Jugendpsychiatrie, Psychosomatik und Psychotherapie in Deutschland e. V. (BKJPP). Diese Seite bietet z. B. die Möglichkeit, Praxen oder Ambulanzen auf einer Deutschlandkarte zu suchen.

http://www.neurologen-und-psychiater-im-netz.de
Gemeinschaftsangebot der verschiedenen Berufsverbände und Gesellschaften aus den Bereichen Psychiatrie, Neurologie und Psychotherapie. Es finden sich Infos zu diversen Krankheitsbildern in der Rubrik Krankheiten »A-Z« oder verschiedenen Behandlungsmethoden in der Rubrik »Therapieformen«.

www.bke-beratung.de
Auf der Homepage der Bundeskonferenz für Erziehungsberatung finden sich zahlreiche Beratungsangebote für Jugendliche und Eltern. E-Mail-Beratung, moderierte Foren und eine Online-Sprechstunde bieten schnelle und anonyme Hilfe und Informationen.

www.dksb.de
Hier finden sich Informationen, Kontakte und Adressen des Kinderschutzbundes. Der Kinderschutzbund konzentriert sich in seiner Arbeit auf drei Bereiche: Kinderarmut, Kinderrechte und das gesunde, gewaltfreie Aufwachsen.

www.kinderaerzte-im-netz.de
Infoseite des Berufsverbandes der Kinder- und Jugendärzte.

www.kinder-psych.de
Infoseite über psychische Probleme bei jungen Menschen, viele Informationen zu Begriffen, Fragen und Antworten zur Kinder- und Jugendpsychiatrie, Kliniken und Praxen.

www.kinder-und-jugendtelefon.de
Nummer-gegen-Kummer von der Bundesarbeitsgemeinschaft Kinder- und Jugendtelefon e. V., Beratungsangebote für Kinder und Jugendliche von Beratern oder auch anderen Jugendlichen. Beratung für Eltern, telefonisch und Internetberatung.

www.neuhland.de
Beratungsstelle für Kinder- und Jugendliche in Krisen.

http://schulpsychologie.nrw.de/cms/upload/dokumente/pdf/arbeitshilfe_kinderschutz.pdf
Hier findet man Informationen zu rechtlichen Rahmenbedingungen und Materialien für das Gespräch.

www.youth-life-line.de
Ein Team aus 36 jugendlichen Peerberatern und drei therapeutischen Fachkräften hilft Jugendlichen in Krisen per Email und per Chat.

Hilfreiche Adressen und Telefonnummern

Bundesverband der Angehörigen psychisch Kranker
Thomas-Mann-Straße 49a
53111 Bonn
Tel.: 0228/63 26 46
Fax: 0228/65 80 63

Kinder- und Jugendtelefon e. V. (Deutscher Kinderschutzbund)
Tel.: 0800/1 11 03 33
Bundesweit und kostenfrei von Festnetz und Handy, immer montags bis freitags zwischen 15 und 19 Uhr

Nationale Kontakt- und Informationsstelle zur Anregung und Unterstützung von Selbsthilfegruppen (NARKOS)
Albrecht-Achilles-Str. 65 10709 Berlin
Tel.: 030/8 91 40 19 Fax: 030/8 93 40 14
Hier erfahren Sie die Adressen von Selbsthilfegruppen in Ihrer Nähe.

Weiterführende Literatur

Delfos, M. F. (2012). *»Sag mir mal ...« Gesprächsführung mit Kindern (4 – 12 Jahre)*. Göttingen: Beltz.
Hennig, C. & Ehinger, W. (2006). *Das Elterngespräch in der Schule: Von der Konfrontation zur Kooperation*. Donauwörth: Auer.
Jensen, E. & Jensen, H. (2011). *DIALOG mit Eltern: Gelungene Lehrer-Elterngespräche*. München: Mathias Voelchert.
Weinberger, S. (2008). *Klientenzentrierte Gesprächsführung*. Weinheim: Juventa.

Erläuterung verwendeter Fachbegriffe

A

Angsthierarchie: Es wird eine Rangreihe angstauslösender Reize gebildet, die als Grundlage für eine **graduierte Exposition** z. B. bei Angststörungen dient.

Approbation: Die Arbeit als Kinder- und Jugendlichenpsychotherapeut setzt eine Approbation (staatliche Anerkennung) voraus. Ausbildungen, die zur Approbation führen, sind staatlich geregelt; insofern gilt die Approbation auch als Qualitätsmerkmal für die Qualifikation eines Kinder- und Jugendlichenpsychotherapeuten.

Ätiologie: Die Ätiologie beschäftigt sich mit der Ursache und Entstehung von Krankheiten.

B

Bindung: Bindungsverhalten wird von Kindern gezeigt, wenn Gefahr droht bzw. das Kind sich aufgrund seines körperlichen und psychischen Zustands unwohl fühlt. Anhand des Bindungsverhaltens können Rückschlüsse auf die bindungsbezogenen Erfahrungen eines Kindes gezogen werden. Eine **sichere Bindungsrepräsentation** entwickelt sich auf der Basis einer insgesamt gelungenen Eltern-Kind-Interaktion. Auf Elternseite ist hierbei die Kompetenz wirksam, vorhandene Bindungssignale der Kinder wie bspw. Weinen, Aufsuchen körperlicher Nähe vom Säuglings- bis ins Jugendalter konstant feinfühlig wahrnehmen und angemessen beantworten zu können. Emotionale Belastungen, psychische Erkrankungen und aktuelle Krisen können sich negativ auf diese wichtigen Elternkompetenzen auswirken und die Interaktion beeinträchtigen.

D

Desensibilisierung: In Zusammenhang mit Angststörungen bedeutet (systematische) Desensibilisierung, sich anhand einer **Angsthierarchie** zunehmend als bedrohlich empfundenen Reizen auszusetzen und dabei jeweils zu erlernen, dass der Reiz nicht als real bedrohlich zu bewerten ist.

Diagnostische Kriterien: In den Klassifikationssystemen **ICD** und **DSM** werden in der jeweils aktuellen Version u. a. diagnostische Kriterien für psychische Störungen benannt. Wenn diese Kriterien individuell erfüllt sind, kann eine Diagnose gestellt werden.

DSM: DSM bedeutet Diagnostic and Statistical Manual of Mental Disorders (Diagnostisches und Statistisches Handbuch Psychischer Störungen). Es wird durch die APA (American Psychiatric Association/Amerikanische Psychiatrische Vereinigung) herausgegeben, seit 1996 liegt eine deutschsprachige Ausgabe vor. Obwohl das DSM lediglich ein nationales Klassifikationssystem ist, gelten die dort genutzten Kategorien als Standards im Kontext psychischer Störungen bei Kindern und Jugendlichen.

Dysfunktionale/irrationale Kognitionen: Anforderungen des Menschen an sich, an andere und an die Umwelt, die als ein Ursachenbereich psychischer Störungen gesehen werden können. Grundkategorien dysfunktionaler/irrationaler Kognitionen sind z. B. globale negative Selbst- oder Fremdbewertungen und Katastrophendenken.

E

Einzelsetting: Intervention im Einzelkontakt mit einem Kind oder Jugendlichen.

Elterntraining: Eltern werden gezielt in Bereichen trainiert, um ihr Erziehungsverhalten zu verändern oder um co-therapeutisch wirksame Methoden zu erlernen.

Entwicklungsaufgabe: Menschliche Entwicklung beinhaltet das Bewältigen von Aufgaben, die sich abhängig von umweltbezogenen und individuellen Veränderungen im Lebenszyklus ergeben (Bsp. Einschulung, Pubertät, Elternschaft usw.).

Epidemiologie, deskriptiv und analytisch: Die deskriptive Epidemiologie befasst sich mit der Verteilung psychischer Störungen in der Bevölkerung oder unterschiedlicher Bevölkerungsgruppen. Erfasst wird dabei auch der Verlauf von Störungen und deren Folgen in unterschiedlichen Teilgruppen der Bevölkerung. Es handelt sich um eine statistische Erhebung von Häufigkeiten.

Die analytische Epidemiologie verfolgt darüber hinaus das Ziel, Risiko- und Schutzfaktoren sowie auslösende und aufrechterhaltende Faktoren zu ermitteln, die die Häufigkeit von Störungen und deren Folgen beeinflussen.

Exposition (Reizkonfrontation): Sich einer Situation bzw. einem Reiz gezielt aussetzen bzw. einem Reiz im Rahmen einer Psychotherapie gezielt ausgesetzt werden.

F

Familientherapie: Damit sich die Wirksamkeit einer Intervention nicht auf einen Kontext beschränkt, ist es häufig sinnvoll, die Familie mit einzubeziehen. Die **systemische Familientherapie** macht hierbei die Erkenntnisse der Kybernetik und des Konstruktivismus therapeutisch nutzbar.

G

Gruppensetting: Die Intervention wird in einer Gruppensituation durchgeführt, wobei die Gruppe als wirksamer Bestandteil als besonders wichtig erachtet wird.

I

ICD: ICD steht für International Statistical Classification of Diseases and Related Health Problems (Internationale statistische Klassifikation der Krankheiten und verwandter Gesundheitsprobleme). Es handelt sich um das bedeutendste Diagnoseklassifikationssystem der Medizin und wird durch die WHO (World Health Organisation) herausgegeben. Vertrags-

ärztliche/psychotherapeutische Versorgung in Deutschland findet verpflichtend auf der Basis von ICD-Diagnosen statt.
Internalisieren: Durch eigene wiederholte Erfahrung Inhalte verinnerlichen.

K

KiGGS: KiGGS ist eine Langzeitstudie des Robert Koch-Instituts (RKI) zur Gesundheit der Kinder und Jugendlichen in Deutschland. Ziel von KiGGS ist es, wiederholt bundesweit repräsentative Befragungs- und Messdaten zur Gesundheit der Kinder und Jugendlichen in Deutschland bereitzustellen. Darüber hinaus sollen Entwicklungstrends der gesundheitlichen Lage ermittelt und die gesundheitliche Entwicklung der Heranwachsenden bis ins Erwachsenenalter analysiert werden (KiGGS-*Kohorte*).
Kognitive Verhaltenstherapie/kognitiv-behaviorale Therapie: Bei zahlreichen psychischen Störungen erfolgreich angewandte Therapieform, insbesondere wenn psychische Probleme auf **dysfunktionale/irrationale Kognitionen** zurückgeführt werden können wie z. B. überzogene Leistungsstandards, negative Selbstbewertung, selektive Wahrnehmung etc. Bei Kindern und Jugendlichen muss darauf geachtet werden, ob die notwendigen kognitiven Voraussetzungen vorliegen.
Komorbidität: Tritt im Rahmen einer festgelegten Grunderkrankung eine zusätzliches Krankheitsbild auf, dann spricht man von einem komorbiden (zusätzlichen) Krankheitsbild.

L

Lebenszeitprävalenz: siehe Prävalenz
Leitlinien: Versorgungsleitlinien werden durch die Bundesärztekammer (BÄK), die Kassenärztliche Bundesvereinigung (KBV) und die Arbeitsgemeinschaft der wissenschaftlich medizinischen Fachgesellschaft (AWMF) systematisch entwickelt. Sie geben den gegenwärtigen Erkenntnisstand wieder, um dem Arzt eine evidenzbasierte Entscheidungshilfe zur Verfügung zu stellen und dem Patienten eine angemessene Behandlung zukommen zu lassen. Leitlinien dienen der Qualitätsförderung.

M

Modelllernen: Das Beobachten von anderen Personen (Modellen), die in bestimmten Situationen erfolgreich handeln, kann – unter bestimmten Voraussetzungen – zu einer Erweiterung des eigenen Verhaltensrepertoires führen.

O

Operante Verfahren: Die Wahrscheinlichkeit eines Verhaltens wird durch gezielte Verstärkung (meist individualisierte Belohnung) erhöht.

P

Persistenz: Im medizinischen Zusammenhang meint Persistenz das Fortbestehen einer Erkrankung oder einer psychischen Störung.
Pharmakotherapie: Die konservative medikamentöse Behandlung einer Erkrankung bezeichnet man als Pharmakotherapie.
Prädisposition: Das Vorhandensein eines bspw. genetischen Merkmals, das die Wahrscheinlichkeit der späteren Entwicklung einer psychischen Störung erhöht.
Prävalenz: Anzahl der Krankheitsfälle in einer definierten Population zu einem bestimmten Zeitpunkt oder Zeitraum. Punktprävalenz bedeutet Prävalenz zu einem bestimmten Zeitpunkt. Lebenszeitprävalenz ist der Anteil an einem Stichtag lebender Personen, die irgendwann einmal Störungsmerkmale hatten, und Periodenprävalenz meint die Anzahl der Krankheitsfälle in der Bevölkerung, die innerhalb eines bestimmten Zeitraums angegeben werden.
Prävention: Maßnahme zur Vorbeugung von psychischen Störungen. Primäre Prävention bedeutet Intervention vor dem Auftreten einer Störung, sekundäre Prävention Intervention während einer Störung zur Vermeidung von negativen Konsequenzen der Störung. Bei universeller Prävention werden alle mit eingeschlossen, selektive Prävention bezieht sich auf Risikogruppen und indizierte Prävention auf bereits Identifizierte.

Psychoedukation: Das Vermitteln von Wissen über Ursachen, Therapie, Verlauf usw. von psychischen Störungen mit dem Ziel der Kooperation der Betroffenen und deren Familien.
Psychotische Symptome/Psychose: Gravierende psychische Störung, bei der Betroffene phasenweise den Bezug zur Realität verlieren.

R

Reizkonfrontation -> Exposition
Resilienz: Unter Resilienz wird die Fähigkeit einer Person verstanden, sich – trotz des Vorhandenseins extremer Belastungsfaktoren und ungünstiger Lebenseinflüsse – positiv zu entwickeln.
Risikofaktoren: Erhöhen die Wahrscheinlichkeit der Entwicklung psychischer Störungen. Unterschieden werden u. a. soziale und personale Risikofaktoren.

S

Schulabsentismus: Ist ein Phänomen mit vielfältigen Einflussfaktoren auf sozialer, familiärer, schulischer und individueller Ebene. Drei zentrale Formen sind Schulschwänzen, Schulverweigerung und Zurückhalten durch Bezugspersonen.
Schutzfaktoren: Senken die Wahrscheinlichkeit der Entwicklung psychischer Störungen. Zu den Schutzfaktoren zählen personale Ressourcen wie bspw. ein positives Selbstbild und Temperament, Intelligenz und soziale Ressourcen wie bspw. vertrauensvolle Beziehungen innerhalb der Familie oder zu anderen Bezugspersonen und unterstützende Systeme (z. B. Schule oder Kirche).
Selbstinstruktion: Ziel beim Selbstinstruktionstraining ist es, schwierige Situationen leichter zu meistern, indem handlungsbegleitende Instruktionen geübt werden, um immer wieder abrufbereit zur Verfügung zu stehen.
Selbstmanagement – Selbststeuerung – Selbstregulation: Diese Begriffe werden in der Psychologie meist synonym verwendet. Ein bekanntes Modell der Selbstregulation stammt von Albert Bandura, der davon ausgeht, dass Menschen Kontrolle über Gedanken, Gefühle und Handlungen ausüben können,

indem sie sich selbst motivieren, um so weiter entfernte Ziele zu erreichen. Selbstregulation ist eng mit **Selbstwirksamkeit** verknüpft, der Erwartung einer Person eine bestimmte Aufgabe erfolgreich ausführen zu können.

Selbstmedikation: Das selbstgesteuerte Verabreichen von Substanzen mit dem Ziel der Linderung psychischen Leids.

Selektive Prävention -> Prävention

Selbstwirksamkeit: Die Erwartung einer Person, eine bestimmte Aufgabe erfolgreich ausführen zu können.

Sichere Bindung: Aufgrund der konsistenten Erfahrung feinfühliger Reaktionen von Hauptbezugsperson entwickeln Kinder eine sichere Bindungsrepräsentation (inneres Abbild einer Bindung zu anderen Menschen). Eine sichere Bindung gilt als starker psychischer Schutzfaktor.

Somatisch: den Körper betreffend

Subklinisches Phänomen: Vorhandene Symptome, die aber keine Störungsqualität besitzen, da die **diagnostischen Kriterien** nicht vollständig erfüllt sind.

Symptomatik: Merkmale oder Verhaltensweisen, die Hinweise auf eine psychische Störung sind.

T

Tokensystem: Ein Verfahren der Verhaltenstherapie, das auf der operanten Konditionierung beruht und mit positiver und negativer Verstärkung arbeitet, um eine Verhaltensänderung herbeizuführen. Ein Kind kann Punkte sammeln oder muss Punkte abgeben, wenn ein bestimmtes Verhalten gezeigt oder nicht gezeigt wurde.

V

Verhaltenstherapie (VT): Die VT ist ein von der Bundesärztekammer 2004 wissenschaftlich anerkanntes Psychotherapieverfahren, das bei zahlreichen psychischen Störungen erfolgreich angewandt wird. Sie geht davon aus, dass Störungen im Erleben, Denken und Verhalten durch Lernvorgänge entstehen oder zumindest durch Lernvorgänge veränderbar sind (insbesondere wenn psychische Probleme auf **dysfunktionale/irrationale Kognitionen** zurückgeführt werden können wie z. B. überzogene Leistungsstandards, negative Selbstbewertung, selektive Wahrnehmung etc.). Im Rahmen der VT kommen zahlreiche Methoden und Techniken zum Einsatz, die oft zu Trainingsprogrammen kombiniert werden. Die eingesetzten Techniken basieren auf der klassischen bzw. operanten Konditionierung (VT mit behavioraler Ausrichtung), der sozialen Lerntheorie sowie der kognitiven Psychologie (kognitive Verhaltenstherapie). Bei Kindern und Jugendlichen muss im Rahmen der kognitiven VT darauf geachtet werden, ob die notwendigen kognitiven Voraussetzungen vorliegen. Besonders bekannt auch im pädagogischen Bereich sind operante Verfahren (VT mit behavioraler Ausrichtung), die sowohl entwicklungs- als auch störungsbezogen sind und stark von den erzieherischen Kompetenzen der Bezugspersonen abhängig sind.

Vulnerabilität: Unter Vulnerabilität wird eine Anfälligkeit verstanden, die sich darauf bezieht, wie Individuen auf der psychologischen, biologischen und sozialen Ebene reagieren, wenn sie einer entsprechenden Belastung ausgesetzt sind. Vulnerabilität alleine führt nicht zur Störung. Erst die Kombination mit entsprechenden Auslösern trägt zum Ausbruch einer Störung bei.

W

Wirkfaktor: Die als spezifisch wirksame Bestandteile identifizierten Merkmale von therapeutischen Methoden.

Z

Zwangsgedanken: Zwangsgedanken sind sich wiederholende bzw. länger andauernde Gedanken, die die Betroffenen oftmals vergeblich zu bekämpfen versuchen. Sie werden häufig als sinnlos empfunden und können subjektiv großes Leid verursachen.

Zwillingsstudien: Anhand von Zwillingsstudien wird versucht, den Anteil genetischer Ursachen bspw. psychischer Störungen zu ermitteln.

Die Autorinnen und Autoren

Castello, Armin, Dr., Psychologischer Psychotherapeut
Professor für Sonderpädagogische Psychologie am Institut für Sonderpädagogik, Universität Flensburg

Gebhard, Simone, MA Sonderpädagogik
Wissenschaftliche Mitarbeiterin am Institut für Sonderpädagogik, Universität Flensburg

Hoffmann, Birte, MA Sonderpädagogik
Wissenschaftliche Mitarbeiterin am Institut für Sonderpädagogik, Universität Flensburg

Siegemund, Steffen, MA Sonderpädagogik
Wissenschaftlicher Mitarbeiter am Institut für Sonderpädagogik, Universität Flensburg

Wilfried Schubarth

Gewalt und Mobbing an Schulen

Möglichkeiten der Prävention und Intervention

2., überarbeitete Auflage 2013
214 Seiten. Kart. € 24,90
ISBN 978-3-17-022976-1

„Gewalt an Schulen" ist ein emotional besetztes Thema in der öffentlichen Diskussion. Umso notwendiger ist eine sachliche und empirisch fundierte Auseinandersetzung. Das Buch gibt einen Überblick über Ausmaß, Erscheinungsformen und Ursachen von Gewalt und Mobbing an Schulen sowie über Möglichkeiten der Prävention bzw. Intervention. Es verbindet systematisch die Analyse der schulischen Gewaltphänomene mit Ansätzen der Gewaltprävention bzw. -intervention. Ein Schwerpunkt liegt dabei auf den schulischen Präventions- und Interventionsprogrammen, die einer kritischen Bewertung unterzogen werden. Der interdisziplinär angelegte Band, der Erkenntnisse der Erziehungswissenschaft, Psychologie und Soziologie integriert, verknüpft Ergebnisse der Gewaltforschung mit Anforderungen an eine moderne Präventionsarbeit im Kontext einer Schul- und Bildungsreform.

Prof. Dr. Wilfried Schubarth lehrt und forscht am Department Erziehungswissenschaft der Universität Potsdam zu Fragen der Jugend-, Schul- und Bildungsforschung.

W. Kohlhammer GmbH · 70549 Stuttgart
Tel. 0711/7863 - 7280 · Fax 0711/7863 - 8430 · vertrieb@kohlhammer.de

Conny Melzer
Andreas Methner

Gespräche führen mit Kindern und Jugendlichen

Methoden schulischer Beratung

2012. 190 Seiten. Kart.
€ 24,90
ISBN 978-3-17-022118-5

Beraten zählt seit langem zu den zentralen Aufgaben von Lehrern. Gesprächsführungs- und Beratungskompetenzen sind deshalb inzwischen wichtige Bestandteile im pädagogischen Berufsprofil. Das Buch geht zunächst kurz auf die Grundlagen der Gesprächsführung ein, um darauf alle Besonderheiten der Gesprächsführung mit Kindern und Jugendlichen zu beziehen. Der größte Teil des Buches widmet sich den Methoden, die in der Beratung von Kindern und Jugendlichen eingesetzt werden. Die Methoden werden - vor dem Hintergrund jahrzehntelanger Beratungserfahrung der Autoren - dabei in der Weise vorgestellt, dass eine direkte Umsetzung in den beruflichen Alltag erleichtert wird. Schließlich geht das Buch auf die verschiedenen Beratungs- und Gesprächsanlässe in der Schule praxisnah und anwendungsbezogen ein.

Dr. Conny Melzer ist Förderschullehrerin und wissenschaftliche Mitarbeiterin am Institut für Sonder- und Rehabilitationspädagogik der Universität Oldenburg. **Andreas Methner** ist wissenschaftlicher Mitarbeiter am Lehrstuhl Verhaltensgestörtenpädagogik der Universität Leipzig.

▶ www.kohlhammer.de

W. Kohlhammer GmbH · 70549 Stuttgart
Tel. 0711/7863 - 7280 · Fax 0711/7863 - 8430 · vertrieb@kohlhammer.de

Roland Stein

Förderung bei Ängstlichkeit und Angststörungen

2012. 180 Seiten. Kart.
€ 19,90
ISBN 978-3-17-021978-6

Fördern lernen, Band 5

Aggressive, gewalttätige Kinder oder solche mit Aufmerksamkeits- und Hyperaktivitätsstörungen fanden als Störer in pädagogischen Handlungsfeldern bislang breite Aufmerksamkeit. Dabei sind Ängste und Ängstlichkeit bei Kindern in der pädagogischen Praxis ebenso weit verbreitet und bereiten erhebliche Probleme. Das Buch liefert zunächst grundlegende Informationen zu den Erscheinungsweisen, der Verbreitung und den Erklärungskonzepten von Ängsten, Ängstlichkeit und Angststörungen. Anschließend werden Möglichkeiten einer pädagogischen Diagnostik erörtert und ein Überblick zu psychotherapeutischen Ansätzen gegeben. Ein Überblick zu verfügbaren, evidenzbasierten Programmen und Trainings schließt sich an. In einem ausführlichen letzten Kapitel werden die Ansatzpunkte der Prävention sowie Möglichkeiten, Konzepte und konkrete Vorgehensweisen einer pädagogischen Förderung dargestellt.

Professor Dr. Roland Stein ist Inhaber des Lehrstuhls für Pädagogik bei Verhaltensstörungen an der Universität Würzburg.

▶ **www.kohlhammer.de**

W. Kohlhammer GmbH · 70549 Stuttgart
Tel. 0711/7863 - 7280 · Fax 0711/7863 - 8430 · vertrieb@kohlhammer.de